中国改革开放40年 | 研究丛书

编 辑 委 员 会

中国改革开放40年｜研究丛书

史正富｜主编

上海出版资金项目
Shanghai Publishing Funds

财税现代化
大国之路

杨志勇 ◎ 著

格致出版社　上海人民出版社

目　录

第 1 章　**导言** / 001

1.1　1978—2018 年中国财政的变化：数据事实 / 002

1.2　1978—2018 年中国财政的变化：制度事实 / 008

1.3　理解中国财税改革与本书的任务 / 010

第 2 章　**传统财政制度的形成** / 017

2.1　逻辑起点：财政制度的目标 / 017

2.2　传统财政制度的基本特征：国际比较 / 024

2.3　传统财政制度与中国经济现实 / 031

第 3 章　**财税改革的逻辑** / 041

3.1　三次财力困境与财税改革 / 041

3.2　中国经济改革与财税制度改革 / 049

3.3　国家治理与财税改革 / 063

3.4　财税理论与财税改革 / 071

3.5　财税改革的动力机制 / 075

第 4 章　**财税现代化历程** / 083

4.1　改革开放初期的中国财政调整 / 083

4.2　社会主义有计划的商品经济条件下的财税改革 / 086

4.3　社会主义市场经济条件下的财税改革 / 109

4.4　国家治理体系和治理能力现代化背景下深化财税体制
　　　改革 / 133

4.5　财税改革蓝图 / 138

第 5 章　**财税现代化的成就** / 141

5.1　资源配置效率的提高 / 141

5.2　收入分配的改进 / 146

5.3　现代宏观财政调控机制的形成 / 150

第6章　财税现代化进程中的问题与难点 / 164

6.1　预算现代化 / 164

6.2　中国税收现代化之路的选择 / 180

6.3　人工智能与税收现代化 / 191

6.4　中央和地方事权的划分 / 202

6.5　地方债管理 / 213

第7章　财税现代化与内外部环境 / 219

7.1　财税改革与经济体制改革的整体配套性 / 219

7.2　财税改革与现代化经济体系的构建 / 232

7.3　财税现代化与国家的法治化、民主化进程 / 237

第8章　财税现代化之路：大国经验 / 252

8.1　财税现代化在经济发展和国家治理中的重要作用 / 252

8.2　财税现代化实现之路的选择 / 257

8.3　财税现代化之路的普遍意义 / 261

第9章　结束语 / 269

参考文献 / 275

后记 / 287

第1章 导 言

2017年中国国内生产总值（GDP）总量超过80万亿元，已经连续数年位居世界第二。张五常在《中国的经济制度》中说："中国一定是做了非常对的事才产生了我们见到的经济奇迹。"中国到底做对了什么？这是十年前的提问。十年过去了，中国经济仍然以较快的速度增长，但中国仍然是一个发展中国家，仍然处于社会主义初级阶段。在总结40年改革开放成就，梳理改革开放经验的同时，我们也有必要剖析改革开放中的难题，并展望未来。

中国改革一直是在政府的支持和推动下进行的。财政是庶政之母。改革40年，中国经济奇迹的发生离不开财税制度的支持。农村改革、国有企业改革、价格改革、金融体制改革等诸多重大改革的背后，都隐含着财政的力量，没有财政的支持，很难想象改革能够进行下去。外资经济、民营经济等非公有制经济的发展，财税制度的支持同样功不可没。中国之所以能够在40年中保持了一个基本稳定的环境，财税制度的保障作用不可忽视。财政政策的实施，促进了经济和社会的稳定。总之，中国财税制度通过自身的改革促进了经济改革的顺利进行、推动了经济和社会的发展，保证了经济和社会的稳定。

正是在这40年之中，财税制度发生了天翻地覆的变化。举凡财政收支总量和结构、中央和地方财政关系、财政政策、财政管理制度、财政决策，莫不如此。中国正在加快建立现代财政制度。

财政体制改革一开始就被视为经济体制改革的突破口。正是在财政体制改革的推动下，企业活力得到释放，地方政府得到激励，市场经济体制逐步形成。财税改革不是一步到位的，甚至在改革的最初阶段，没有一个明确的目标。从 1978 年直至社会主义市场经济体制改革目标确定的 1992 年，财税改革目标渐次明确，公共财政改革蓝图开始展现。从此，财税改革驶入快车道，税制改革、分税制改革、部门预算改革、政府收支分类改革等陆续进行，经过改革，与市场经济相适应的财税制度框架已经形成。2013 年，现代财政制度建设的目标明确；2017 年，中共十九大报告要求"加快建立现代财政制度"。财政在国家治理中的重要地位和作用，决定了财税改革在全面深化改革中的分量，决定了财税制度在"人民美好生活需要"目标实现中的重要作用。

中国财税制度改革的 40 年，有许多经验需要总结。总结经验，不仅有助于进一步认清当前中国的财政问题，明确未来财税改革发展方向，而且对于已经进入全面深化改革新时代和改革攻坚战阶段的中国的未来发展也是有帮助的。同时，中国财税制度改革的 40 年，走的是一条有中国特色的道路，其中的经验可以为其他经济转型国家所借鉴，可以为发展中国家的发展提供知识支持。

1.1　1978—2018 年中国财政的变化：数据事实

1978 年以来的 40 年是中国经济高速增长的 40 年。在经济总量扩大的同时，财政收入和支出总量也随之扩大（见表 1.1、图 1.1、图 1.2）。

中国的财政收入 1978 年仅为 1 132.26 亿元；1999 年突破 10 000 亿元，达到 11 444.08 亿元；2008 年上升到 61 330.35 亿元，2017 年达到 172 566.57 亿元。从总量上看，财政实力大为增强。但是，从财政收入占国内生产总值（GDP）的比重来看，该指标从 1978 年的 30.78% 开始，持续下滑至 1995 年的 17%，然后开始回升，2015 年达到 22.10%，2016 年和 2017 年该指标又出现下降，分别为 21.46% 和 20.86%。

表 1.1　中国财政收支总量（1978—2018 年）

单位：亿元

年份	财政收入	财政支出	财政收入增长 速度（%）	财政支出增长 速度（%）
1978	1 132.26	1 122.09	29.5	33
1979	1 146.38	1 281.79	1.2	14.2
1980	1 159.93	1 228.83	1.2	−4.1
1981	1 175.79	1 138.41	1.4	−7.5
1982	1 212.33	1 229.98	3.1	8
1983	1 366.95	1 409.52	12.8	14.6
1984	1 642.86	1 701.02	20.2	20.7
1985	2 004.82	2 004.25	22	17.8
1986	2 122.01	2 204.91	5.8	10
1987	2 199.35	2 262.18	3.6	2.6
1988	2 357.24	2 491.21	7.2	10.1
1989	2 664.9	2 823.78	13.1	13.3
1990	2 937.1	3 083.59	10.2	9.2
1991	3 149.48	3 386.62	7.2	9.8
1992	3 483.37	3 742.2	10.6	10.5
1993	4 348.95	4 642.3	24.8	24.1
1994	5 218.1	5 792.62	20	24.8
1995	6 242.2	6 823.72	19.6	17.8
1996	7 407.99	7 937.55	18.7	16.3
1997	8 651.14	9 233.56	16.8	16.3
1998	9 875.95	10 798.18	14.2	16.9
1999	11 444.08	13 187.67	15.9	22.1
2000	13 395.23	15 886.5	17	20.5
2001	16 386.04	18 902.58	22.3	19
2002	18 903.64	22 053.15	15.4	16.7
2003	21 715.25	24 649.95	14.9	11.8
2004	26 396.47	28 486.89	21.6	15.6
2005	31 649.29	33 930.28	19.9	19.1
2006	38 760.2	40 422.73	22.5	19.1
2007	51 321.78	49 781.35	32.4	23.2
2008	61 330.35	62 592.66	19.5	25.7
2009	68 518.3	76 299.93	11.7	21.9
2010	83 101.51	89 874.16	21.3	17.8
2011	103 874.43	109 247.79	25	21.6
2012	117 253.52	125 952.97	12.9	15.3
2013	129 209.64	140 212.1	10.2	11.3
2014	140 370.03	151 785.56	8.6	8.3
2015	152 269.23	175 877.77	5.8	13.2
2016	159 604.97	187 755.21	4.5	6.3
2017	172 566.57	203 330.03	7.4	7.7
2018	183 177	209 830	6.1	7.6

　　资料来源：1978—2016 年数据来自国家统计局网站"国家数据"http://data.
stats.gov.cn/easyquery.htm?cn＝C01；2017 年和 2018 年数据来自财政部："关于 2017
年中央和地方预算执行情况与 2018 年中央和地方预算草案的报告——2018 年 3 月 5
日在第十三届全国人民代表大会第一次会议上"，其中 2018 年为预算数。

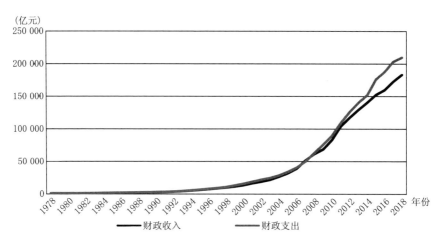

图 1.1　1978—2018 年中国的财政收入与财政支出

资料来源：同表 1.1。

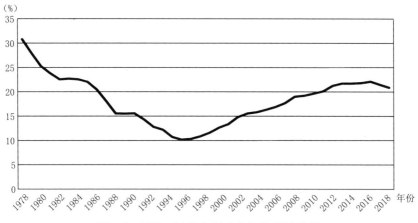

图 1.2　1978—2017 年财政收入占 GDP 比重

资料来源：同表 1.1。

财政支出 1978 年为 1 122.09 亿元；1998 年突破 10 000 亿元，达到 10 798.18 亿元；2008 年达到 62 592.66 亿元，2017 年达到 20 330.03 亿元。与财政收入一样，财政支出的绝对值也一直在增加。但从收支差额来看，从 1978 年到 2017 年，仅 1978 年、1981 年、1985 年和 2007 年四个年度的收支差额为正数，其他年份皆为负数。

与财政收支差额多年出现负数相对应的是自 1979 年以来，国家每年均发行债务（见表 1.2、表 1.3）。1979 年，中国恢复债务发行，当年向国外借款 35.31 亿元。1980 年中国继续向国外借款 43.01 亿元。从 1981 年开始,中国恢复向国内举债,当年举借的国内债务为 48.66 亿元。之后,中国每年均发行公债,每年均发行国内公债,大多数年份都有国外借款。1979—2005 年间,国家债务发行数额从最初的 35.31 亿,上升到了 6 922.87 亿元。中央财政债务余额 2006 年为 35 015.28 亿元,2017 年为 134 770.16 亿元,2018 年限额为 156 908.3 亿元。大量发行公债,在很大程度上解决了财政收入不足情况下,财政支持改革、发展和稳定的问题所需要的财力问题。

表 1.2　国家财政债务发行情况

单位:亿元

年份	合　　计	国内债务	国外借款	国内其他债务
1979	35.31		35.31	
1980	43.01		43.01	
1981	121.74	48.66	73.08	
1982	83.86	43.83	40.03	
1983	79.41	41.58	37.83	
1984	77.34	42.53	34.81	
1985	89.85	60.61	29.24	
1986	138.25	62.51	75.74	
1987	223.55	63.07	106.48	54.00
1988	270.78	92.17	138.61	40.00
1989	407.97	56.07	144.06	207.84
1990	375.45	93.46	178.21	103.78
1991	461.40	199.30	180.13	81.97
1992	669.68	395.64	208.91	65.13
1993	739.22	314.78	357.90	66.54
1994	1 175.25	1 028.57	146.68	
1995	1 549.76	1 510.86	38.90	
1996	1 967.28	1 847.77	119.51	
1997	2 476.82	2 412.03	64.79	
1998	3 310.93	3 228.77	82.16	
1999	3 715.03	3 702.13		12.90
2000	4 180.10	4 153.59	23.10	3.41
2001	4 604.00	4 483.53	120.47	
2002	5 679.00	5 660.00		19.00
2003	6 153.53	6 029.24	120.68	3.61
2004	6 879.34	6 726.28	145.07	7.99
2005	6 922.87	6 922.87		

注:从 1999 年开始,国内其他债务项目为债务收入大于支出部分增列的偿债基金。

资料来源:楼继伟(2000);国家统计局(2006)。

表 1.3 中央财政债务余额情况

单位：亿元

年份	合　　计	国内债务	国外债务
2005	32 614.21	31 848.59	765.52
2006	35 015.28	34 380.24	635.02
2007	52 074.65	51 467.39	607.26
2008	53 271.54	52 799.32	472.22
2009	60 237.68	59 736.95	500.73
2010	67 548.11	66 987.97	560.14
2011	72 044.51	71 410.8	633.71
2012	77 565.7	76 747.91	817.79
2013	86 746.91	85 836.05	910.86
2014	95 655.45	94 676.31	979.14
2015	106 599.59	105 467.48	1 132.11
2016	120 066.75	118 811.24	1 255.51
2017	134 770.16		
2018	156 908.35		

资料来源：国家统计局网站"国家数据"http://data.stats.gov.cn/easyquery. htm?cn＝C01；2017 年和 2018 年数据来自财政部："关于 2017 年中央和地方预算执行情况与 2018 年中央和地方预算草案的报告——2018 年 3 月 5 日在第十三届全国人民代表大会第一次会议上"，其中 2018 年为预算数。

从中央和地方财政关系来看，1978—2017 年，中央和地方财力都发生了很大的变化，总体上看，中央和地方财力都表现出增强的趋势，但中央和地方财力对比关系在 1994 年改变较大（见图 1.3、图 1.4）。1978—1993 年，

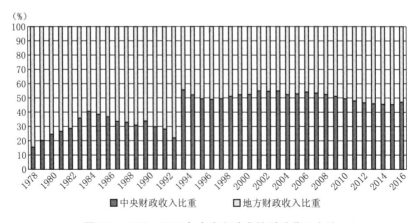

图 1.3 1978—2017 年中央和地方的财政收入占比

资料来源：国家统计局网站"国家数据"http://www.stats.gov.cn/tjsj/。

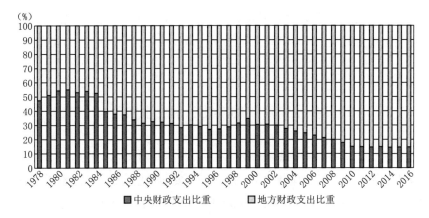

图 1.4 1978—2017 年中央和地方财政收入的演变财政支出占比

资料来源：国家统计局网站"国家数据"，http://www.stats.gov.cn/tjsj/。

中央和地方财政收入都逐年增加，但地方财政实力明显强于中央财政。1994年之后，情况发生了变化，这一年开始，中央财政收入规模开始超过地方，地方财政收入相对于 1992 年和 1993 年，都明显下降。1994 年之后，中央和地方财政收入各自继续沿着增长的路径演进，同时，中央财政收入占全国财政收入的比重一直高于地方。在财政收入占 GDP 比重逐步上升的条件下，中央财政的调控能力明显增强。

1978—2017 年，中央和地方财政的支出规模都扩大较多，且都保持了稳定的增长态势。1978—2017 年，中央和地方财政支出的对比关系的演变经历了三个阶段：一是改革开放之初的 1978 年，这一年地方财政支出规模略大于中央；二是 1979—1984 年，中央财政支出规模超过地方；三是1985—2017 年，地方财政支出规模一直大于中央。1994 年，地方财政支出占比为 69.7%，2006 年达到 75.3%，2011 年之后稳定在 85% 左右。由此可见，地方政府的重要性自改革以来是与日俱增的。

从财政收支对比关系来看，1978—2017 年以 1994 年为界，可以分成两个阶段：1978—1993 年，中央财政收入占全国财政收入比重均低于中央财政支出占全国财政支出的比重，地方财政收入占全国财政收入比重均高于地方财政支出占全国财政支出的比重；1994—2017 年，中央财政收入占全国财政收入的比重均高于中央财政支出占全国财政支出的比重，地方财政支出占全国财政支出的比重均高于地方财政收入占全国财政收入的比重。由此可见，1994 年之前，中央财政不如地方财政宽裕；1994 年之后，中央财政实力远超过地方财政。2011 年之后，中央财政支出占比稳定在 15% 左右。

1.2 1978—2018 年中国财政的变化：制度事实

1978—2018 年，中国财税制度发生了根本性的变化。1978 年以来，财税制度改革在整个经济体制改革中扮演了重要的角色，或是直接作为改革的突破口，或是为整体改革提供重要的财力保障，促进和推动了社会主义市场经济体制的形成。与此同时，财税制度自身变化很大。财税制度的变化大致可以分为三个阶段，分述如下。

1.2.1 1978—1993 年：放权让利式的财税改革

改革开放前 15 年，财税改革以放权让利为主要特征。国营企业的扩权让利改革，是财税改革不可分割的一部分。改革之前，国营企业的收入基本上都要上缴财政，连企业的折旧基金也不例外，企业基本上没有财务自主权。企业留利，意味着财政的让利。同时，财政管理体制改革也迈出了重要的一步。1980 年中央和地方财政"分灶吃饭"，实际上是中央财政向地方财政放权。这奠定了中央和地方财力对比关系的基础，地方财政收支规模扩大有了基本的制度保障。地方财政收入占全国财政收入比重的稳固地位在体制内得到了确认。

1983 年和 1984 年的两步利改税，同样属于放权让利式改革的重要内容。利改税调整了政府与国有企业的利润分配关系，税收收入因此成为最重要的财政收入形式，企业收入地位下降，1994 年后甚至不复存在。与两步利改税相关联，1985 年和 1988 年进行了两次财政体制改革，特别是"财政包干制"的推行，地方财政包干的力度加大，地方财政相对于中央财政而言，实力大大增强。"振兴财政"，特别是增强中央财政的能力，势在必行。

1.2.2 1994—2013 年：建立与社会主义市场经济体制相适应的公共财政体制

建立公共财政体制框架的改革目标虽然是 1998 年才提出来的，但是公共财政改革早在 1992 年社会主义市场经济体制改革目标确立之后就已提出。1994 年，为适应社会主义市场经济体制改革的需要，中国进行了包括财税体制在内的经济体制改革。财税改革的内容主要包括税制改革和分税制财政管理体制改革。1994 年的税制改革是一次根本性的改革，在此基础之上进行了分税制财政管理体制改革。或更准确地说，为了配合分税制改革，中国进行了税制改革。1994 年财税改革的直接目标是提高财政收入占国内生产总值（GDP）的比重和中央财政收入占全国财政总收入的比重（即提高"两个比重"）。

分税制财政管理体制改革的目标是建立分级财政，让地方财政在中央的统一领导下相对独立运行，从而更好地激励地方。1994 年的财税改革奠定了现行财政管理体制的基本框架。从 1995 年开始，财政收入占 GDP 到比重止跌回升；1994 年之后，中央财政收入占全国财政总收入的比重迅速地从 1993 年的 22％提高到 55.7％，以后虽然有所波动，但总体上维持在 50％左右。虽然中央财政收入占全国财政总收入的比重没有达到改革预期的 60％，但中央财政支出也一直未达到预期的 40％，结果是中央大致可以用 30％的财政收入来调控地方，远超原先预计的 20％，中央财政对于地方财政有较强的调控能力。

1998 年，建立公共财政框架目标明确。财税改革的目标更加明确，财政支出结构在不断优化，财政管理能力在不断加强。在财税制度没有大改变的前提下，财政收入保持了一个较快的增长速度。与上年相比，1998 年财政收入增长了 14.2％，2006 年增长了 22.5％，2007 年增长了 32.4％。这种增长速度虽然在后来未能得到持续，但财政收入稳定增长机制的基本建立当是 1994 年财税改革的重要成果。

公共财政改革目标明确带来的是财政观念的更新，财政收支结构和管理都有了很大的变化。财政支出更加重视农村，让公共财政的阳光照耀全国逐步变成现实；财政收支对不同所有制主体的一视同仁，激发了市场经济的活力。按照公共财政的要求，部门预算改革、国库集中支付制度、政府采购制度等一系列改革稳步推出，财政的透明度不断提高，财税制度的效率不断提升，财政在资源配置、收入分配和宏观经济稳定中的作用得到了充分的发挥。

1.2.3　2013 年至今：建立现代财政制度

2013 年十八届三中全会通过的《中共中央关于全面深化改革若干重大问题的决定》明确财政是国家治理的基础和重要支柱，并提出建立现代财政制度的改革目标。现代财政制度和公共财政体制框架有区别，也有联系。在社会主义市场经济条件下，现代财政制度和公共财政有诸多交叉重叠之处。

现代财政制度还在建立之中。2013 年开始的财税改革主要在预算、税制、中央和地方财政关系三个方面发力。预算改革 2014 年随着预算法修正案的通过，取得了重大进展。税制改革也在诸多方面有了较快的进步。"营改增"虽然在 2012 年就已经开始，但是开始全面试点是在 2016 年 5 月 1 日。环境保护税 2018 年 1 月 1 日开征。资源税改革取得重要进展，水资源税试点也在进行之中。个人所得税制改革取得新突破，消费税制改革、房地产税制改革也有进展。相比之下，中央和地方财政关系改革进展相对缓慢，这很大程度上是因为这一具体改革难度最大，既有技术因素，又有体制因素。2018 年中共十九大召开，要求加快建立现代财政制度。

建立现代财政制度，是中国财税制度现代化的应有之义。现代财政制度在中国肯定有自己的特征。中国财税现代化的进程，也是现代财政制度探索的历程。立足国情，借鉴发达国家和地区的经验，进一步加大改革开放的力度，中国现代财政制度才能真正建立起来。

1.3　理解中国财税改革与本书的任务

中国财税改革从总体上来看，是非常成功的，支持了整个国家的改革、发展和稳定。但和世界上其他国家相比，中国财税改革存在一些悖论，形成了中国财税改革之谜。中国财税改革的过程，实际上是在不断地破解这些谜题，并逐渐实现财税制度的现代化过程。

1.3.1　理解中国财税改革

1. 国家财力困境是怎么推动财税改革的？

中国财政有许多不可思议之处。在财税改革过程之中，出现了三次财力困境。为什么在国家财力出现困境的条件下，财税改革还能顺利进行？面对财力困境，每一次，中国都能够走出来，而且，每一次中国财政走出困境的过程，也是财税制度逐步规范化的过程。中国财税在预算内财政收入占 GDP 比例极低的情况下，是怎么实现经济的稳定和持续快速发展的？在财力不是很充分的情况下，财政又是如何支持改革的？与发达国家相比，中国财政管理中有太多的不规范，但是为什么没有规范的政府预算体系，没有规范的政府间财政关系，没有以所得税为主体的现代税制结构，中国经济能够持续快速发展，中国社会能够保持稳定？中国财税制度改革过程中，曾经依靠了预算外财力与制度外财力，如何评价这两种财力对中国改革与发展的功与过？还有，中国财政财力困境出现的背景是经济的持续快速增长，如何理解良好的宏观经济面与财政困境之间的关系？在 20 世纪 80 年代和 90 年代初期，相对于较好的经济形势，财政为何出现了困难？"振兴财政"在一段时间内，甚至成为政府财政工作的重点，其原因何在？从 20 世纪 90 年代中期开始，中央财政好转，经济形势依然看好，但基层财政为何又困难加剧？

2. 财政支出改革是怎么进行的？

在财政支出制度改革上，40 年来，中国财政支出规模发生了变化，支出范围作了调整，支出管理方法作了改进，支出决策制度（包括财政政策选择）也发生了变迁。财政支出改革从整体上看，是财税制度适应市场化需要而进行改革的结果，是国家财政理财能力不断提高的结果。改革者在推动与市场经济相适应的财政支出改革措施上，因应了各利益主体的需要，采取了相对平稳的改革举措，最后无论在资源配置、收入分配，还是经济稳定上，都取得了预期的良好结果。

3. 财政收入制度是如何发生变化的？

在财政收入制度改革上，税制改革是其中最为重要的。回顾历次税制改革，我们会发现，中国税制改革有许多特殊之处。税制改革除了与国际上其他国家基于财政原则的类似原因之外，还和改革开放密切相关。税制改革基本上是与改革开放同步进行的。外资企业所得税制的形成、个人所得税制的确立与开放密切相关。内资企业所得税制的创立与国有企业改革密切相关，其直接目标是为了规范政府与国有企业之间的利润分配关系。市场经济体制改革目标确定之后，税制改革相应跟进。税制改革方案和时机的选择，税收征管制度的改革，从根本上保证了财政收入稳定增长格局的最终形成，为市场经济下各种经济利益主体之间的公平竞争创造了一视同仁的外部环境。中国税制改革走过了一条有中国特色的道路。改革既放眼世界，又立足国情，税费改革就是其中一例。世界上许多国家在进行"税改费"的时候，中国却在实行"费改税"（以后又称"税费改革"），这是由中国收费特殊的国情所决定的。收费伴随着所谓"三乱"，即"乱收费、乱罚款、乱摊派"，这对中国经济正常的发展造成了负面影响，因此，中国选择了和自己国情相适应的改革措施。

在国有经济改革上，最初的目标是通过放权让利，增强企业活力，但渐渐地，国有经济改革更多地强调制度建设，更多地强调财政给国有企业创造良好的公平竞争环境。而且，国有经济改革也从最初的仅针对个体企业的改革，走向了国有经济战略性改组，走向强化国家作为国有企业的出资人的责任，走向国家对国有企业进行统一监管。在改革中，1994年，国家更是借税利分流改革之机，暂缓国有企业利润上缴，再加上税后还贷，为形成具有自生能力的国有企业创造了良好的外部环境。

4. 中央和地方财政关系是怎么改革的？

在政府间财政关系上，中国的财政体制经历了从财政包干制到分税制的改革过程。财政包干制显然与现代财政制度有较大的差距，但在20世纪80年代中国特定的环境下，它对中国经济利益主体的培育，对地方政府的激励，起到了相当正面的作用。1994年的分税制财政管理体制改革，在确定财政转移支付基数的时候，充分考虑了地方政府的既得利益，保证了改革的顺利进行。与市场经济相适应的财政体制，正是改革者在尊重一个又一个事实的基础之上，进行财税制度创新的结果。

5. 预算制度是如何走向现代化的？

在政府预算制度改革上，40年中国财税改革中的相当一段时间，是预算内、预算外、制度外财力共生的过程。三种财力，与市场经济国家预算统一存在矛盾，进行全口径预算（综合预算）改革势在必行，但改革之中，预算外和制度外财力的存在，客观上弥补了预算内财力的不足，保持了整个国家的稳定。2010年，"预算外资金"概念被弃用。随着全口径预算的建立，中国形成了包括一般公共预算、政府性基金预算、国有资本经营预算和社会保险基金预算四本子预算在内的健全的政府预算体系。这样的预算，适应了现实中存在大量营利性国有经济的需要，适应了政府性基金种类繁多的需要，适应了社会保险制度运行的需要。预算制度的现代化历程是怎么进行的？预算制度改革并未结束，预算改革仍有相当多的难题需要解开。从某种意义上说，它将伴随着全面深化改革的全过程。

除了上述中国财税改革议题之外，我们还可以罗列一个又一个的财税制度创新案例。现在，我们更想弄清楚的是，是什么支持了中国财税制度的一个又一个的创新，是什么力量推动了中国财税制度的改革？中国财税制度改革到底有哪些经验值得总结？

1.3.2　本书任务

1. 已有的研究成果

中国从计划经济到市场体制的改革，要求财政由生产建设财政转化为公共财政。无论从改革的起点，还是从现实来看，中国财税制度都具有中国的特色。中国是一个大国，改革首先是在认清国情的前提之下进行的。中国财税制度改革的过程，是中国经济和社会协调发展的过程。中国改革是从公有制财政开始的。这些都决定了中国财税制度改革必须走出一条创新的道路。

已有研究成果可以分为三类：第一种是关于一定时间跨度内财税改革的研究；第二种是关于具体财税改革问题的研究；第三种是关于财税改革的理论研究。

第一种研究的代表性成果有高培勇和温来成（2001）、邹继础（2003）、贾康和阎坤（2000）等。高培勇和温来成（2001）研究了 1978—1999 年间的中国财政运行机制（财政收入机制、财政支出机制和财政管理机制）。他们描述了传统财政运行机制，在此基础之上，介绍了市场化进程中的重大财税改革措施，而较少涉及财税改革理论研究。邹继础（2003）研究了 1978—1998 年间的中国财税制度改革。他论证了经济改革与财税制度的关系，经济改革对价格结构与财政收支的影响，财政结构与改革、中央与地方财政收支划分之改革、财税制度与区域经济发展、国有企业与制度转型、财税制度改革方向与其他制度转型的关系等一系列问题。他认为，当经济转型已趋近完成的阶段，地方政府如何促进经济增长的财政诱因应为未来财税制度设计的主要考虑，所以从提升整体经济发展的角度看，应进一步健全财政分权的体制，强化地方政府财政收入与支出的关联。该研究对理论研究倾注了较多的笔墨，但对财税改革的叙述不够完整。

贾康和阎坤（2000）研究了1978—1998年间财税改革问题。他们将财税改革置于经济转轨背景进行研究。该研究主要关注了这一时期的主要财政问题，包括财政困境、财政包干制、预算外与制度外资金、税收制度、分税制、财政政策等问题。他们的研究主要目的在于描述重要财政事件，对1998年之后的财税改革没有涉及。贾康和刘薇（2018）研究了1978年以来的财税改革全过程。Wong和Bird（2008）对中国财税改革历程进行了简要的回顾，对未来财税改革的重点结合国际视野做了说明，但其受制于分析重点，未能对各具体财税改革问题展开论述。

第二种研究的代表性成果有OECD（2006），何帆（1998），毛程连（2003），高培勇等（2005），胡书东（2001），杨之刚等（2006），以及张馨、袁星侯、王玮（2001），张馨（2004）等。

经济合作与发展组织（OECD，2006）研究了中国公共支出面临的挑战，提出通往更有效和公平的道路。该研究重点是中国面临的公共支出压力，其特色是将公共支出研究与调整政府间财政关系问题联系起来。何帆（1998）主要围绕"财政压力引起制度变迁"这一命题展开。该书将财政压力视为1978年中国改革的起因，将财政压力与后来的改革联系起来。该书忽略了对中国财税制度变迁的描述。毛程连（2003）重点研究了国有资产管理问题，其特色是用公共财政的基本理论来考察、解释国有资产管理实践，讨论了国有资产管理的绩效评价、国有资产管理体制改革、国有企业改革问题、国有资产管理变革路径等问题。该书的重心是国有资产管理改革。

高培勇等（2005）的主要目的是论证财政体制改革目标以及实现目标所要选择的措施。他们首先简要描述了对市场化进程中的财税改革举措，在此基础之上，提出公共财政的目标模式。他们认为，中国公共财政建设的实质含义包括以下三个方面：满足社会公共需要，立足于非营利性和收支行为规范化。高培勇等（2005）更多是结合现实，提出公共财政建设的目标模式，并对如何实现目标提出看法。张馨（2004）也对如何建设公共财政的问题进行了研究。

胡书东（2001）用实证方法研究了中国政府间财政关系问题，内容涉及财政集权与分权，对财政集权与分权的绩效进行了考察。杨之刚等（2006）涉及基层财政收支、财政转移支付、地方公债、财政竞争等问题。该研究集中关注中国基层财税改革问题，旨在探讨中国基层财政体制改革之路。张馨、袁星侯、王玮（2001）研究了中国部门预算改革问题。以上三个研究都没有对 40 年来各项财税改革进行系统全面的研究。

第三种研究的代表性成果主要有叶振鹏和张馨所提出的"双元结构财政论"（叶振鹏和张馨，1995，1999；张馨，1999）；杨志勇（2015a）关于现代财政制度的研究。他们基于中国社会主义市场经济体制改革目标，提出"双元结构财政论"（即"双元财政论"）。他们将计划经济体制下的财政模式视为"单元财政"。在他们看来，随着经济体制改革的展开、推进与深化，"单元财政"显示出种种向"双元财政"转换的迹象。所谓"双元财政"是指社会主义市场经济体制下的财政统一体，它由相对独立的公共财政与国有资产财政（国有资本财政）构成。他们从理论上探讨了计划、市场与财政的关系，在此基础之上，对"公共财政"和"国有资产财政"各自的职责作用、活动范围以及最佳规模进行了分析。他们还探讨了"双元财政"实际运行中的"双元预算体系"（包括公共预算和国有资产经营预算）、预算平衡与赤字、财政信用和财政宏观调控问题。他们主要是运用比较方法，对比中西财政实践，结合中国改革目标，构建与市场改革目标相适应的未来财政模式。他们没有对改革过程进行系统的阐述。杨志勇（1998）认为，营利性国有经济运作过程中存在的问题，无论是亏损，还是盈利，都可能对营利性国有经济的存在价值提出质疑，认为在经济转型期，中国财政可以是"双元财政"，但最终要向公共财政过渡。杨志勇（2015a）主要是对全面深化财税体制改革方案的研究，这些研究对财税改革趋势进行了整体构建，对财税改革历程的研究不足。

2. 本书的任务

以上所列三类研究成果各有特色，以改革开放以来 40 年中国财政制度改革为中心进行研究的本书，至少可以在四个方面弥补已有研究的不足：第一，已有研究或考察 1978 年后 20 年左右财税改革，或仅以 1998 年以来的公共财税改革作为研究对象，本研究将时间段延长至 1978 年以来的 40 年，且与已有的近 40 年财税改革历程的研究相比有明显的特色。第二，已有的专题研究成果相对丰富，本研究将综合已有研究成果，并结合新方法，系统地将 40 年财税改革和经济改革与社会发展联系起来进行研究。第三，已有的财税改革理论研究仍然处于一种"假说"或"猜想"阶段，本书将尝试对这些"假说"或"猜想"进行解释。第四，结合 40 年财税改革历程探讨大国的财税现代化之路。

因此，本书的任务有四个方面：第一，回顾改革开放 40 年以来中国财税制度改革的历程；第二，总结中国财税制度改革的成就；第三，归纳中国财税制度改革的基本经验；第四，探讨作为一个大国的中国财税制度现代化所面临的机会和挑战。

第2章 传统财政制度的形成

改革有"路径依赖"。什么样的起点,在很大程度上决定着未来的发展轨迹。适应计划经济要求的财政制度不可能迅速转变为适应市场经济的财政制度。在财政转型过程中,传统财税制度的影响无处不在。传统计划经济条件下,由于"税"的作用被淡化,如今中国社会习惯表述的"财税"在当时并不存在,与此相应的提法是"财政制度"而不是"财税制度"。这样,中国财税制度改革的起点是从传统财政制度开始的。

2.1 逻辑起点:财政制度的目标[1]

财政的目标取决于国家定位,取决于国家所面临的任务。传统财政制度下,财政的目标经历了一个转换的过程。建国初期财政的目标主要是为国防和恢复国民经济而筹集财政资金,集中国家财力。接着,财政的目标又让位于社会主义改造,促进计划经济体制的形成。在整个计划经济时期,财政的目标主要是为生产建设筹集资金,满足全能型国家的各项职能实现的要求。

---

[1] 本节关于传统财政制度的介绍,主要参考项怀诚(2006)、当代中国丛书编辑部(1988a;1988b)和项怀诚(1999)。

2.1.1　新中国成立初期财政的目标

财政目标定位与国家功能紧密联系在一起。1949 年新中国成立以后，在国家任务引导下的财政制度建设经历了曲折的过程。新中国既要铲除旧政府的残余势力，又要恢复国民经济。1950 年，朝鲜战争的爆发更是加重了国防负担。从 1949 年到 1952 年，财政的目标主要有两个：一是应付军费开支；二是恢复国民经济。前者更加重要，因为它关系到国家的存亡。为了适应财政目标的要求，财力分散的格局迅速被打破，财力集中型的国家财政制度确立起来。

为了完成既定的财政目标，国家进行了财政制度建设。其主要内容包括：

第一，国家概算。国家概预算是财政制度的中心内容。1949 年 12 月 2 日，在中央人民政府委员会第四次会议上，财政部长薄一波作《关于 1950 年度财政收支概算草案编成的报告》，得到中央人民政府批准。这是新中国第一个概算，标志着新中国财政制度建设开始进入正轨。该概算的编制原则是：量入为出与量出为入兼顾，取之有度，用之得当。概算收入 482.4 亿斤细粮，概算支出 594.8 亿斤细粮，赤字 112.4 亿斤细粮。支出方面，军费占概算支出的 38.8%；行政费占 21.4%；经济建设投资占 23.9%。当时的概算是以实物形式表示的，是一个非常初步的概算。

第二，统一全国税政。税收是现代国家财政收入的主要形式。统一全国税政，从制度上保证了税收收入的征收和管理。1950 年 1 月 30 日，政务院发布《全国税政实施要则》（以下简称《要则》），从 1950 年起在全国实行。根据《要则》，在全国范围内征收 14 种税：货物税、工商业税（包括坐商、行商、摊贩之营业课税及所得课税）、盐税、关税、薪给报酬所得税、存款利息所得税、印花税、遗产税、交易税、屠宰税、房产税、地产税、特种消费行为税（包括筵席、娱乐、冷食、旅店）和使用牌照税。1950 年 1 月，政务院颁发《关于关税政策和海关工作的决定》，关税自此立法；1951 年 5 月，又颁布《海关进出口税则》及其《实施条例》，自此统一了全国税政。

第三，统一全国财经工作。这为财政制度建设打下了坚实的基础。1949

年底确立了统一财经工作的方针。1950 年 3 月 3 日政务院第 22 次会议通过《关于统一国家财政经济工作的决定》。其内容有三：一是统一财政收支管理；二是统一全国物资管理；三是统一全国现金管理。其中统一财政收支管理是核心和关键。

此外，1950 年 6 月开始，国家还就财经工作作了一系列的调整，包括调整工商业（调整公私关系、调整劳资关系、调整产销关系），调整税收、酌量减轻民负。[1]财政管理进一步得到加强，基本建设拨款制度建立起来，财政管理体制得到调整，财政制度逐步健全。1951 年 3 月，政务院发布《关于 1951 年财政收支系统的决定》，以统一领导、分级负责为方针，将全国财政划分为中央、大行政区和省三级财政，并明确划分了中央与地方的财政收支范围。1951 年 5 月，政务院又发布了《关于划分中央与地方在财政经济工作上管理职权的决定》。

1952 年，国家提出过渡时期的总路线，即实现国家的社会主义工业化和对农业、手工业和资本主义工商业的社会主义改造。在改造过程中，国家广泛运用了财政工具。1949—1952 年，新中国的财政制度建设是在战争年代的革命根据地财政和解放区财政的基础之上进行的。这个阶段的财政制度建设虽还带有战时财政的特征[2]，但随着国民经济的恢复，财政制度建设也取得了突出的成就，财政实现了从供给财政向城市财政的过渡，国营经济成为国家财政的基础。国营经济向国家提供的财政收入在 1950 年为 21.75 亿元，占财政总收入的 35.0％；1951 年为 59.74 亿元，占 47.8％；1952 年为 101.01 亿元，占 58.1％（当代中国丛书编辑部，1988a：81）。

2.1.2 "一五"时期的财政目标

1953 年，中国开始实行第一个五年计划，需要集中主要力量进行以苏联帮助设计的 156 项建设单位为中心的、由限额以上的 694 项建设单位组成

---

[1] 当时，时任政务院副总理的陈云（1905—1995）指出，1950 年 6 月之前是统一，6 月之后是调整；只此二事，天下大定。

[2] 朝鲜战争爆发之后，财政经济工作的方针是：国防第一，稳定市场第二，其他第三。政府采取措施：短期冻结存款、增加财政收入、削减支出、实行纱布统购统销、建立经济核算制、开展清产核资。

的工业建设，建立中国的社会主义工业化的初步基础；发展部分集体所有制的农业生产合作社，并发展手工业生产合作社，建立对于农业和手工业的社会主义改造的初步基础；把资本主义工商业基本上分别纳入各种形式的国家资本主义的轨道，建立对于私营工商业的社会主义改造的基础。国家财政的目标主要是筹集建设资金支持工业化。

中国财政管理体制从 1953 年开始，将原来的中央、大行政区、省（市）三级管理，改为中央、省（市）、县（市）三级管理体制，降低了集中程度，适当地下放了管理权限。1954 年，财政体制又作调整：预算收入实行分类分成办法，将国家预算收入划分为固定收入、固定比例分成收入和调剂收入三大类；预算支出基本上按照隶属关系划分；按照收支划分，地方的财政支出，首先用地方的固定收入和固定比例分成收入抵补，不足部分由中央财政划给调剂收入弥补；分成比例一年一定。

"一五"时期，由国家财政集中的收入占国民收入的 31.3%，国家财政为工业化筹集建设资金达 1 241.75 亿元，保证了"自力更生为主"的工业化目标的实现。"一五"期间，以苏联帮助我国设计的 156 项建设单位为中心的、由限额以上的 694 项建设单位组成的工业建设，仅全民所有制基本建设投资就达 588.47 亿元，其中国家财政拨款资金达 506.44 亿元，占 86.1%。

工业化建设的结果是，工业部门成为财政收入的重要来源。工业部门缴纳的收入为 602.45 亿元，占全部财政收入的 46.7%。1953 年，工业部门缴纳的收入占财政收入的比重为 41.6%，1957 年上升到 50.3%。

2.1.3　1958—1965 年财政的目标

1. 1958—1960 年财政的目标

1958 年，中国开始进行第二个五年计划。"二五"时期，财政的主要目标是为经济的"大跃进"提供财力支持。

1958 年之前中国实行的是"以支定收，一年一变"的财政体制。1958年财政体制开始改为"以收定支，五年不变"。新体制旨在增加地方政府的激励。地方可以在五年内按其收入情况来安排支出。

从 1958 年起，中国在国营企业实行利润全额分成制度，增加了对企业的激励。企业留用的利润，在国家规定的范围内自行安排使用。这一制度从

1958 年到 1961 年实行了四年，共提取留成资金 146.7 亿元。

中国还对财务管理制度作了改进，鼓励企业的更新改造，鼓励企业试制新产品。在企业流动资金管理上，试行"全额信贷"。[1]国营企业的流动资金以往由财政和银行"两口供应"，财政拨款供应国营企业的定额流动资金，银行贷款供应国营企业的超定额流动资金。这一办法实行了两年就被迫停止执行。

中国在基本建设财务管理上试行投资包干制度，投资包干的建设单位一度达到 5 000 多个，占全国投资总额的 40% 左右，但由于投资包干制度不健全，1961 年该制度停止执行。

在税收制度上，实行合并税种，简化征税办法。1958 年 9 月，经全国人大常委会审议通过，由国务院发布试行《中华人民共和国工商统一税（草案）》，将商品流通税、货物税、营业税和印花税合并为工商统一税，对工厂只征一道税，此外，在商业零售环节再征一道税。简化纳税办法一是减少对"中间产品"的征税，除对棉纱、皮革、白酒等 3 种继续征税外，其他"中间产品"一般不征税；二是简化计税价格，一律根据销售收入计税。税制改革注意在基本维持原税负的基础上调整税率，注意奖励协作生产。这次改革停征了利息所得税和文化娱乐税。过于简化的税制，削弱了税收调节经济的作用。

"大跃进"背景下的财政制度改革偏离了正轨，财政出现"假结余，真赤字"，财政结余中出现了水分。三年"大跃进"，给国民经济带来了巨大的损失，经济结构失调，国民经济严重困难，人民生活水平普遍下降，加上严重的自然灾害，苏联撕毁合同，中国的经济社会从 1959 年到 1961 年遭遇了极大的困难，财政和经济都出现了负增长。1961 年，财政收入比上一年下降了 37.8%。

2. 财政的调整

为了应对改革中碰到的问题，1961 年，中央开始实行"调整、巩固、充

----

[1]　1958 年 12 月，国务院决定国营企业的流动资金改由人民银行统一管理。各级财政部门将企业需要增加的定额流动资金列入预算，并全额拨交当地人民银行作为信贷基金。企业主管部门应当向财政部门和人民银行编报年度流动资金计划，由财政部门和银行共同审定，作为考核企业主管部门资金周转的依据。这一管理制度，习惯上称为"全额信贷"。

实、提高"八字方针，财政的目标调整为国家集中财力，加强财政的集中统一。相应地，财政制度进行了大幅度的调整。

在财政体制上，从 1961 年起，国家财权基本集中到中央、大区和省（自治区、直辖市）三级，继续实行"收支下放、地区调剂、总额分成、一年一变"（1959 年起实行）的办法；收回了一部分重点企业、事业单位的收入，作为中央的固定收入，并将基本建设拨款改为中央专案拨款；同时，适当缩小了专区、县（市）、公社的财权。国家财政预算，从中央到地方实行上下一本账，坚持"全国一盘棋"。财政体制从收支两方面加强了管理，财政体制集中程度比较高，中央直接掌握的财力从原来的 50% 提高到 60% 左右。国家强调各级财政预算不准打赤字，并适当压缩了预算外资金，加强了管理。

国家大力压缩基本建设投资，按照国家规定的计划和核定的预算进行拨款。国家注意合理分配资金，调整经济结构。国家财政按照先生产，后基建和农、轻、重为序的原则，合理分配资金，以促进经济结构的调整，加快生产恢复和发展。

与此同时，国家改进企业财务体制，恢复和健全企业成本、资金管理制度，加强经济核算；改进企业利润分配制度，调低企业利润留成比例，全国企业平均利润留成比例从 13.2% 降低到 6.9%，并明确规定企业利润留成资金必须绝大部分用于"四项"费用、进行技术革新、技术革命和实行综合利用所需的支出，同时按照国家的规定安排奖金和职工福利开支。企业主管部门集中的留成资金，不得超过企业留成资金总额的 20%，并且只能用于企业之间的调剂。1962 年，除了商业部门仍实行利润留成办法外，其他部门的企业停止实行利润留成办法，改为提取企业奖金的办法。企业所需要的技术组织措施费、新产品试制费、劳动安全保护费、零星固定资产购置费等四项费用，改为国家拨款解决。国营企业在完成国家规定的主要指标后，可按工资总额的 3.5% 提取企业奖金。没有全面完成国家计划的，按规定扣减一定比例的奖金。

这次调整是全方位的。1965 年调整经济任务完成。工农业生产在协调的基础上已经超过 1957 年的水平。工业生产能力大幅度提高，工业产量成倍增加，工业内部结构有所改善。农业生产有所恢复和发展，农业生产条件不断改善，农业内部结构、工农业之间比例比过去协调。教育、科技实业蓬勃发展。积累与消费的比例趋向正常。

从总体上看，财政调整后，通过增收节支，节约非生产开支，压缩社会集团购买力，消灭财政赤字，实行了比较集中的体制，加强集中统一，保证了调整经济工作的顺利进行。[1]

2.1.4 "文革"中财政的目标

1966—1976 年是"文化大革命"时期，各项制度遭受严重的破坏，财政制度也不例外。财政管理的正常工作都受到影响，在整个"文革"时期，财政目标更多的是维持性的，尽可能地为整个社会的正常运转服务。

"文革"时期，财政领导机构多次受到冲击，财政工作受到多次严重冲击，经济效益受到很大影响。与此同时，国家也采取了一些措施，包括两次冻结银行存款，以尽量减少财政制度的冲击。整顿企业财务（如 1972 年清产核资）、整顿机构（如 1972 年恢复税务局建制，建设银行重新从人民银行划出来；1975 年财政部军事管制委员会被撤销，财政部司、局组织建制恢复，"税务总局"名称恢复）、严格财政管理和财经纪律等工作的进行在很大程度上维持了国家的运转。

基于全民所有制职工人数、工资支出、粮食销量略创新高的现实，国家对此进行严格控制。国家还采取措施控制基本建设规模，加强基本建设管理，压缩财政支出。

"文革"时期，国家财政在支持经济领域某些方面取得成就，农业、工业、交通运输和科学技术都得到了一定发展。此外，中国还为发展中国家提供了数目相当可观的财政援助。当然，从整体上看，"文革"对国家财政造成了严重破坏，虽然从 1966 年到 1976 年，财政收支相抵，赤字只有近 9.47 亿元，但有 4 年出现赤字，在"文革"后期的 1974—1976 年，更是连续三年赤字，且 1976 年的赤字规模较大（见表 2.1）。而且，这样的财政状况还是在许多事业停办缓办，勒紧裤腰带过日子的情况下得到的。

---

[1] 以后随着经济形势的好转，集中当中又有适当分散，调动地方、企业和单位的积极性。

表 2.1　1966—1976 年财政收支差额

年份	收支差额（亿元）
1966	21.06
1967	−20.48
1968	3.41
1969	0.90
1970	13.49
1971	12.56
1972	0.70
1973	0.89
1974	−7.11
1975	−5.27
1976	−29.62
合计	−9.47

资料来源：楼继伟（2000：25—26）。

2.2　传统财政制度的基本特征：国际比较

传统财政制度是在计划经济体制的背景下形成的，是服务于国家计划的财政制度。1952 年 11 月 16 日，中共中央决定在中央人民政府下建立国家计划委员会（简称“国家计委”）。国家计委负责编制长期规划和年度的国民经济发展计划，对各个部委及地方的国民经济计划有审查和检查执行情况的权力。在计划经济条件下，政府通过国家计委制定和审批计划，计委全面规划国家经济生活中的生产与消费，这是计划经济体制的核心。中国集中统一的计划管理体制不仅包括计划部门的管理体制，还包括财政体制、金融体制、投资体制、物价体制、物资供应体制、劳动人事体制、分配体制等。[1]传统财政制度是与计划经济体制相适应的财政制度。本节主要通过与西方市场经济国家的比较，来概括传统财政制度的基本特征。

---

[1]　计划经济体制具有四个主要特征：第一，计划是资源配置的基本形式，以指令性计划为主，带有强烈的行政性和强制性，几乎覆盖国民经济的各个方面。第二，国家计划直接管理企业，政府既是国有资产的所有者，又是国有资产的管理者。国营企业的人财物决策权全部集中在不同等级的政府主管部门手里，企业是政府主管部门的执行机构。第三，以实物管理为主。第四，利益格局一元化。（胡鞍钢，2007：237—240）

2.2.1　作为一种财政制度的传统财政制度

传统财政制度作为一种财政制度，与其他财政制度，有许多共同之处。此处仅与现代西方国家的财政制度作一简单的比较。

传统财政制度与现代西方国家的财政制度都是为了实现国家的职能，从根本上满足公共需要而确立的，虽然它们在满足公共需要的程度上有差异，在实现各自目标的工具上有差距。两者直接的基本任务是为国家（政府）支出融资，在形式上也有许多相似之处：在财政收入形式上，税收是两者都选择的形式；在财政支出上，也有许多相似之处，国防支出、外交支出、行政管理支出等都构成各自政府财政支出的内容；在财政收支管理上，两者都采用了国家预算（政府预算）的形式；在财政体制上，多数国家都实行了分权程度各不相同的分级财政制度。

2.2.2　传统财政制度的基本特征之一：计划型财政

传统财政制度是一种计划型财政，这与西方国家的市场型财政形成了鲜明的对比。两者之财政活动范围的差异很大。

在计划经济条件下，国家活动的范围涉及社会的全部。而且，所有的活动以国家计划为中心，财政是贯彻国家计划的账房，整个社会的资金分配格局是"大财政、小银行"，财政充当的是会计工具，银行扮演的是出纳的角色。财政制度直接影响整个社会。财政制度所作用的空间不仅仅是市场经济下的市场失灵领域，还包括大量市场有效领域。财政大量介入私人产品的生产和提供。社会中所存在的企业是以国有企业为主体的公有制企业。地方政府也缺乏相对的独立性。财政制度基本上是一种统收统支的高度集中的财政制度。财政活动主要围绕计划进行。财政投资依据基本建设投资计划，财政支付工资根据的是全国统一的工资制度。在计划下，企业和个人都缺乏独立的经济利益，都是计划经济体系中的棋子。

在西方国家，市场型财政的活动范围主要限于市场失效领域。在市场经济条件下，市场失效是政府干预的必要条件。市场失效领域才可能成为财政活动的范围。一般认为，公共产品、外部性、自然垄断、信息不对称、收入分配、经济稳定等是市场失效的原因和表现，政府只能在这些领域内活动，财政活动也不例外。而且从理论上说，这些领域要成为财政活动领域，还有一个前提是其中不存在政府失效，这是因为，市场失效可能是市场的高级化程度不够引起的，市场自身的高级化可以解决这种市场失效。[1]这样，财政活动范围被限制在较小的领域。在市场经济条件下，政府提供公共产品和公共服务，这种公共提供，还不一定要政府直接介入生产。也就是说，公共提供可以采取公共生产的方式，也可以采取私人生产的方式。这样，在财政活动范围内，仍然可能活跃着私人经济主体的活动。

无论何种经济条件下，财政制度都要在公共产品和公共服务的提供中发挥重要作用。但是，传统财政制度是在计划经济环境中形成的，财政制度具有"统、包、大"的特点。财政制度所涉及和影响的范围远远超过了市场经济。

传统财政制度下，财政虽有中央与地方的划分问题，但地方财政从根本上说是附属于中央财政的，是整个国家计划经济体制的一个组成部分。而在市场经济条件下，多数国家中央（联邦）与地方（州和地方）会实行财政分权，地方财政有相对独立的活动空间。

2.2.3　传统财政制度的基本特征之二：公有制财政

与西方国家与以私人经济为基础的财政制度不同，传统财政制度是服务于公有制经济的财政制度，是一种公有制财政。现代政府的经济作用主要有三：资源配置、收入分配和经济稳定。在公有制条件下，财政制度主要功能是资源配置，为公有制经济的发展筹集资金和供应资金。以私人经济为基础的西方财政是一种私有制财政。其存在的主要目的是提供公共产品和公共服务，为私人经济的发展创造良好的外部环境，而且，提供公共产品和公共服务的资金来源主要依靠私人经济所提供的税收。

公有制下的财政制度同样要提供公共产品和公共服务，但因为社会中的人都附属于单位，财政制度从表面上看，并不直接为个人提供服务。而且，传统财政制度下，社会对国家的主流看法是：国家是一个有机体，是社会的

---

[1] 例如，物物交换市场的失效，可以通过引入货币来解决；现货交易市场的失效，可以通过引进期货市场来解决。

心脏，因此，国家在整个社会分配中居核心的位置。在涉及利益分配时，排列顺序都是先国家、后集体、再个人，个人在整个社会中处于从属的地位。所以，从表面上看，传统财政制度服务的是国家，是企业，是各种单位，而不直接面对个人。

公有制下的财政制度，国家财政与企业财务基本上是重叠的。财政直接介入社会生产和再生产活动，形成了高度集中、统收统支的供给型财政，财政直接供应国营企业资金，集中企业尽可能多的资金，集中各种收入，甚至包括折旧基金。国家通过规定企业的财务会计制度，稳定了作为国家财政基础的国营企业财务。国营企业的一举一动尽在财政的掌控之下。由于整个社会基本上是一个公有制经济的社会，且公有制又是以国有经济为主体的，企业收入构成国家财政收入的重要形式，国家财政对企业财务活动的影响是全方位的。在这种情况下，国家是一个大工厂，企业只是这个大工厂的一个车间。公有制财政基本上不直接从个人那里取得财政收入。财政与个人的关系只是间接的。对国有企业实行的基本上是一种统收统支的制度，企业实现利润要全部上缴给财政，企业扩大再生产的资金全部由财政无偿提供。在很长一段时间内，企业的更新改造活动也受到计划管理，企业提取的基本折旧基金要上缴国库，企业所需的"三项费用"和"四项费用"支出，需要国家财政拨款予以解决。

公有制财政下，国家财政支出主要面向公有制企业所在的城镇，虽也有支农支出，但数量不多。公有制财政下，农村对国家财政的贡献主要不是通过农业税收体现，而是通过工农产品剪刀差的形式表现出来的。因此，在很大程度上，公有制财政是偏向城市的财政，是城市型财政。

2.2.4　传统财政制度的基本特征之三：对价格的全面干预

计划经济条件下，价格和市场在资源配置中的作用都没有得到重视，基本上没有正式市场的存在，而且，计划经济条件下，各种经济主体的利益缺乏独立性。没有市场，就谈不上以市场失效作为国家财政干预的前提，也就没有以市场失效为前提的财政制度。

在计划经济条件下，价格是经济核算工具，政府定价广泛存在，价格或高或低取决于政府的调控目标，而且，价格一旦确定，就长期保持稳定。计划价格体系的建立和运转，是在财政的支持下运行的。一方面，执行计划价格，企业所得到的盈利国家要拿走，另一方面，计划价格导致的亏损，财政通过冲抵自身收入，维持企业的正常运转。农产品计划价格过低，但国家通过支农支出，支持农业的发展。但就整体而言，价格补贴所占的规模较小。计划价格的政策导向非常强烈。价格虽然由计划部门定，但财政通过对不同产品的纯收入水平，设置了因产品而异的流转税差别税率，保证不同产品能获得大致相同的税后利润。

市场经济条件下，价格主要是由市场决定的。国家对一些价格的直接影响表现在市场失效的范围内。国家对自然垄断行业的产品和服务的价格进行规制。财政对市场价格的影响主要是间接的，国家执行财政宏观调控政策对市场价格的影响有两个方面：一是扩张性财政政策可能拉升某些产品和服务的需求，提高这些产品和服务的价格；二是紧缩性财政政策会压低某些产品和服务的需求，降低这些产品和服务的价格。

2.2.5 传统财政制度的基本特征之四：对初次分配产生广泛直接的影响

传统财政制度下，财政是社会再生产的一个重要环节。财政与初次分配有着密切的关系。在计划经济条件下，凭借生产要素取得的收入属于初次分配范畴。传统财政直接介入社会生产活动，直接参与初次分配。财政在国民收入分配中的地位，国家预算集中了约 1/3 的国民收入，还直接决定积累和消费的关系，影响整个社会的储蓄率、投资率和消费率。工资高低，直接影响财政收支。高工资减少财政收入，增加财政支出；低工资增加财政收入，减少财政支出。财政财力决定了工资调整的幅度。价格的确定，同样受到财政财力的制约。企业成本核算和利润分配，更是直接由国家财政所决定的企业财务制度决定的。

而在市场经济条件下，财政是外在于社会再生产的，是外在于资本和市场的。初次分配属于私人经济活动范围，财政基本上不介入。

2.2.6 传统财政制度的基本特征之五：基本上与收入再分配无关

在传统计划经济体制下，城乡居民几乎没有什么资本收入。整个社会以生产资料公有制决定了国家掌握了绝大部分的资本。城乡居民储蓄存款很少。1952 年，城乡居民人民币储蓄存款年底余额为 8.6 亿元，1978 年也仅为 210.6 亿元；人均储蓄存款余额 1952 年仅为 2 元，1978 年只达到 22 元（见表 2.2）。资本所带来的收入不公问题基本上可以忽略不计。计划经济国家实现全面就业。在城镇，所有人都是附属于某个单位的，国家建立了统一的工资制度，城镇职工工资有等级之分，但实际上城镇职工工资差距很小，名为按劳分配，实为工资平均主义，工资收入差距较小。不同时期，虽有奖金激励制度，但这种奖金发放的金额很小，不足以改变城镇职工收入的差距。在乡村的人民公社制度下，所有人都有自己所归属的社队，农民劳动赚取工分，但工分差别不大。土地国有制下，个人之间也没有土地收入的差距。这种收入平均的状况是政府实行生产资料公有制和统一的工资计划体系的结果。从支出角度来看，在城镇，居民附属于某个单位的结果是，单位承担了职工的生老病死等一切开支。单位保障制度，决定了财政不用直接承担社会保障的功能。在乡村，财政除了支农支出和五保户等支出外，几乎没有什么支出。从整体上看，财政几乎没有介入收入再分配领域。

表 2.2　1952—1978 年城乡居民储蓄存款

年份	城乡居民人民币储蓄存款 年底余额（亿元）	人均储蓄存款余额 （元）
1952	8.6	2
1953	12.3	2
1954	15.9	3
1955	19.9	3
1956	26.7	4
1957	35.2	5
1958	55.2	8
1959	68.3	10
1960	66.3	10
1961	55.4	8
1962	41.1	6
1963	45.7	7
1964	55.5	8
1965	65.2	9
1966	72.3	10
1967	73.9	10
1968	78.3	10
1969	75.9	9

年份	城乡居民人民币储蓄存款 年底余额(亿元)	人均储蓄存款余额 （元）
1970	79.5	10
1971	90.3	11
1972	105.2	12
1973	121.2	14
1974	136.5	15
1975	149.6	16
1976	159.1	17
1977	181.6	19
1978	210.6	22

资料来源：国家统计局国民经济综合统计司（2005：35）。

而在西方国家，生产资料私有制，初次分配带来的收入差距往往是社会所不能接受的。个人占有的资本悬殊，资本所形成的收入水平差距较大。土地私有制下，个人占有土地不均，也决定了个人间的土地收入差距。不同的劳动者有不同的劳动能力，为了对劳动者进行激励，西方国家居民工资差距远大于计划经济国家。而且不同的劳动者有不同劳动机会，有时难免会失业，从而没有劳动收入。总之，在西方国家，初次收入分配不公是必然的。为了减少收入差距过大给社会带来的震荡，西方国家通常会借助于税收和社会保障工具，调节收入分配，促进社会公平。

西方国家对收入分配的干预程度取决于一国人民对公平的理解。有的公平观强调一个社会最差处境的人的生活状况，有的公平观强调一个社会是否能够给每个人提供均等的机会，有的公平观更加关注结果的平等，有的公平观注重收入的平均主义。每个社会根据各自所接受的公平观，采取对应的收入再分配措施，相应地形成了关于对收入再分配干预各不相同的制度，有注重个人间平等的福利国家，有保障最低生活水平但对其他收入分配干预较少的国家。

2.2.7 传统财政制度的基本特征之六：直接调控宏观经济

在计划经济条件下，投资决策是政府的事。生产资料的公有制力图避免生产资料私有制与社会化大生产之间的矛盾。从理论上看，计划经济能够消

除投资的盲目性，从而避免经济的波动。计划经济国家一般通过控制基本建
设投资和消费规模的膨胀来稳定经济。当经济过热时，国家就会压缩投资计
划，减少消费；当经济过冷时，国家就会扩大投资计划。在计划经济国家的
公有制经济下，财政与企业利益的高度一致性，以及个人利益基本上被忽
略，决定了在计划经济条件下，国家对经济的调控是直接的，没有独立的财
政政策，财政在经济稳定中发挥作用是执行计划的结果。

在自由竞争资本主义时期的西方国家，国家基本上不干预经济，许多国
家执行的是"夜警国家"职责。政府促进经济稳定的理念等到 1929—1933
年大萧条发生之后才得到彻底的改变。财政制度对于经济稳定作用表现为财
政政策的运用。许多国家接受了凯恩斯主义的财政政策理论，并付诸实践。
相应的财政政策可以分为自动稳定器的财政政策和相机抉择的财政政策。前
者靠财政制度自身发挥作用。在以所得税为主体的税收收入结构下，累进的
所得税制决定了国家可以在经济过热时，收入的增长慢于经济的增长，从而
降低边际消费倾向和边际投资倾向，起到抑制私人消费和投资的作用；反
之，在经济衰退时，则消费和投资不会下降太多。后者是政府根据宏观经济
形势，在经济衰退时，选择减税、增加财政支出或者两者并用的扩张性财政
政策；在经济繁荣时，选择增税、减少财政支出或者两者并用的紧缩性财政
政策；在经济处于正常运转时期，选择中性的财政政策。一般说来，财政政
策在促进就业、物价稳定、国际收支平衡和经济增长上发挥了积极的作用。

2.3　传统财政制度与中国经济现实

2.3.1　传统财政制度与国有经济的一致性

计划经济体制并不是一下子就建立起来的。新中国成立伊始，国有经
济、集体经济、私营经济、个体经济以及其他经济成分并存，税收仍是财政
收入的主要形式。1950—1952 年，国家财政分项目收入中，各项税收所占的
比重最大，但持续下降；企业收入所占的比重持续上升（见表 2.3）。随着政
府没收了占当时全国资本总数 80％的官僚资本，建立起全民所有制经济（国

有经济），国有经济所提供的财政收入从 1950 年的 35.0％，上升到 1951 年
的 47.8％和 1952 年的 58.1％（当代中国丛书编辑部，1988a：81）。

表 2.3 国家财政分项目收入比重（1950—1952 年）

单位：％

年份	各项税收	企业收入	其他收入
1950	78.78	13.98	7.24
1951	64.92	24.44	10.64
1952	56.16	32.93	10.91

资料来源：楼继伟（2000：65）。

1949—1952 年的中国还具有市场经济国家财政制度的一些特征。随着
社会主义改造的进行，计划经济体制的确立，与之相适应的财政制度确立。
财政制度在筹集资金和分配资金上的重要性日趋突出。财政收入中企业收入
和各项税收两者长期并重，成为国家财政收入的最重要的两种形式（见表 2.4
和图 2.1）。企业收入在 1953 年占国家财政收入的比重仅为 35.96％；1956 年
升为 47.92％，在国家财政收入中与税收收入的地位基本相当。在某些特殊
年份，如 1960 年和 1966 年，企业收入远远超过税收收入。企业收入的增
加，代表了财政直接来自国有经济收入的增加。

表 2.4 国家财政分项目收入比重（1953—1978 年）

单位：％

年份	各项税收	企业收入	其他收入
1953	56.12	35.96	7.92
1954	53.91	40.63	5.46
1955	51.13	44.94	3.96
1956	50.28	47.92	1.80
1957	51.09	47.55	1.36
1958	49.35	49.84	0.81
1959	42.02	57.30	0.68
1960	35.59	63.93	0.49
1961	44.59	53.73	1.68
1962	51.69	46.63	1.68
1963	48.01	50.45	1.54
1964	45.55	53.29	1.15
1965	43.16	55.83	1.00

续表

年份	各项税收	企业收入	其他收入
1966	39.73	59.66	0.61
1967	46.89	52.10	1.02
1968	53.03	46.15	0.82
1969	44.70	54.43	0.87
1970	42.42	57.17	0.41
1971	41.97	57.52	0.51
1972	41.36	58.14	0.50
1973	43.10	56.45	0.46
1974	46.02	52.00	1.98
1975	49.38	49.07	1.55
1976	52.53	43.53	3.94
1977	53.55	46.01	0.44
1978	45.86	50.52	3.62

注：由于小数点保留两位的原因，三种收入之和可能不等于100%。
资料来源：楼继伟（2000：65—67）。

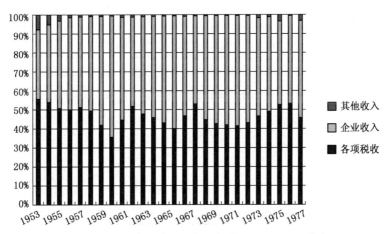

图 2.1　国家财政分项目收入比重（1953—1978 年）

资料来源：同表 2.4。

　　财政的收入不仅仅来自传统意义上的税收。财政通过经济建设费支出，形成以经济建设费为主的财政支出结构（表 2.5），组织公共生产，直接取得利润收入。企业收入在国家财政收入中地位的增强是与政府集政治权力行使者、生产资料所有者与生产经营组织者三种身份于一身的必然结果。作为政治权力行使者，政府行使的是社会管理者的职能，因此，政府获得了征税的权力。生产资料所有者与生产经营组织者的身份决定了政府在社会中直接扮演生产者的角色，能够因此获得利润收入。

表 2.5　国家财政按功能性质分类的支出（经济恢复时期至"五五"时期）

单位：亿元

时　　期	支出合计	经济建设费	社会文教费	国防费	行政管理费	其他支出
经济恢复时期	362.19	125.70	42.10	138.49	46.07	9.83
"一五"时期	1 320.52	670.81	191.32	314.79	112.18	31.42
"二五"时期	2 238.18	1 491.55	302.07	272.94	133.16	38.46
"三五"时期	2 510.60	1 407.62	277.76	549.56	134.27	141.39
1963—1965 年	1 185.81	638.22	180.24	226.04	76.42	64.89
"四五"时期	2 510.60	1 407.62	277.76	549.56	134.27	141.39
"五五"时期	3 917.94	2 261.12	426.25	750.10	196.71	283.76
"六五"时期	5 282.44	3 164.28	760.64	867.81	280.06	209.65

资料来源：中国财政杂志社（2007）。

与公有制财政制度相适应的中国经济是公有制经济。表 2.6 提供了 1949—1978 年全国工业总产值和国有企业、集体企业所创造的工业总产值的数字。从中我们可以发现，1954 年起，国有企业和集体企业所提供的工业总产值超过全国工业总产值的一半；1958 年起，全国工业总产值就是国有企业和集体企业工业总产值之和；国有企业所提供的工业总产值所占比重越来越高，1955 年国有企业所提供的工业总产值超过全国工业总产值的一半，达到 51.29%，1958—1975 年该比重一直在 80% 以上，1976—1978 年也接近 80%。

表 2.6　全国工业总产值

单位：亿元

年份	工业总产值	国有企业	集体企业
1949	140.0	36.8	0.7
1950	191.0	62.4	1.5
1951	264.0	91.0	3.4
1952	349.0	145.0	11.4
1953	450.0	193.7	17.4
1954	515.0	242.7	27.5
1955	534.0	273.9	40.5
1956	642.0	350.2	109.6
1957	704.0	378.5	134.0

续表

年份	工业总产值	国有企业	集体企业
1958	1 083.0	965.7	117.3
1959	1 483.0	1 313.2	169.8
1960	1 637.0	1 483.1	153.9
1961	1 062.0	940.0	122.0
1962	920.0	807.8	112.2
1963	993.0	887.1	106.0
1964	1 164.0	1 042.3	121.8
1965	1 402.0	1 262.8	139.2
1966	1 624.0	1 461.5	159.5
1967	1 382.0	1 222.5	159.5
1968	1 285.0	1 136.2	148.8
1969	1 665.0	1 477.0	188.0
1970	2 117.0	1 854.0	262.3
1971	2 414.0	2 073.9	340.1
1972	2 565.0	2 177.2	387.8
1973	2 794.0	2 347.5	446.5
1974	2 792.0	2 300.9	491.1
1975	3 207.0	2 600.6	606.4
1976	3 278.0	2 567.7	710.3
1977	3 725.0	2 869.4	855.6
1978	4 237.0	3 289.2	947.8

资料来源：国家统计局国民经济综合统计司（2005）。

2.3.2　传统财政制度与农村的发展

传统财政制度是国家财政支农支出很少。表 2.7 提供了国家财政自"一五"时期至"六五"时期支援农村生产支出和各项农业事业费的情况，国家财政支援农村生产支出和各项农业事业费占整个国家财政支出的比重均处于较低水平，"五五"时期虽有较大提高，但仍不足 10%。这与 80% 以上的人口是乡村人口的国情（表 2.8）严重不对称，也可见传统财政制度下，农村的发展受到了很大的限制。

国家通过工农产品价格"剪刀差"，压低了作为原材料的农产品的价格，降低了企业的原材料成本，提高了企业的收入。1952—1978 年，国家通过剪刀差，集中了数千亿元的收入。剪刀差成为经济建设的重要资金来源。冯海发、李微（1993）研究了新中国农业为工业化提供资金积累的数量问题。在

表 2.7 国家财政支援农村生产支出和各项农业事业费

单位：亿元

时 期	"一五"时期	"二五"时期	1963—1965 年	"三五"时期	"四五"时期	"五五"时期	"六五"时期
支援农村生产支出和各项农业事业费	28. 48	115. 42	60. 40	78. 90	161. 00	345. 73	437. 19
占财政支出的比重（%）	2. 16	5. 16	5. 09	3. 14	6. 41	8. 82	8. 28

资料来源：中国财政杂志社（2007）。

表 2.8 中国城乡人口

单位：万人

年份	城镇人口		农村人口	
	绝对数	占全国人口比重（%）	绝对数	占全国人口比重（%）
1949	5 765	11	48 402	89
1953	7 826	13	50 970	87
1977	16 669	18	78 305	82

资料来源：国家统计局国民经济综合统计司（2005）。

他们看来，农业为工业提供资金积累的途径有三：一是税收（包括农业税和农业税附加）；二是剪刀差；三是储蓄。1952—1978 年，农业为工业化提供资金积累的数量为 4 352.97 亿元，其中剪刀差为 3 320.38 亿元（见表 2.9）。

表 2.9 农业为工业化提供资金积累的数量 （1952—1978 年）

年份	农业提供的积累数量（亿元）	剪刀差方式所占的比重（%）	剪刀差数量（亿元）
1952	55.66	44.1	24.55
1953	67.40	53.7	36.19
1954	81.60	53.2	43.41
1955	79.62	52.5	41.80
1956	83.03	61.8	51.31
1957	94.12	52.4	49.32
1958	133.56	68.6	91.62
1959	155.31	73.7	114.46

续表

年份	农业提供的积累数量 （亿元）	剪刀差方式所占的比重 （％）	剪刀差数量 （亿元）
1960	158.13	80.5	127.29
1961	105.29	68.0	71.60
1962	121.02	61.1	73.94
1963	121.41	73.1	88.75
1964	150.96	72.9	110.05
1965	157.61	77.6	122.31
1966	194.64	76.8	149.48
1967	171.75	73.0	125.38
1968	141.30	75.2	106.26
1969	160.58	79.2	127.18
1970	103.92	79.9	83.03
1971	219.18	81.5	178.63
1972	220.31	84.4	185.94
1973	254.02	80.9	205.50
1974	245.35	81.2	199.22
1975	264.52	84.6	223.78
1976	244.67	84.7	207.24
1977	270.95	84.2	228.14
1978	297.06	85.5	253.99
合计	4 352.97	—	3 320.38

资料来源：根据冯海发、李微（1993）计算。

　　农村发展最终落实到农民的收支水平上。城乡差距可以通过全国城乡居民家庭人均收支和恩格尔系数反映出来。平均每人生活消费支出在 1957 年城镇居民家庭为 222.0 元，农村仅为 70.9 元；1964 年，城镇为 220.7 元，农村为 93.6 元。1978 年，城镇居民家庭平均每人可支配收入为 343.4 元，生活消费支出为 311.2 元，恩格尔系数为 57.5％；农村居民家庭平均每人纯收入为 133.6 元，生活消费支出为 116.1 元，恩格尔系数为 67.7％（国家统计局国民经济综合统计司，2005：34）。可见，传统财政制度下，农民的收入水平和生活消费水平都不如城镇居民。

2.3.3　传统财政制度与经济结构

　　传统财政制度下，财政对工业，尤其是对重工业的重点投入，推动了中国工业化进程。第一产业占国内生产总值（GDP）的比重由 1952 年的 50.5％

下降到 1978 年的 28.1％；第二产业占 GDP 的比重则从 20.9％上升到 48.2％；第三产业占 GDP 的比重也从 28.6％下降到 23.7％（见表 2.10）。中国产业结构的高级化仍然伴随着较高的第一产业比重，表明中国工业化进程尚未完成。

表 2.10　国内生产总值构成（选择年份）

单位：％

年份	第一产业	第二产业	第三产业
1952	50.5	20.9	28.6
1953	45.9	23.4	30.8
1957	40.3	29.7	30.1
1958	34.1	37.0	28.9
1961	36.2	31.9	32.0
1965	37.9	35.1	27.0
1966	37.6	38.0	24.4
1970	35.2	40.5	24.3
1975	32.4	45.7	21.9
1978	28.1	48.2	23.7

资料来源：国家统计局国民经济综合统计司（2005）。

财政支出投向的决定与重工业优先发展战略密切相关。建国初期，基于中国农业比重较高，工业比重较低，特别是对国防具有重要意义的重工业比重较低的现实，中国模仿苏联，进行工业化建设，选择了重工业优先发展战略。最初，重工业优先发展战略是必要的。由于重工业优先发展战略需要发展的是资本密集型工业，但是中国的现实是资本非常紧缺，因此，国家采取了扭曲性的政策，为重工业的发展筹集资金（林毅夫、蔡昉、李周，1999）。这偏离了中国的比较优势，重工业在经济结构中表现出越来越重的趋势。"三线建设"更是加剧了这一趋势。在全国投资总额中，重工业投入的比重在"一五"时期占 36.1％，"三五"时期占 51.1％，"四五"时期占 49.6％。工业内部，过分突出工业和机械加工工业，轻重工业比例严重失调[1]，在重工业内部加工工业与原材料工业也不相适应，导致经济结构的失调（当代中国丛书编辑部，1988a：262）。

---

[1]　1978 年全部工业总产值为 4 237 亿元，其中轻工业为 1 826 亿元，重工业为 2 411 亿元（中国工业年鉴编辑委员会，2006）。

2.3.4　传统财政制度下的激励、信息问题

1. 激励问题

传统财政制度是一种缺乏激励的制度。计划经济下的全能型政府对国营企业也采取了一些激励措施，例如，1952—1957 年，建立企业奖励基金和超计划利润分成制度，但企业的机动财力很小；1958—1961 年，实行利润留成制度，四年共提取留成资金 146.7 亿元，约占同期企业实现利润总额的10.3%（当代中国丛书编辑部，1988b：9）；1962—1968 年，除商业部门实行利润留成制度外，其他部门均予以取消，恢复企业奖励基金制度；1969—1977 年，取消企业奖励基金制度，并入职工福利基金。但就整体而言，企业的财务自主权较少。企业产品的国家统一定价，企业实现利润的高低，与企业生产经营效率的高低不成正比，对企业的生产经营者不能形成有效的激励。

较为平均的低工资制度对劳动力而言，缺乏应有的激励。国家通过压低工资，降低成本，以尽可能集中财力。在城市，经过社会主义改造之后，一方面，城市职工端上国家的"铁饭碗"；另一方面，随着所有制结构的日趋单一化，所有制经济几乎都是公有的，按劳分配几乎成为收入分配的唯一形式。1956 年，国家首次对企业、事业和国家机关的工资制度进行了统一改革，实现了多种工资形式向单一工资制度的转变，使全国工作人员的工资形式趋向统一，最终确立了以技术、职务、行业、地区四个基本因素为参照标准的"按劳分配"制度，同时对一些便于实行计件工资的部门实行计件工资，对企业及职工实行与效益挂钩的奖励制度（奖金）。为了保证更多的人就业，这种单一的工资制度同时也是一种较为平均的低工资制度（武力、温锐，2006）。

农村收入分配制度缺乏激励。在农村，随着生产资料的集体所有，人民公社制度的建立，农村居民的收入分配呈现单一化、固定化和平均化的特点，但国家基本上不对农民提供生活补贴、社会保障和福利。农民的收入分配以生产队为单位，不存在工资等级，而是在生产队里评工分，然后凭工分从集体获得分配，但是由于绝大多数农村收入水平尚处于解决"吃饭"问题阶段，为了保证人人有饭吃，对于主要农产品就不得不实行按人头来定量分

配。农民除了来自集体经济的收入外，还有相当部分是来自自留地和家庭副业的收入，这部分收入要占农民家庭总收入的 1/3 左右。就整体而言，农村的收入分配比城市更为平均（武力、温锐，2006）。

2. 信息问题

传统财政制度是计划经济体制的一个重要组成部分。计划者难以获取决策所需的充分信息。对财政直接控制的全部企业的生产条件不能准确掌握，对大量消费者的需求信息更是难以获得。政府在获得信息之后，还要对这些信息进行处理，再加上在计划经济条件下，价格不能反映市场供求状况，计划当局不可能获取大量的经济信息。没有准确的信息，财政即使要给企业有效的激励，显然也是不可能做到的。

但事实上，中国在第一个五年计划中取得了突出的成就。在 Sachs 等（2003）看来，经济发展是劳动分工演进的一个过程。发达国家通过逐步社会试验已发现了劳动分工的有效模式，后来者能够越过劳动分工的中间层次进行模仿。发达国家创造的免费组织信息为后来者的工业化大推进创造了机会。中国 20 世纪 50 年代的工业化建设成就是通过模仿由资本主义制度创造的工业模式的结果。但是，这种模仿的潜力是有限的，当经济发展到新阶段的时候，面临无对象可模仿的时候，信息问题的严重性就会暴露无遗。

中国的领导人也曾经试图通过财政的行政性分权，对财政体制进行调整；通过对企业提供激励的方式来解决信息和激励问题，但计划经济从总体上说，不能解决信息和激励问题（邹至庄，2005：24—28）。要从根本上改变这个问题，就必须改革计划经济体制。

第 3 章　财税改革的逻辑 *

中国财税改革的过程伴随着三次财力困境。财税改革与财力困境有一定联系。但从根本上说，推动财税改革的是中国经济改革，是经济改革所导致的制度需求者的变化与政府的转型。

3.1　三次财力困境与财税改革

3.1.1　第一次财力困境与财税改革

中国为什么要进行财税改革？经历"文革"十年，中国国民经济已经濒临崩溃的边缘，只有改革一条路可走。财税改革是经济改革的一个组成部分。传统体制下，财政支持了计划经济体制的正常运转。改革计划经济体制，从根本上说，必须改变整个社会资源的计划配置方式，必须改变计划在社会资源配置过程中的主导地位。

改革者对于问题的认识有一个渐进的过程。最初，改革者并没有将经济问题产生的原因归结为计划经济体制，而只是在计划经济这个大前提下进行

---

* 本章数据无特殊指明，均来自中国财政杂志社（2007）。

改革。所以，改革首先不会直接拿计划经济开刀。

改革的根本目的是提高经济效率。农业是国民经济的基础，提高农业生产的效率首先进入决策者的视野。为了提高粮食生产的积极性，最直接的办法是缩小工农产品剪刀差，提高粮食收购价格。提高粮食收购价格需要增加财政支出，需要财政的支持。在传统体制下，职工工资多年未提高，形成了历史欠账，为了提高职工的积极性，同样需要增加财政的支出。再加上，改革之前的 1974—1976 年，财政连续三年发生赤字，分别为 7.11 亿元、5.27 亿元和 29.62 亿元。财政赤字规模不算大，但由于这是压缩支出的结果，财政困难程度可想而知。1977 年和 1978 年国民经济得到一定的恢复，1977 年和 1978 年都出现了财政结余，分别为 30.93 亿元和 10.17 亿元。但这不能改变财政支出的压力，1979 年财政赤字达 135.41 亿元，为建国以来之最高。财政赤字占财政收入的比重高达 11.81%。1980 年财政继续出现赤字，为 68.90 亿元。也就是说，改革伊始，国家财力就陷入了困境。

农业改革相对于企业改革而言，成本较低。一方面，传统体制下，财政投入的重点在企业和城市，农业所获得的财政支持较少，农村所得到的财政投入也不多，改革对农民来说，不会有什么损失，反而会有收入增加的好处。另一方面，提高农产品价格，推行联产承包责任制，实行的是制度创新激励，财政投入不会太多。因此，改革首先在农村起步，农业很快就得到了恢复和发展。

企业改革成为改革的重点。在整个国民经济中，企业占据了举足轻重的地位。企业活力是经济发展的关键。因此，增强企业活力是经济改革的重要内容。改革者在改革之初就认识到对企业集中过多的弊病。中共十一届三中全会指出，中国经济管理体制的一个严重缺点是权力过于集中，应该有领导地大胆下放，让地方和工农业企业在国家统一计划的指导下有更多的经营管理自主权。因此，扩大企业自主权几乎与经济改革是同步开始的。扩大企业自主权包括企业的部分财务管理权。在传统计划经济体制下，国家财政与国营企业财务几乎是重叠的，扩大企业财务管理权限，就意味着财政的放权。利润留成、企业基金制度试点，无不如此。对企业放权，也就意味着财政收入的相对下降。表 3.1 反映了改革之初企业收入下降的基本情况，企业收入占财政收入的相对额下降，绝对额也下降。

表 3.1 1978—1982 年国家财政分项目收入

单位：亿元

年份	各项税收	企业收入	其他收入	收入合计
1978	519.28	571.99	40.99	1 132.26
1979	537.82	495.03	113.53	1 146.38
1980	571.70	435.24	152.99	1 159.93
1981	629.89	353.68	192.22	1 175.79
1982	700.02	296.47	215.84	1 212.33

资料来源：中国财政杂志社（2007）。

改革者很早就认识到财政集中过多的弊病。1979 年 10 月 4 日邓小平在中共省、市、自治区委员会第一书记座谈会上的讲话《关于经济工作的几点意见》中指出："财政体制，总的来说，我们是比较集中的。有些需要下放的，需要给地方上一些，使地方财权多一点，活动余地大一点，总的方针应该是这样。"（邓小平，1994：199—200）

改革者力图通过扩权让利，增强企业活力，提高经济效益，因此，在财政上实行分权，中央和地方"分灶吃饭"，对企业进行了扩大自主权的改革。

但是，改革并没有从根本上改善国家财力状况。除了 1981 年财政结余 37.38 亿元外，1982—1984 年又是连续三年的财政赤字，分别为 17.65 亿元、42.57 亿元和 58.16 亿元。由此看来，财力困境虽然直接导致了财税改革，但就结果而言，财税改革并没有从根本上缓解财力困境。[1]

3.1.2 第二次财力困境与财税改革

20 世纪 80 年代中期到 90 年代上半期，中国财政遇到了改革以来的第二次财力困境。1985 年，中国财政收支结余 0.57 亿元，但是，1986 年开始，财政就连年出现赤字。1986—1993 年的财政赤字分别为 82.90 亿元、62.83 亿元、133.97 亿元、158.88 亿元、146.49 亿元、237.14 亿元、258.83 亿元和 293.35 亿元。而且，财政收入占国内生产总值（GDP）的比重从 1986 年的 20.65％开始持续下滑，1993 年仅为 12.31％，国家债务负担持续加重。国家发行公债从 1986 年的 138.25 亿元扩大到 1993 年的 739.22 亿元。这次财政

---

[1] 何帆（1998）将财政压力视为中国财政改革的起因。

陷入困境的另一个表现是中央财政占全国财政总收入的比重持续下降，从
1986 年的 36.7% 降到 1993 年的 22.0%。

财政收入占 GDP 比重的下降意味着国家直接掌控的财力下降。与此同
时，财政支出压力不减反增。表 3.2 显示了财政补贴的基本情况。1989 年，
企业亏损补贴和物价补贴占财政收入近 1/3。

表 3.2　1985—1993 年的财政补贴

单位：亿元

年份	企业亏损补贴	政策性补贴支出	补贴合计	补贴占财政收入的比重（%）
1985	507.02	261.79	768.81	30.61
1986	324.78	257.48	582.26	23.80
1987	376.43	294.60	671.03	26.05
1988	446.46	316.82	763.28	27.22
1989	598.88	373.55	972.43	29.79
1990	578.88	380.80	959.68	27.29
1991	510.24	373.77	884.01	24.15
1992	444.96	321.64	766.6	19.51
1993	411.29	299.30	710.59	14.93

资料来源：中国财政杂志社（2007）。

政府没有足够的可支配收入，必然会影响到国家职能的发挥。政府机构
的正常运转在很大程度上依靠了预算外收入和制度外收入。表 3.3 显示，预
算外资金总收入从 1986 年的 1 737.31 亿元上升到 1992 年的 3 854.92 亿元。
预算外收入与预算内收入同步增长，预算外收入占预算内收入之比从 1986
年的 0.82 上升到 1992 年的 1.11，预算外收入与预算内相当，甚至超过了预
算内收入的水平（见表 3.4）。[1]预算外资金根据其性质来看，也是财政资
金。预算外资金规模的扩大，在很大程度上弥补了政府可支配财力的不足。
实际上，政府掌握的财力还包括制度外收入。所谓制度外收入，是指政府依
靠其行政权力所获得游离于预算内和预算外制度之外的收入。樊纲（1995）
保守估计 1994 年制度外收入约占地方预算内收入的 30%。关于制度外收入，
也有学者认为，当时中国出现了预算内、预算外和制度外三足鼎立的情况。

――――――――――

　　[1]　1993 年由于预算外资金口径变化，对企业所掌握的预算外资金不再统计，因此该指
标大幅下降。

总之，预算内、预算外和制度外收入共同支撑了中国政府机构的正常运转。

表 3.3　1986—1993 年预算外资金收支总额

单位：亿元

年份	总收入	总支出
1986	1 737.31	1 578.37
1987	2 028.80	1 840.75
1988	2 360.77	2 145.27
1989	2 658.83	2 503.10
1990	2 708.64	2 707.06
1991	3 243.30	3 092.26
1992	3 854.92	3 649.90
1993	1 432.54	1 314.30

资料来源：中国财政杂志社（2007）。

表 3.4　1986—1993 年预算外收入与预算内收入之比

年份	预算外收入（亿元）	预算内收入（亿元）	预算外收入与预算内收入之比
1986	1 737.31	2 122.01	0.82
1987	2 028.80	2 199.35	0.92
1988	2 360.77	2 357.24	1.00
1989	2 658.83	2 664.90	1.00
1990	2 708.64	2 937.10	0.92
1991	3 243.30	3 149.48	1.03
1992	3 854.92	3 483.37	1.11
1993	1 432.54	4 348.95	0.33

资料来源：中国财政杂志社（2007）。

但是，依靠预算外和制度外收入来保证政府机构的正常运转，显然对政府是不利的。预算外收入按照中国财政制度的有关规定，其支出有专门的用途，政府不可能随意调用。制度外收入本来就缺少合法性，而且，对于政府而言，这样的收入也缺乏稳定性。因此，政府有从根本上改变这种状况的动力。

第二次国家财力困境的形成实际上还与经济的所有制结构发生变化有关。经过改革，非公有制经济得到了发展，表 3.5 提供了 1986—1993 年各种经济类型的工业总产值所占比重。但是，财政收入严重依靠公有制经济，特别是国有制经济的状况没有得到改变。

表 3.5　1986—1993 年各种经济类型的工业总产值所占比重

单位%

年份	国有控股	集体经济	城乡个体经济	其他经济
1986	62.27	33.51	2.76	1.46
1987	59.73	34.62	3.64	2.01
1988	56.80	36.51	4.34	2.35
1989	54.06	35.69	4.80	5.45
1990	54.60	35.62	5.39	4.39
1991	56.16	33.00	4.83	6.01
1992	51.52	35.07	5.80	7.61
1993	46.95	34.02	7.98	11.05

注：本表系根据当年价格计算。
资料来源：中国工业年鉴编辑委员会（2006）。

与第二次财力困境相伴随的是，地方政府依靠直接征税的便利，"藏富于企业"、"藏富于民"，财政收入绝对额增长缓慢，相对值甚至下降，与此不无关系。中央政府亦有从制度上扭转地方政府掌握征税权和政府间财政关系不合理的愿望。在这样的背景下，中央财政部门多次强调"振兴财政"。第二次财力困境推动了政府，特别是中央政府进行财税制度改革。

3.1.3 第三次财力困境与财税改革

与前两次财力困境不同的是，第三次财力困境主要表现为县乡财政困难。1994 年财税制度改革之后，财政收入占 GDP 的比重持续上升，1994 年仅为 10.83%，2007 年上升到 20.56%。与此同时，中央与地方财政收入之比发生了变化，在改革之前的 1993 年，该比例为 22∶78，1994 年该比例变为55.7∶44.3。在财政收入上，中央占大头，地方占小头的局面基本上得到保持，2007 年该比例为 54.1∶45.9（见表 1.7）。而在财政支出上，1993 年，中央与地方之比为 28.3∶71.7，1994 年该比例为 30.3∶69.7。地方支出占大头的局面保持不变，2007 年该比例为 22.7∶77.3（见表 1.7）。中央政府通过大量财政转移支付，保证了地方政府的正常运转。但是，1994 年财税改革之后，基层财政困难问题一度严重困扰地方政府，影响了地方政府的正常运转。

县乡财政困难是与财政收入持续快速增长联系在一起的，主要表现在以下几个方面：

第一，欠发工资。2000 年，全国有 276 个县人均财力在 6 000 元以下，财力不能保证工资发放（张弘力等，2002）。1998 年和 1999 年底，全国欠发工资的县分别为 344 个和 779 个，累计欠发工资额分别为 32.45 亿元和 112.8 亿元，欠发工资的县占全国县和县级市（含市辖区）总数（欠发面）为 13.84% 和 31.34%。截至 2001 年 3 月底，全国有 1 001 个县累计欠发工资 205.32 亿元，欠发面上升为 35%（王军等，2002）。截至 2002 年底，县乡累计拖欠工资 408 亿元，其中，拖欠国家统一出台的标准工资 137 亿元，拖欠地方出台工资政策部分 271 亿元。2003 年新增拖欠 76 亿元。（财政部预算司、办公厅缓解县乡财政困难课题组，2005）。

第二，债务负担沉重。所欠债务包括上级财政部门的债务——国债转贷资金、世界银行及外国政府贷款、银行部门和个人的债务、粮食企业的亏损挂账等等。表 3.6 反映了 2002 年地方县乡级政府债务累积余额情况。

表 3.6　2002 年地方县乡级政府债务累积余额情况

单位：亿元

	合　　计	直接显性债务	或有显性债务
地方合计	7 284.78	4 255.07	3 029.71
东部地区	2 899.53	1 959.60	939.93
中部地区	2 446.27	1 048.39	1 397.88
西部地区	1 938.97	1 247.08	691.89

注：1. 不含拖欠工资。
2. 直接显性债务包括地方政府承借的外国政府贷款、国际金融组织贷款、国债转贷资金、解决地方金融风险专项借款、农业综合开发借款以及地方政府自行向银行、单位和个人直接借款等。
3. 或有显性债务包括地方政府担保的外国政府贷款、国际金融组织贷款、中外合资融资租赁公司贷款、地方政府自行担保贷款以及拖欠国有企业离退休职工养老金、粮食企业亏损挂账等根据法律和政策需地方财政兜底的支付事项。
资料来源：财政部预算司、办公厅缓解县乡财政困难课题组（2005）。

第三，公用经费保障水平低。相当部分县乡财政收入只能维持其人员经费和简单的公务支出，公务费较低，修缮、购置费基本不做安排（王保安等，2002）。

第四，公费医疗无法正常保证。王军等（2002）根据 2003 年财政部监督局会同预算司对 10 个县（市）的专项调查结果，部分县（市）近 10 年的在职人员医疗费基本由个人负担，离退休和伤残人员的医疗缺口较大（财政部预算司、办公厅缓解县乡财政困难课题组，2005）。

2003 年，全国 2 938 个县级单位中，有 974 个县实际人均财力低于基本支出需求，约占县级单位数的 1/3。其中，人均财力低于工资性支出的县有 291 个；人均财力低于工资性支出和公用经费之和的县有 362 个。

导致县乡财政困难的原因是多方面的。经济发展水平相对落后是多数财政困难县乡的共同特点。从根本上说，缓解县乡财政困难，要靠发展经济。县乡财政困难有基层政府机构人员膨胀的原因，也有财政体制上的原因。1994 年财政体制改革的直接目标之一是提高中央财政收入占全国财政总收入的比重，这个目标已经实现。改革没有对省以下财政体制作出统一的规定，其结果是省一级政府模仿中央政府，尽可能集中地方财政收入，地市级政府模仿省级政府，到县乡财政，已无过多财力可以集中。这样，县乡财政困难的出现就很正常，在经济欠发达地区表现尤为突出。这种体制性的原因必须通过财政体制改革才能得以扭转。

县乡财政困难的另一面是国家财政收入的快速增长和良好的中央财政状况。这也说明，县乡财政困难能够通过财政体制的调整得到解决。2005 年，国务院决定采取综合性措施，争取用 3 年左右的时间，使县乡财政困难状况得到较大缓解。当年，中央财政安排资金，建立"三奖一补"的县乡财政困难激励约束机制。所谓"三奖一补"，就是对财政困难县政府增加税收收入和省市级政府增加对财政困难县财力性转移支付给予奖励，对县乡政府精简机构和人员给予奖励，对产粮大县给予奖励，对以前缓解县乡财政困难工作做得好的地区给予奖励（李萍主编，2006：79）。"三奖一补"是"以奖代补"的转移支付。它有效地调动了各地化解县乡财政困难问题的积极性。2005 年以来，中央财政每年都在增加"三奖一补"政策的投入力度，三年投入资金总量超过 700 亿元。"三奖一补"带动了地方政府的资金配套，全国财政困难县已由 2005 年的 791 个减少到 2007 年的 27 个（许志峰，2007）。

需要注意的是，1994—2008 年，中国财税制度进行了多次调整，这些调整有许多与财力困境无关。推动财税改革的力量更多的是多种经济利益主体形成所带来的市场力量。财税制度改革或者是这些市场力量推动的结果，或者是政府主动适应市场力量的要求进行改革的结果。财税制度改革的非财力因素自 1978 年以来就一直存在，经济改革与财税制度改革是同步进行的。2009 年上半年财政收入增长乏力，但财税部门只是通过局部的税制改革和税收政策调整加以应对，而未采取根本性的财税改革举措。

3.2 中国经济改革与财税制度改革

3.2.1 中国经济改革起步阶段的财税制度改革

1. 中国经济改革的起步阶段：1978—1983 年

1978 年十一届三中全会确定了以经济建设为工作重点，提出应该有领导地大胆下放，让地方和工农业企业在国家统一计划的指导下有更多的经营管理自主权等一系列措施，以充分发挥中央部门、地方、企业和劳动者个人四个方面的主动性、积极性、创造性。这次会议对作为国民经济基础的农业的发展作了强调。

1979 年 4 月，中央工作会议讨论了当时的经济形势和党的对策，正式提出了对国民经济进行"调整、改革、整顿、提高"的八字方针。[1]这八字方针改善了重大比例关系，如农轻重比例关系和积累消费比例关系。通过实施包括农村改革、工业改革、财政体制改革在内的多项经济管理体制改革，农业生产得到恢复和发展，企业自主权扩大、效益提高，地方政府发展经济的积极性得到了增强。生产资料和消费品供应问题在很大程度上得到解决，特别是消费品供应相当充足，有的甚至出现买方市场。

这个阶段的改革是在"计划经济为主、市场调节为辅"的方针指导下进行的。在传统计划经济体制内部进行改革的同时，个体经济、乡镇企业（社

---

[1] 调整，主要是指调整国民经济的比例关系，要求集中力量把农业搞上去，加快轻纺工业的发展，加快能源、交通运输的生产建设。同时，根据国家财力、物力可能，缩短基本建设战线，停建、缓建不具备建设条件和不急需的建设项目，保证重点。改革，指的是改革不利于生产力发展的经济体制。整顿，指的是整顿现有企业，主要是整顿企业领导班子和企业管理，要求建立起强有力的生产指挥系统和一套民主管理、科学管理的制度，保证正常的生产秩序，实现文明生产。提高，指的是提高企业的管理水平、科学技术水平和经济效益。

队企业）、外资经济都开始得到一定的发展。

为解决大量"上山下乡"知识青年回城所带来的就业问题，中国采取了鼓励个体经济发展的政策。[1]为了鼓励农村经济的发展，中国还发布了一系列鼓励社队企业（即后来的"乡镇企业"）发展的规定。[2]与此同时，中国对外开放事业得到了较快的发展。

2. 计划经济体制框架内的财税制度改革

改革的初始阶段，虽没有明确的总体目标，但过分集中的经济管理体制的弊病已被充分认识，因此，改革的具体措施首先表现为减少国家对经济管理体制的集权。财税改革更多的是改革者认识到是由经济管理体制过度集中的弊病所引起的。事实上，财政体制改革在 1980 年就被视为财政体制改革的突破口。

在计划经济为主，市场调节为辅的背景下，财税改革主要是体制内部的调整。在体制内增强各种经济主体的激励，是这个阶段财税改革的主旋律。财政集中的减少首先表现为财政在某些领域支出的增加。为了支持农村改革，提高农产品收购价格，是在财政的支持下进行的。调整多年未调整的工资，同样是在财政的支持下进行的。松动集中财政体制还表现在国家财政对国营企业财务管理的松动上。无论是利润留成，还是企业基金制度试点，都减少了财政的集中度，提高了企业的资金自主支配权。利改税[3]在规范国家与国营企业分配关系的同时，也冲击了统收统支的财政财务管理体制，企业的资金支配权进一步提高。

过分集中的财政管理体制还表现在财权过多地集中在中央上。不仅所有的财政资金都属于国家财政资金，而且各级政府的财政支出受到了中央政府

---

[1] 1980 年 8 月，中共中央《关于转发全国劳动就业会议文件的通知》，确认了"劳动部门介绍就业、自愿组织起来就业和自谋职业相结合的方针"，要求"鼓励和扶植城镇个体经济的发展"。1981 年 7 月国务院《关于城镇非农业个体经济若干政策性规定》以及随后同年 10 月 17 日《中共中央、国务院关于广开门路，搞活经济，解决城镇就业问题的若干规定》，为个体企业和私营企业划清了界限，不超过 8 个人的企业，就可以视为个体企业。这在一定程度上冲破了"剥削"观念对私人经济发展的束缚。

[2] 1979 年 7 月国务院《关于发展社队企业若干问题的规定（试行草案）》、1979 年 9 月《中共中央关于加快农业发展若干问题的决定》、1981 年 5 月国务院《关于社队企业贯彻国民经济调整方针的若干规定》、1983 年中央 1 号文件等等，促进了社队企业（乡镇企业）的发展。

[3] 关于利改税的具体内容，详见本书第 4 章。

的统一约束。中央和地方财政"分灶吃饭"[1]就是要增强对地方政府激励
的改革。改革提高了地方财政的自主性，地方财政的相对独立性逐步增强。

　　这个阶段改革的重点是农村改革。国家还采取了支持社队企业（乡镇企
业）[2]发展的财税政策。1979 年 7 月国务院所发布的《关于发展社队企业
若干问题的规定（试行草案）》要求支持农业发展，鼓励社队企业的发展。
国家在社队企业的资金来源和税收上都实行了一些鼓励政策。国家对社队企
业实行低税、免税政策。直接为农业生产服务和为社员生活服务的社队企
业，根据实际情况，可免征工商税和所得税。小铁矿、小煤窑、小电站、小
水泥，从 1978 年起，免征工商税和所得税 3 年，今后新办的，从开办起免
税 3 年。其他新办企业在开办初期纳税有困难的，经批准，可免征工商税和
所得税 2 至 3 年。对于边境地区和少数民族地区的县、自治县、旗的社队企
业，从 1979 年起，免征所得税 5 年。经济条件仍很困难的老革命根据地，
经国务院审批，可比照以上办法免税。灾区社队从事自救性的生产，经批
准，可在一定期限内减征或免征工商税和所得税。社队企业所得税按 20％的
比例税率征收，社队企业管理部门的供销机构和专业公司交纳所得税，也按
此执行。

　　1983 年 9 月 3 日，经国务院批准，国务院办公厅转发财政部拟定的《关
于调整农村社队企业和基层供销社缴纳工商所得税税率的规定》。该规定自
1984 年 1 月 1 日起执行。其主要内容是：一、对农村社队企业征收工商所得
税，一律按照八级超额累进税率计征；取消原来对社队企业按照 20％的比例
税率和 3 000 元的起征点征收所得税的规定。二、对基层供销社征收的工商
所得税，也改按八级超额累进税率计征；取消原来按照 39％的比例税率征收
所得税的规定。三、农村社队企业改按八级超额累进税率征收工商所得税
后，计算应纳所得税额时，其费用列支范围，比照城镇集体企业有关规定执
行。四、对同大工业争原料的社队企业和其他企业单位，一律不予减免工商
所得税。

---

　　[1]"分灶吃饭"的具体内容，详见本书第 4 章。
　　[2] 1984 年 3 月中央政府批转《关于开创社队企业新局面的报告》，将社队企业正式改名
为乡镇企业，其创办主体从公社和大队扩展到乡镇、村、联户以及农户，产业结构从农副产品
加工业为主扩展到农业、工业、建筑业、商业、运输业和服务业同时并举。

《财政部关于对乡镇企业进一步减免工商所得税的通知》（1984年3月29日）规定从1984年1月1日起，对乡镇企业征收的工商所得税，一律改按八级超额累进税率计征。为了进一步地照顾各地的实际情况，支持乡镇企业的发展，除已有的一些减免工商所得税的照顾外，对乡镇企业征收工商所得税实行放宽政策，对不与大工业争原料、缴纳工商所得税确有困难、需要给予减税照顾的乡镇企业，省级人民政府可以确定具体的减税原则，由县、市税务局审查核实，报县、市人民政府批准，给予定期减税照顾；在1984年和1985年期间，对边境县、民族自治县（旗）的乡镇企业，全年所得额不满3 000元的，免征工商所得税；全年所得额超过3 000元的，全额按八级超额累进税率计征工商所得税；对乡镇企业利用本企业的废水、废气、废渣"三废"作为主要原料生产产品的所得利润，从投产之日起，给予免征工商所得税5年的照顾；鼓励兴办农村商品流通基础设施，促进农村商品生产的发展。对乡镇企业、农村社队、农民个人在1984年1月1日以后新建的、独立核算的冷库、仓库的所得收入，从投入使用之日起，给予免征工商所得税2至3年的照顾。

这一时期，国家还注意健全对农村专业户的税收管理工作。1983年2月23日，财政部发出《关于对农村专业户征收工商税问题的通知》。该通知规定：一、农村专业户（包括承包专业户和自营专业户）经营工业、商业、交通运输、建筑安装、修理、饮食、服务业务取得的收入，均应征收工商税。二、农村专业户生产销售的农、林、牧、渔产品，凡《中华人民共和国工商税条例（草案）》列举征税的，属于收购部门收购的，由收购部门纳税；由专业户自行销售的，由专业户纳税。三、农村专业户按全部经营收入额缴纳工商税以后，上缴给社队的收入，社队不再缴纳工商税。但对专业户上缴社队的租金收入，应由社队按照规定缴纳工商税；专业户上缴社队的实物，如果属于应当征税的产品，应由社队销售时，依照规定缴纳工商税。

这一时期，为适应对外开放的新局面，中国在对外资企业征收工商统一税的基础之上，外资企业所得税制也逐渐形成，建立了涉外税制。[1]涉外税制必须适应当时国有制财政的现实，给外资企业以充分的成长空间，因

---

[1] 详见本书第4章。

此，所建立的涉外税制是一种优惠的税制。

这一时期，是计划经济和商品经济共存的时期，计划体制与市场体制并存的时期，传统体制排斥经济杠杆作用，国家对经济实行的是直接控制，国民经济所有活动，事无巨细，尽由政府统揽。从国家角度看是这样，从企业角度看也是如此，国营企业无法对间接调节作出反应或者反应迟钝。也正是因为如此，即使采用了符合市场要求的经济调控工具，也不得不诉求计划的配合。但无论如何，税收调节经济的作用开始初步得到重视[1]，财税改革逐渐打破了统收统支的制度，同时，为适应新经济力量的成长，财税制度作了相应的调整。

3.2.2　有计划的商品经济框架内的财税改革

1. 社会主义有计划的商品经济：1984—1991 年

（1）有计划的商品经济改革目标的提出。

1984 年 10 月 20 日，中共十二届三中全会通过《中共中央关于经济体制改革的决定》，确立了社会主义有计划的商品经济的改革目标，突破了将计划经济与商品经济对立起来的传统观念。这样，计划不仅仅是指令性计划，更包括指导性计划。而且，指令性计划的范围缩小了，指令性计划的执行也要运用价值规律。

十二届三中全会确定改革的重点从农村向城市转移。根据当时城市企业就业职工人数达 8 000 多万，所提供的财政收入占 80％以上的事实，增强企业活力被视为中国经济全局和财政经济的根本好转的关键。增强企业的活力，特别是增强全民所有制的大中型企业的活力，被视为以城市为重点的整个经济体制改革的中心环节。运用价值规律需要有合理的价格体系，价格体系改革被视为整个经济体制改革成败的关键。价格改革需要改革过分集中的价格管理体制，逐步缩小国家统一定价的范围，适当扩大有一定幅度的浮动价格和自由价格的范围。价格改革与其他经济改革是联系在一起的，因此，改革价格体系，还要进一步完善税收制度，改革财政体制和金融体制，在搞

---

　　[1]　例如，为了合理使用能源，促进企业节约用油，并加速以煤炭代替烧用石油的进程，1982 年 7 月 1 日起中国开征了烧油特别税。

活经济的同时，通过宏观调节，综合运用价格、税收、信贷等经济杠杆，以利于调节社会供应总量和需求总量、积累和消费等重大比例关系，调节财力、物力和人力的流向，调节产业结构和生产力的布局，调节市场供求，调节对外经济往来等等。

（2）国家调节市场，市场引导企业。

1987年中共十三大指出中国正处于社会主义初级阶段，必须以公有制为主体，大力发展有计划的商品经济。在初级阶段，尤其要在以公有制为主体的前提下发展多种经济成分，在以按劳分配为主体的前提下实行多种分配方式，在共同富裕的目标下鼓励一部分人通过诚实劳动和合法经营先富起来。

中共十三大指出，以指令性计划为主的直接管理方式，不能适应社会主义商品经济发展的要求。国家对企业的管理应逐步转向以间接管理为主；计划和市场的作用范围都是覆盖全社会的；新的经济运行机制，总体上来说应当是"国家调节市场，市场引导企业"的机制。深化改革的任务主要是：围绕转变企业经营机制这个中心环节，分阶段地进行计划、投资、物资、财政、金融、外贸等方面体制的配套改革，逐步建立起有计划商品经济新体制的基本框架。

中共十三大认识到全民所有制以外的其他经济成分发展的不足，提出要继续鼓励城乡合作经济、个体经济和私营经济的发展。对于公有制经济本身，也要发展多种形式的公有制经济。除了全民所有制、集体所有制以外，还应发展全民所有制和集体所有制联合建立的公有制企业，以及各地区、部门、企业互相参股等形式的公有制企业。在不同的经济领域，不同的地区，各种所有制经济所占的比重应当允许有所不同。

中共十三大还要求进一步下放权力，凡是适宜于下面办的事情，都应由下面决定和执行。

（3）治理经济环境、整顿经济秩序、全面深化改革。

1988年9月，中共中央正式作出治理经济环境、整顿经济秩序、全面深化改革的决定，将1989年和1990年改革和建设的重点放到治理经济环境、整顿经济秩序上。1989年11月9日中共十三届五中全会通过《中共中央关于进一步治理整顿和深化改革的决定》。该决定要求用三年或者更长一点的时间，基本完成治理整顿任务。治理整顿不仅为改革深入和健康地进行创造必要的条件，而且它本身也需要改革的配合。在集中力量进行治理整顿期间，改革要围绕治理整顿来进行，并为它服务。治理整顿要求着重在企业承包经营责任制、财政包干体制、金融体制、外贸承包制等方面深化和完善改革。

2. 有计划的商品经济框架内的财税制度改革

有计划的商品经济，需要有与之相适应的财税制度。中国主要在税制和财政体制上作出了相应的调整。商品经济需要发挥市场的调节作用。要让市场发挥作用，必须要有市场竞争主体，要有相应的市场价格和市场体系。而当市场主体逐步形成之后，财政调控体系也应该随之跟上。

（1）适应市场竞争主体需要的税制改革。

当时中国的企业主要是国营企业，因此，需要扩大国营企业的自主权，让其成为市场竞争主体。1983 年和 1984 年中国进行了两步利改税。第二步利改税的基本方案[1]在 1984 年 9 月公布，10 月起实施。确立社会主义有计划的商品经济改革目标则是在 1984 年 10 月 20 日的中共十二届三中全会上。从时间上看，利改税是"计划经济为主，市场调节为辅"的产物，但"市场调节为辅"毕竟给市场调节以生存空间，因此，当有计划的商品经济改革目标确定之后，第二步利改税方案能够继续执行下去，而且在很大程度上适应了培育市场竞争主体的需要。这样，最终在有计划的商品经济框架内，中国形成了一套以流转税制为主体，多种税制协调配合的复合税制。

商品经济下的市场竞争主体不仅包括国营企业，还包括集体企业、城乡个体工商业户、私营企业、外资企业等等。对于非国营企业，特别是非公有制企业，显然，政府更不能通过统收统支的办法对它们加以管理。中国需要有一套与这种经济现实相适应的税制。改革后的中国的流转税制包括产品税、增值税、营业税等税种，所得税包括国营企业所得税、集体企业所得税（1985 年）、城乡个体工商业户所得税（1986 年）、私营企业所得税（1988 年）、个人收入调节税（1987 年）。涉外税制中的个人所得税制继续执行，中外合资经营企业所得税和外国企业所得税在 1991 年 7 月 1 日正式合并为外

---

[1]　第二步利改税的具体内容详见本书第 4 章。

商投资企业和外国企业所得税。此外，中国还开征了城市维护建设税、房产税、车船使用税、印花税、土地使用税等一系列税种。

（2）适应间接宏观调控需要的税制改革。

有计划的商品经济要求财政调控要实现从直接调控到间接调控的转变。税收就被当作一种重要的间接调控手段。刚从计划经济走过来的中国，面临的最大问题仍是短缺经济问题，如何防止社会总需求超过社会总供给就成为宏观经济调控的首要难题。

引起社会总需求扩大的无非投资和消费两大因素。防止投资膨胀和消费膨胀的目标在计划经济条件下，完全能够通过压缩基本建设投资规模和社会集团购买力得到实现。在建立商品经济的过程中，政府用了传统做法，但对于体制之外的资金引起的投资膨胀和消费膨胀，传统做法无能为力。经济改革的推进，扩大了地方和企业的自主权，预算外资金规模随之扩大，再加上基本建设的资金有许多来源于银行，投资和消费膨胀就成为宏观经济调控的一大难题。财政加强了预算外资金管理，还通过税收的手段，抑制投资和消费。

在控制投资上，主要的相关税种是建筑税（固定资产投资方向调节税）。早在 1983 年，国务院为了控制基本建设规模，开征建筑税。[1]1991 年固定资产投资方向调节税取代了建筑税。与建筑税相比，固定资产投资方向调节税扩大了纳税人的范围，增加了私营企业；将征税投资范围扩大到全社会的固定资产投资，包括了商品房投资和其他固定资产投资；将征税资金的范围扩大到各种资金，包括国家预算资金；根据国家的产业政策和项目经济规模实行差别税率，按照投资项目单位工程分别适用 0、5％、10％、15％、30％等税率。固定资产投资方向调节税的征收采取了计划统一管理和投资许可证相结合的源泉控管办法。

---

[1] 根据 1983 年 11 月财政部发布的《建筑税征收暂行办法施行细则》：建筑税以从事自筹资金进行基本建设投资和更新改造投资的国营企业事业单位、机关团体、部队、地方政府以及所属的城镇集体企业为纳税人，征税的资金包括国家预算外资金、地方机动财力、企业事业单位的自有资金、银行贷款和其他自筹资金，以自筹基本建设的全部投资额和更新改造措施项目中建筑工程投资额为计税依据，税率为 10％。能源、交通、教学、医护等措施的投资，中外合资企业的投资，利用国际金融组织贷款、外国政府贷款项目的投资，利用国际组织、外国政府、国外社团和华侨赠款的投资和财政部专案批准的投资，可以免征建筑税。1987 年，《中华人民共和国建筑税暂行条例》及其实施细则发布实施。新的建筑税征收范围扩大，增加了乡镇企业和个体工商户；税率也从单一比例税率改为差别比例税率，税率为 10％、20％和 30％。

在控制消费上，中国开征了奖金税、工资调节税、特别消费税等一系列新税。[1]

外向型经济是中国经济增长的重要推动力量。为了促进对外贸易，中国的出口退税制度在 1983 年起步，在这个阶段，出口退税制度得到进一步的发展。1987 年 12 月 31 日，财政部更是明确了彻底出口退税的基本原则。

此外，中国还实行了一些促进就业的税收政策。对股份制改造试点，中国也实行了较为优惠的企业所得税政策。1984 年 10 月 1 日开始征收资源税。资源税最初是按照销售收入利润率超率累进征收的。1986 年征收方法改为从量计征。1991 年，资源税的征税标准和征收范围也作了调整。

此外，增值税征收范围得到扩大，产品税征收范围缩小，增值税税目从 1984 年的 12 个增加到 31 个。增值税的征收方法也作了调整，从起初采用"扣额法"和"扣税法"转为统一采用"扣税法"。

在这个阶段，税收的调节作用得到了空前的重视。税收在促进产业发展上发挥了重要作用。能源交通基础设施相对落后，影响了中国经济的增长。为了鼓励能源交通事业的发展，中国对电力工业企业减免产品税以归还到期的贷款，对煤炭、石油等行业也实行了税收优惠；中国还降低了铁路运输业、海洋运输业、航空运输业的营业税税率，或者实行了其他税收优惠。为了促进科技进步，中国对于技术转让、引进国外先进技术、国内技术出口、资源综合利用、支持开发高新技术产品等实行了税收优惠政策。中国还对经济特区、沿海地区等实行了区域性税收优惠政策。

---

[1]　奖金税也是在有计划的商品经济改革目标之前就开始实行的。1984 年 6 月 28 日，国务院发布《国营企业奖金税暂行规定》，并自 1984 年开始实行。国营企业奖金税以发放奖金超过一定标准的国营企业为纳税人，以国营企业使用奖励基金发放的各种奖金为计税依据，根据全年发放奖金额超过标准工资的比例，实行 30%、100%、300% 的三级超率累进税率。1985 年 7 月 3 日，《国营企业奖金税暂行规定》作了修订，适用于未实行工资总额随经济效益挂钩浮动（工效挂钩）的国营企业。对于实行工效挂钩的国营企业，则适用 1985 年 7 月 3 日国务院发布的《国营企业工资调节税暂行规定》。从 1985 年开始，以纳税人当年增发的工资总额超过国家核定的上年工资总额的 7% 的部分为计税依据，实行 30%、100%、300% 的三级超率累进税率。1985 年国务院发布《集体企业奖金税暂行规定》和《事业单位奖金税暂行规定》，对集体企业和事业单位也开征了奖金税。

1988 年，《中华人民共和国筵席税暂行条例》发布，筵席税开征。1989 年，国家税务总局发出《关于对彩色电视机征收特别消费税有关问题的通知》和《关于对小轿车征收特别消费税有关问题的规定》，规定从当年 2 月 1 日起对彩色电视机和小轿车征收特别消费税。1992 年 4 月 24 日停止对彩电征收特别消费税。

（3）适应分权需要的财政包干制。

在财政体制上，有计划的商品经济同样要求有与之相适应的财政体制。"分灶吃饭"突出了地方政府的相对利益。税制改革之后，划分收入的基础发生了变化，财政体制需要作相应的调整。经济改革从农村起步，承包制在农村取得了成功，城市经济体制改革也引入了承包制。1980年和1985年的财政体制改革都强调"分级包干"，只不过1980年的"划分收支"在1985年变成了"划分税种，核定收支"，1988年更是明确提出对地方实行财政包干。[1]从总体上看，20世纪80年代的财政体制是财政包干制。这样的财政体制强化了地方政府的利益，鼓励了地方政府间的竞争。中国经济的活力在很大程度上就源于此。

（4）财税制度的局限性。

适应有计划的商品经济发展需要的财税制度有其局限性。财政包干制引发了"诸侯经济"问题。从商品经济的发展来看，各地政府之间进行竞争，总体上看是有利于经济发展的，但是，在不合理的税种划分与事权界定下，地方政府的行为就可能导致无序的低效率竞争。

对需要奖励的产业和产品减免税，奖励生产；对需要限制的产业和产品课重税，限制生产。这是税收发挥调节作用的必然选择。但是，当这种税制与不合理的财政包干制联系在一起的时候，财政包干制就可能导致逆向调节。事实正是如此。财政包干制下，产品税由地方征收，税率越高，地方财政收入越多，地方就越有办产品税高企业的积极性，高税率反而变成了逆向调节。各地大办烟厂、酒厂就是明证。各级政府为了增加财政收入，争相发展投资少、见效快的加工工业，建设税利比较丰厚的企业，导致"诸侯经济"问题的出现。加上价格体系没有理顺，原材料价格低，加工品价格高，各地之间展开了"羊毛大战"、"蚕茧大战"、"棉花大战"等一系列的争夺原料的战争，其结果是技术先进的大厂缺乏原料陷入困境，技术落后的小厂用高档原料生产低档产品（薛暮桥，1988）。显然，这样的财政竞争只能归类为低效率的无序竞争。

在价格体系没有理顺，国有企业改革走向市场的配套措施尚未完成的情

---

[1]　关于财政体制的详细内容，参见本书第4章。

况下，要进行国有企业改革，对国有企业的财政补贴就不可避免。而且，在这样的价格体系下，还很难区分清楚经营性亏损和政策性亏损，加重了财政补贴的负担。

中国税制也存在一系列与商品经济发展不相适应的地方。产品税从税目到税率的设计，都服从计划安排的需要，与价格配套使用。税率高低选择的依据是，按照计划价格扣除生产成本和企业合理利润之后的状况确定的。产品税税率悬殊，一旦经过产品税税率和计划价格的配合运用，各企业的利润水平就大致相当（丛树海，1994）。显然，这样的流转税税负是不公平的。再加上产品税重复课征，不利于企业间的分工协作，影响社会化大生产的发展。因此，改革产品税制是大势所趋。

在企业所得税制上，不仅内外资企业税制不统一，就连内资企业也根据所有制类型，分别设置了不同的税制。商品经济发展所需要的公平竞争环境无从谈起。国有企业承包制的推行，将税收包括在利润内一起进行承包，更是扭曲了税制。

税收的调节作用如何发挥，有一个认识的过程。特别是，对于投资膨胀和消费膨胀，能否运用税收手段加以控制就是一个重要的问题。

在有计划的商品经济框架内，对于市场活动范围的认识也有一定的局限性，例如，不将劳动力视为商品，也不将土地、矿山、银行、铁路等等一切国有的企业和资源包括在商品范围之内。这种局限性显然会影响市场调节作用的发挥，而且在一定意义上，必然导致政府调节手段的扭曲。

治理整顿期间，恢复一些指令性的旧的管理办法，是不得已而为之，也反映了计划经济与市场调节之间的内在矛盾。但是，有计划的商品经济毕竟突破了商品经济发展的禁区，扩大了指导性计划的范围，扩大了市场调节的范围，放开了小商品价格，生产资料实行价格双轨制，为市场调节作用的发挥争取了空间，因此，财税制度按照适应市场调节发展的需要进行改革，就成为大势所趋。

3.2.3　适应社会主义市场经济要求的财税制度改革

1. 社会主义市场经济：1992 年至今的中国经济改革

长期以来，计划经济与市场经济是区分社会主义和资本主义的重要标志之一。有计划的商品经济改革目标的确定，并没有根除计划经济的影响。计划经济束缚中国经济发展的弊病随着改革的深入也越来越突出。市场在资源配置中的基础作用需要得到确认。

1992 年初，邓小平发表了重要的南方谈话。他指出："计划多一点还是市场多一点，不是社会主义与资本主义的本质区别。计划经济不等于社会主义，资本主义也有计划；市场经济不等于资本主义，社会主义也有市场。计划和市场都是经济手段。社会主义的本质，是解放生产力，发展生产力，消灭剥削，消除两极分化，最终达到共同富裕。"（邓小平，1993：373）市场经济对于社会主义来说不再是一个禁区。1992 年 10 月，中共十四大明确提出社会主义市场经济体制的改革目标。1993 年 11 月中共十四届三中全会通过《中共中央关于建立社会主义市场经济体制若干问题的决定》，对经济改革目标作了全面的概括：市场要在国家宏观调控下对资源配置起基础性作用。社会主义市场经济的发展需要有与之相适应的现代企业制度；需要建立全国统一开放的市场体系；需要转变政府管理经济的职能；建立以间接手段为主的完善的宏观调控体系；需要建立以按劳分配为主体，效率优先、兼顾公平的收入分配制度；需要建立多层次的社会保障制度。

1994 年，中国进行了一次涉及面极广的改革，内容涉及财税、金融、投资、企业制度等等。经过数年的发展，中国基本上确立了市场经济框架。改革面临的任务已经转到如何进一步完善市场经济体制上来。2003 年 10 月 14 日中共中央十六届三中全会通过《中共中央关于完善社会主义市场经济体制若干问题的决定》。该《决定》指出中国还存在经济结构不合理、分配关系尚未理顺、农民收入增长缓慢、就业矛盾突出、资源环境压力加大、经济整体竞争力不强等问题，而造成这些问题的原因是体制性障碍，因此，需要进一步完善社会主义市场经济体制。完善市场经济体制，需要按照统筹城乡发展、统筹区域发展、统筹经济社会发展、统筹人与自然和谐发展、统筹国内发展和对外开放的要求，更大程度地发挥市场在资源配置中的基础性作用，增强企业活力和竞争力，健全国家宏观调控，完善政府社会管理和公共服务职能，为全面建设小康社会提供强有力的体制保障。完善市场经济体制的主要任务是：完善公有制为主体、多种所有制经济共同发展的基本经济制度；建立有利于逐步改变城乡二元经济结构的体制；形成促进区域经济协调发展的机制；建设统一开放竞争有序的现代市场体系；完善宏观调控体系、行政管理体制和经济法律制度；健全就业、收入分配和社会保障制度；建立促进经济社会可持续发展的机制。

2. 适应社会主义市场经济体制的财税制度改革

虽然到 1992 年，中国才明确提出社会主义市场经济体制改革目标，但是在 20 世纪的 80 年代，商品经济的提法已经非常普遍。事实上，商品经济与市场经济是一致的。两者只是从不同角度对经济形态作了概括。"商品经济同自然经济、产品经济相对立，从产品是否通过交换进入消费的角度定义经济体制；而市场经济同集中计划经济、统制经济相对立，从社会资源配置的角度定义经济体制。"（吴敬琏，2003：45—46）因此，在有计划的商品经济框架下所进行的财税制度改革探索，其基本取向有许多与社会主义市场经济的要求是一致的。

但是，对所有制的认识有一个渐进发展的过程。1987 年中共十三大明确提出鼓励发展个体经济和私营经济的方针。1988 年 4 月，七届人大一次会议通过的宪法修正案第一条规定："国家允许私营经济在法律规定的范围内存在和发展。私营经济是社会主义公有制经济的补充。国家保护私营经济的合法权利和利益，对私营经济实行引导、监督和管理。"虽然在 20 世纪 80 年代中期事实上就提出以公有制为主体、多种所有制经济共同发展。但是，非公有制的重要地位，直到 90 年代明确提出建立社会主义市场经济之后，才真正得到认可。也正因为如此，为公有制经济和非公有制经济提供公平竞争环境，就成为财税制度改革的重要任务。只有在这种情况下，中国财税制度才有可能真正突破传统的公有制财政、计划型财政等的束缚，才能突破 80 年代一度将中国财政视为"经营管理型"财政的误区。[1]

有计划的商品经济突破了商品经济发展的禁区，但是，计划经济的力量仍然很强大，市场不能在资源配置中发挥基础性作用。这还是一个短缺经济的年代。通过税收杠杆影响多种商品价格的做法一直得到推广。显然，这种

---

[1] 贾康（2005）认为：在传统财政制度下，整个国民经济运转都围着计委安排的计划转，财政也谈不上多少主动管理，所以，1985 年（中央）书记处的同志明确说要转为经营管理型财政。这种看法从财政、从理财的角度去全面考虑国家发展的需要，对财政制度的定位有了明显的进步。但是，不够明确的财政定位，一度导致政府机关的"经商热"和政府功能的错位。

做法的实质是干预微观经济的运行。随着市场经济改革目标的提出，较为中性的流转税更容易为市场所接受。1994 年税制改革选择了以增值税为主体的流转税制，就适应了这种改革的要求。

市场经济要求政府运用经济杠杆实施对宏观经济的总量控制，财政政策是其中重要的一种，总量控制要从行政直接控制办法转向间接控制体系的建立。固定资产投资方向调节税、奖金税、国营企业工资调节税等等，无一不与计划联系在一起。这一方面使得税制的运作缺乏相对独立性，受制于计划，另一方面也导致政府对微观经济的过度干预。因此，改革必然要逐步取消此类税种。

公有制经济与非公有制经济之间的公平竞争，要求有与之相适应的税制。政府不能根据不同的所有制成分，设定不同的税制。统一不同所有制企业的税收待遇，是市场经济的内在要求。

市场经济国家财政收入主要依靠税收收入。政府收入应该统一进预算，不应有预算内、预算外之分，更不应有制度外的说法。财政信息应该公开透明，财政决策应实现法治化、民主化和科学化。

市场经济下财政支出应该是一视同仁的。社会中的所有企业和个人，在统一的税收制度下纳税，应该享受同等的公共产品和公共服务。不同所有制企业是如此，分别居住在城市和乡村的个人也应该如此。

市场经济下的政府间财政关系应有助于统一市场的形成，在激励地方政府的同时，应避免"诸侯经济"问题的出现。政府间事权的界定，应注意效率的提高。全国性公共产品和公共服务由中央政府提供，地方性公共产品和公共服务由地方政府提供，带有外部性的地方性公共产品和公共服务可以由地方提供、中央补贴，也可以由中央提供。政府间税种的划分，应将影响全国统一市场形成的流转税划归中央。与收入分配相关的税种应该归属于中央。企业所得税的划分不能依据行政隶属关系。政府间财政转移支付制度应该规范化，应能保证各地最低公共服务水平的提供，实现公共服务的均等化。

符合以上要求的财政是公共财政。1994 年，中国已经开始建设公共财政，1998 年明确提出构建公共财政框架。近年来，中国政府正在进一步完善公共财政体制，就是对市场经济改革所作出的回应。

3.3　国家治理与财税改革

3.3.1　国家治理与现代财政制度

现代财政制度是对传统财政制度的继承和发展。[1]市场经济的兴起与传统财政制度有着内在的冲突。[2]市场、资本与政府之间因为收入与支出之间的矛盾越发冲突，亟待构建一套能够约束政府收支行为的新型财政制度。[3]随着现代社会的发展、国际间交往的增加、各国相互影响的加深，现代财政制度自身也在不断地演变之中，并越发凸显国家治理[4]理念。

从具体形式上看，现代财政制度在保证基本理念不变的同时，也会因时因势而变。现代财政制度体现民主财政和法治化财政理念，是一套由专门部门主导，多部门制衡，与国家现代化建设目标一致的财政制度。其具体内容是一整套既符合现代社会特点，又能适应未来复杂性与不确定性的动态治理要求的专门财政治理技术。中国现代财政制度不同于西方式的公共财政[5]制度。其建立在借鉴发达国家政府收支活动治理经验的同时，还应适应国家财富管理的需要。大量营利性国有企业、国有土地、国有资源的存在，要求有对应的财政制度，以履行国家财富管理的职责。

新中国成立以来，国家一直重视建立适合国情的现代财政制度。在计划经济时代，国家在中央和地方财政关系、国家与企业分配关系等多个领域作了积极的探索。改革开放以来，财税的现代化建设进程加快。1994 年及之后的财税体制改革，更是形成了一套与社会主义市场经济体制基本适应的公

---

　　[1]　"现代财政制度"与"现代企业制度"的提法类似。二者都可以视为对传统制度的发展。

　　[2]　中西传统有异。参见陈乐民（2014）。

　　[3]　从发展历程来看，现代预算制度并不一定就会随着市场经济的发展而确立起来。美国建国两百多年之后的 20 世纪初期，现代预算制度才算规范。就议会监督预算而言，英美明显不同。有意思的是，现代预算制度从英国起步，但英国的议会预算监督能力明显低于美国。

　　[4]　戈丹（2010）区分了"统治"与"治理"。他指出，直到 20 世纪 90 年代初，"治理"才真正进入公共政策分析领域。

　　[5]　在汉语语境下，"公共财政"一词不仅仅是对"public finance"的直译。财税改革的实践要求有一个专门的名词能够涵盖财税改革的目标（杨志勇，2005）。

共财政框架。但是，随着全面深化改革步伐的加快，现行财政制度或因改革不到位，或因执行问题，尚不能适应改革深化的需要，特别是与"财政是国家治理的基础和重要支柱"的定位要求差距深远。加快建立现代财政制度，是促进国家治理体系和治理能力现代化的重要步骤之一。

3.3.2 建立现代财政制度的原则

1. 放眼世界与立足国情相结合

发达国家的现代财政制度建设经验是人类文明的共同财富。中国现代财政制度建设要从中吸取经验。现代财政制度建设中的不同经验教训表明，制度须适应国情，才有自生能力。中国有国有企业，西方国家也有，但中国所拥有的大量营利性国有经济，是西方国家所没有的。大量国有资源和国有土地，也是西方国家所不能比拟的。总之，国家财富管理的繁重任务，要求中国现代财政制度建设需要拿出切实的办法来。

建立现代财政制度，必须认识到中国是一个发展中大国，是在全面深化改革背景下提出建立现代财政制度这一命题的。现代财政制度的建立必须适应经济社会转型的需要。转型历经四十载，仍未完成，尚处关键时刻，建立现代财政制度正处于重要的关节点上，必须有包括一系列能够为转型提供公共服务保障的具体财政制度安排。

2. 有利于国家治理能力的现代化

建立现代财政制度，可以夯实国家治理的基础，提高国家治理能力，有利于国家治理能力的现代化。建立现代财政制度，是国家长治久安的基础。财政制度与国家治理能力相辅相成。不同的财政制度，体现不同的国家治理能力。例如，税收征管的现代化程度与税收制度设计有关。财政是国家治理的基础和重要支柱。发达国家都建立起现代财政制度。财政是经济、政治、社会各种问题的结合点。发达国家的财政制度建设，促进了市场繁荣、经济稳定和社会发展。中国建立现代财政制度，同样要致力于经济、政治、社会、文化、生态文明建设等多方面的国家治理工作。

3. 有利于促进社会公平正义

现代财政制度建设必须有利于促进社会公平正义目标的实现。在不同时期不同国家，人们对与社会公平正义的理解可能不同，所接受的社会公平观往往也存在差异。现代财政制度的建立首先需要确定一个社会所能接受的公平观，并按照统一的公平观设计相应的制度。

2014 年，全国居民收入基尼系数为 0.469，是 2003 年以来的最低值。[1]但是，收入差距仍然不小，亟待缩小。为此，需要分析这种收入分配格局形成的各方面原因。从现实来看，人们并非不能接受一定的收入差距。在某种程度上，人们甚至能够接受较高的收入差距。君子爱财，取之有道。只要个人所得到的高收入凭借的是各自的能力，是在公平竞争环境下获得的，即使是较高的收入水平，人们往往也能接受。基于此，实现社会公平正义，当前的重点应放在居民基本生活的保障上，并努力给社会成员创造平等机会。这样的公平观，易为社会各界所接受。

现代财政制度的具体设计，应与经济发展相适应。例如，基本生活保障水平也应相应提高。[2]一个伟大的社会应保证经济增长的成果能够为全体社会成员所同步享受。所有社会成员都应享有与经济增长水平相适应的基本生活保障，包括养老、医疗、教育、住房等方方面面的保障。

缩小不合理的收入差距需消除不合理因素带来的收入差距。在初次分配中，一些人依靠不正当手段获取国有经济收益，依靠政府特许权得到垄断租金，依靠不正当手段有了与自己能力极度不相称的高收入。建立现代财政制度必须直面这些问题，规范政府与国有经济之间的关系，尽可能让各种行政性垄断租金消散。只有在初次分配秩序相对较为合理的条件下，税收、社会保障支出等收入再分配工具才能更好地发挥作用。

需要注意的是，强调收入再分配功能并非不鼓励致富。中国的富人还只是刚刚成长起来。没有必要的呵护，社会发展将缺乏必要的经济基础。但是，现代财政制度应在引导富人怎么做富人上有所作为。一个人的消费所能带来的幸福感是有限的，但社会贡献可以给一个人带来无限的满足感。现代财政制度应有意识地引导包括慈善活动在内的第三次分配，例如，形成有利于非营利性组织发展的财政制度，鼓励更多人参与社会慈善事业，参与各种公益活动。

---

[1] 国家统计局：http://www.stats.gov.cn/tjsj/sjjd/201503/t20150311_692389.html。

[2] 在传统社会中，富人也许只能过上温饱生活，而在现代社会，即使是低收入者，这也不应当是问题。

4. 有利于市场在资源配置中决定性作用的发挥

现代财政制度的建立必须有利于资源配置效率的提高。提高经济效率，关键是让市场在资源配置中的决定性作用得到充分的发挥。市场在资源配置中发挥作用的合理与否，关系到市场经济的成败。国家与市场很容易形成天敌关系。从短期来看，国家的扭曲性行为容易破坏市场机制的作用；从中长期来看，一旦市场扭曲，资源配置效率也无法真正提高。现代财政制度的建立，应致力于市场的平等竞争环境的形成，鼓励各种市场主体积极性的发挥，特别是通过简政放权，释放民间资本的活力。

现代财政制度的建立应有利于统一市场的形成。市场半径的大小，直接决定着市场作用发挥的大小。分割的市场不利于专业化分工，不利于各地比较优势的发挥。一段时间以来，一些地方为了局部利益，政策选择上不惜采取"以邻为壑"，破坏统一市场。此间所指局部利益多与地方财政收入有关。在分级财政管理体制下，各地利益相对独立，这无可厚非，但前提是不能妨碍统一市场的形成。一些地方政府或明或暗，对给本地财政收入作出较大贡献的企业以各种各样激励，如以各种奖励或专项资金的形式行"税收返还"之实。这与地方政府补贴企业没有二致。地方政府不按统一市场的要求来保护本地企业，势必歧视和伤害其他企业，严重破坏统一市场秩序。

5. 有利于宏观经济稳定

现代财政制度的建立应形成科学的财政宏观调控体系，促进宏观经济稳定。宏观经济调控目标包括充分就业、物价稳定、国际收支平衡和经济增长。就业是民生之本，直接关系到社会稳定。经济增长大起大落对就业非常不利。不强调 GDP（国内生产总值），是不要"肮脏"的 GDP，而不是要放弃 GDP。中国还是一个发展中国家，提高人民生活水平，没有一定的 GDP 增速是不行的。为了避免对就业等的剧烈冲击，财政的宏观调控要努力避免GDP 的大起大落，要稳中求进。

现代财政制度的建立要注意完善财政政策手段。赤字和公债、税收、利润、财政支出的作用要发挥好。教条地实现年度财政收支平衡得不偿失。1998 年和 2008 年两次积极财政政策实践就说明，适当的赤字规模和公债数量，有利于经济稳定。直接税在税制结构中地位的高低，社会保障支出规模和覆盖面的大小，决定着财政自动稳定器作用的大小。税制结构的优化，财政支出结构的调整,都要按照有利于宏观经济稳定的要求进行。中国的国有经济还占据重要地位,利润分配也是财政政策手段之一,要不断地完善国企分红制度。

财政宏观调控体系作用的有效发挥,需要尽可能缩短财政政策的决策时滞。恰当的财政政策还需要选择恰当的出台时机。要特别注意财政宏观调控能力的测算。当前政府性债务风险总体可控,但也要注意各种政府负有担保责任或一定救助责任的或有负债,科学测算发债空间。与此同时,还应注意中国政府所拥有的资源(可支配财力)远远超过了财政收入,还包括大量可供动员的国有资源、国有土地与国有企业,这可为应对债务风险提供更多的空间。

3.3.3 现代财政制度的主要特征

1. 现代财政制度是与国家现代化建设相适应的制度

财政是国家治理的基础。国家现代化需要有与之相适应的财政制度。从全球来看,大国的现代化进程伴随着工业化和城市化。工业化意味着经济结构的变迁,促进了人口从乡村向城市的聚集,带来了城市化。现代财政制度的建立应与工业化和城市化进程相适应,要致力于提供与工业化和城市化相适应的公共服务。政府收入的取得也应与工业化和城市化进程一致。国家的现代化进程与政府职能转变有关。市场经济国家现代化建设初期,政府职能相对较为简单,后愈发复杂,国家作用表现出综合特征。调节经济的范围实现了从微观到宏微观并重的变化。现代财政制度的建设应与国家职能的变化相适应。当前中国城乡分割问题还没解决,新型城镇化尚在进行之中。现代财政制度建设要适应现代化的不同阶段的不同要求,致力于形成城乡统一的财政制度。中国市场经济逆向成长的过程,决定了现代财政制度应公平对待公有制经济与非公有制经济,应支持混合所有制经济的发展,应从根本上改变政府在某些领域缺位同时又在某些领域越位的状况。

2. 现代财政制度的建立必须有相应的、专门的财政管理机构

政府财政部门承揽国家财富管理总责,举凡政府收入和支出,政府资产和负债,政府资金存量与流量管理,不一而足。专门的财政管理机构是现代财政制度不可或缺的内容。具体事务的专业管理与专门的财政管理,并行不

悖。专业分工替代不了专门的财政管理。政府部门间职责分工不合理，特别是部门功能交叉重叠，不仅不利于专业部门的优势发挥，造成资源浪费，而且不利于政府效率的提高。从中央层面来看，各部门都或多或少带有专门财政管理机构的功能，中央层面在财政部之外，政府性基金林立，实质上形成了大大小小为数众多的财政部。不仅如此，专司财政管理职责的部门也有多个。除了财政部之外，国家税务总局和海关总署是专门负责筹集财政收入的部门；国土资源部从国家财富视角所进行的国有资源和国有土地的管理，属于财政部的职责；国资委在国有企业中所承担的国家出资人职责与财政部的职责也有交叉重叠；外汇储备是国家资产，但不由财政部管理。

多个部门直接履行财政职责的结果是，不仅国家财政管理合力不易发挥，而且因为部门间协调成本居高不下，不利于政府职能转变，不利于公共服务提供。专门的财政管理机构的形成必然要削权，让不同的政府部门各司其职，以更有效地提供公共服务。试想，一个公司尚且不能有多个功能重叠的财务部，一个国家怎么能将收支和财富管理权限分散在多个部门呢？总之，要将政府收支事务和国家财富管理事务集中在财政部门，并将财政部门建设成专门的现代化财政管理机构。

3. 现代财政制度下的财政是民主财政

现代财政是民主财政，是人民当家作主的财政。现代国家不同于传统的君主国家，执政党和政府都是接受人民之托，提供服务的。集财富管理者、生产组织者、再分配者、公共服务提供者等多种身份于一身，决定了现代国家事务的复杂性，决定了国家事务在某种程度上具有"黑箱"的属性。不打开"黑箱"，就无所谓监督。国家受人民之托理财，专门的财政管理机构集国家财富管理和政府收支之大权，必须得到有效的监督。现代财政制度建设中，要充分发挥人民代表大会的作用，让人民代表的意见得到最充分的表达。要充分发挥人民在财政资金筹集和使用中的监督作用。要积极推动财政透明度的提高，除少数国家机密外，政府预算决算信息应尽可能有效公开，为人民监督财政事务提供必要的基础。民主财政还应表现在有效的社会舆论对财政事务的监督上。

大国的民主财政建设是多层次的。中央财政与地方财政实行分级管理。分级管理有利于财政制度激励与约束作用的发挥。从全球的视野来看，立法机构对政府收支的约束分两个层面，一是制度层面，二是日常运行层面。制度层面表现在政府收入和支出及国家财富管理制度的形成，要受到立法机构的约束，充分反映人民的意见。政府的年度预算和多年度收支计划（规划）的编制和执行，属于日常事务，也要受到立法机构的监督。

4. 现代财政制度下的财政是法治化财政

现代国家是市场经济国家。法治是市场经济的重要保障。法治化国家建设是国家治理体系和治理能力现代化的重要内容之一。公有财产不可侵犯，私人财产同样不可侵犯。国家取得收入的过程，是财产让渡过程。这一过程，应符合法治精神，并依法进行。征税必须建立在税收立法的前提下，不仅要有税收的实体法，还要有税收征管的专门立法。从形式上看，中国已有税收征管法这一税收程序法，还有企业所得税法、个人所得税法、车船税法三部税收实体法。但这距离税收法治化的要求太远。税收征管法仍有进一步完善的空间，因为目前 70％以上税收收入所依托的是条例甚至是暂行条例。在改革开放初期，人大授权税收立法的做法有一定的合理性。随着全面改革的启动，社会各界对税收制度确定性与稳定性的诉求越来越高，这种局面亟待打破。只有这样，市场繁荣所需要的制度确定性才能得到保证。不仅征税要立法，而且是所有构成市场和社会负担的政府收费和政府性基金，均应严格立法，避免随意开口，导致政府负担的不确定性，干预市场在资源配置中决定性作用的发挥。

现实中，只要是属于有效政府应该履行的职能，都属于财政应保障的范围。法治化财政建设不能顾此失彼。一定时期内，某种职责的法定支出比例规定，有助于政府职责的落实。但是，现实不断变化，企图一劳永逸地解决财政资金保障问题的做法，是以灵活应对空间的丧失为前提的。当前中国有一半左右的财政资金受制于这种比例约束，极其不利于法治化财政制度建设。[1]

5. 现代财政制度以专门的治理技术为依托

现代市场经济国家，需要实现数目字管理（黄仁宇，1997）。不同于传

---

[1] 根据楼继伟（2013），2012 年，仅财政安排的教育、科技、农业、文化、医疗卫生、社保、计划生育 7 项与财政收支增速或生产总值挂钩的重点支出就占全国财政支出的 48％。

统财政制度下的统治，现代财政制度基于一整套专门的财政治理技术体系。

政府预算既是政府收支的基本计划，提供政府活动的基本信息，又是联系政策与支出项目的纽带。科学的财政收入预测，是预算支出计划安排的基本依据。形成科学的财政收入预测方法体系，是现代财政制度建设的内容之一。财政支出安排应与政策目标一致，反映政策的轻重缓急。政府预算功能的发挥是建立在政府会计制度的基础之上的。适应经济社会发展变化和政府改革的需要，权责发生制需要逐步在政府会计制度中得到体现。发达国家的现收现付制或修正的现收现付制，正在影响各国的政府会计制度选择。合规性预算与绩效预算应并重，要特别注意发展绩效预算技术，以科学评价公共部门绩效。

政府购买性支出从简单的直接从市场购买商品和服务，正在转变为统一规范的政府采购制度。政府采购的内容从初期的商品，逐步增加了服务的比重，深刻地反映了公私合作的趋势。政府采购的主要目的是降低成本，因集中采购程序较为复杂且不能充分跟进市场变化，原先被排除在外的分散采购也得到了重视。

从财政管理上看，要形成现代化的国库管理制度，让国库集中收付制度的效率得到最大的发挥。随着计算机技术的普及和互联网的发展，财政管理依赖的决策信息获取途径在发生变化，获取成本在下降，财政管理的半径在缩小，应互联网时代的需要，正成为现代财政制度建设的重要内容。

现代财政制度中的专门治理，还表现在多方磋商和制衡的基础之上。现代国家治理，不同于传统国家的统治。传统国家中，统治者与被统治者之间的地位是不平等的。传统国家粗放式的统治已让位于精细式的国家治理。

现代国家提供公共服务，人民为享受公共服务而纳税，国家有责任提供高效率的公共服务。财政治理需要人民的充分参与，治理技术应能满足人民参与的要求。从全球视角来看，公共部门与私人部门的界限不再清晰，甚至犬牙交错。一些国家的财政治理体现了实用主义的观念。国家作为组织的复杂性，决定了治理途径的多样性，决定了各相关组织和个人主动性发挥的重要性，决定了磋商和多方参与在财政治理中的重要性。专门的财政治理技术还包括政府内外的制衡机制。财政部门、审计部门、专业部门、人大等形成具有中国特色的国家财政治理制衡关系。除了人大的外部监督，国家财政活动也需要在政府内部形成制衡机制。特别是在政府内部，国家审计部门对财政部门和所有使用财政资金的主体的监督就显得至关重要。

6. 现代财政制度是适应动态财政治理需要的制度

面对现实和未来的复杂性和不确定性，现代财政制度能够致力于调动各方积极性，在各主体之间平等磋商的基础之上，实现财政的动态治理。

技术进步和制度变迁正深刻地改变全球经济。财政治理正面对人口结构、信息化、全球化等严峻挑战。现代财政制度既要给市场和社会一个稳定的预期，又不能静止不变。财政制度必须协调稳定必要性和变化必要性的需求。确定性需求呼唤财政制度的稳定，经济、政治、社会、文化、生态文明建设任务的不断变化要求财政制度因时因势而变。人口老龄化的加速，势必增加未来的财政负担。动态财政治理需要未雨绸缪，及早关注财政支出结构的变化态势，把握重点领域的演变趋势。财政治理还必须重新审视一些陈旧的假设和价值观，以应对不断涌现的新问题。财政的动态治理旨在将一系列支离破碎的直觉转为为"治理"的整体概念，增强实际操作的系统性和可行性。

建立现代财政制度，既需要勇气，突破既得利益格局，又需要智慧。现代财政制度的建立具有高度专业性，需要集中各方智慧，科学决策。在制度探索过程中，应特别注意借鉴已有经验。只要对财政制度现代化有利，对中国国家治理体系和治理能力现代化有利的财政制度安排，就可以尝试。现代财政制度建设中，需要清晰地分析现有制度与目标制度之间的差距，而后沿着正确的方向一步一步前进，不断地靠近目标。现代财政制度的建立过程，只有在协调各方面利益矛盾的基础之上，才能顺利推进。因此，现代财政制度建设的难度不宜低估。

3.4 财税理论与财税改革

有什么样的财税理论，就可能有什么样的财税改革。财税理论一方面来自财税工作实践；另一方面来自学习、比较和借鉴。改革和开放是同步进行的。中国的许多改革重要举措和开放有着极为密切的关系。改革举措立足国情，但也常常是在比较和借鉴中确定下来的。

3.4.1 理论与改革

改革者知识结构的变化对其而言是相当重要的。改革者的制度选择集随之发生变化。林毅夫（2000）认为，与可行的生产技术的集合是物理、化学、其他自然科学和工程知识存量的函数一样，为获得特定制度服务的可行制度安排的集合，取决于相应的社会科学知识的存量。也就是说，制度安排的选择受到社会科学知识存量的限制。如果缺少知识或不知如何进行改革，那么即使政府想要进行一场正确的制度改革，也是无法进行下去的。林毅夫（2000）认为，20世纪50年代初许多欠发达国家选择了苏联的中央集权模式加速工业化进程的制度，在一定意义上是受到当时流行的经济发展理论影响的结果。欠发达国家制度改革的设计受到社会科学知识贫乏的严重约束。[1]这些国家往往不知道如何找到有利的制度，也不知道如何建立这样的制度。

吴敬琏在《经济学家、经济学与中国改革》（2003）一文中回顾了中国经济学家在改革中的成长历程与经济学理论对中国改革所作出的贡献。改革伊始的20世纪80年代初期，中国经济学理论已经超越了"扩大企业自主权"实际措施的范围，形成了以"社会主义商品经济"为核心的整套观点和主张，为市场经济改革提供了系统的知识支持。[2]在整个经济改革过程中，经济学理论在建立市场经济体制目标的确立、稳定宏观经济方针的确定、1994年包括财税、银行、外汇管理体制在内的宏观经济改革、国有企业改革等过程中发挥了重要作用。如果没有经济学理论的支持，这些改革措施和政策选择很难出台。

3.4.2 财税理论与财税改革

改革起步时，改革者只是认识到传统财政制度的弊端，但不知改革的目

---

[1] 在林毅夫（2000）看来，正确的社会科学知识也不是改革成功的充分条件。这是因为，即使找到了最有利的制度，还有一个如何建立这种制度的问题。制度改革不可避免会涉及收入和权力在不同经济集团之间的重新分配问题，这就会引发改革策略的选择问题。

[2] 在吴敬琏（2003）看来，现代市场经济制度是一种经过几百年演变形成的巨大而复杂的系统，如果完全依靠自发的演进，其建立和建设至少需要几十年、上百年的时间。

标是什么。因此，改革的过程，同时也是不断吸取知识的过程。改革之初，东欧国家的改革实践对中国国有企业改革产生了影响。一些经济理论如科尔奈的"短缺经济学"对中国改革产生了影响，国有企业改革应该摆脱"软预算约束"的观念深入人心。改革的过程同时是对不同知识的选择试错的过程。在这个过程之中，中国放眼世界，从发达市场经济国家的知识体系中获取改革的营养，许多财政制度的改革方案都是通过中国与发达国家的比较之后得出的。分税制财政体制改革就是改革者在比较了各大国财政体制之后所作出的选择。公共财政改革和建立现代财政制度也是如此。

财政制度改革还直接得到了国外经济学家的支持。世界银行等国际组织提供的技术援助在一定程度上起到了中国财政制度改革的"知识供应商"的作用。当然，改革过程中，中国的学者和改革实践者也在不断地总结财税改革的经验和教训，在推动中国财政学理论发展的同时，为财税改革提供了知识支持。

改革开放以来，中国财政学理论体系发生了巨大的变化。比较改革开放初期和如今通行的财政学教科书可以明显地感受到这种变化。改革开放初期的标准教科书多冠名或重点是"社会主义财政学"。这样的财政学教科书理论部分通常包括财政本质、财政职能与作用、财政在再生产中的地位和作用。除此之外，其他部分，也是篇幅最大的部分多围绕财政收入、财政支出、财政管理和财政平衡展开，即"收—支—管—平"体系框架，主要是实行制度介绍和简单的解释。有意思的是，从认识规律上看，财政学入门教科书应该是先从鲜活的现实案例入手才符合教学规律，但在改革开放初期（20世纪 90 年代之前），流行的财政学教科书的基本框架可以概括为"政治经济学原理在财政学中的应用＋财政制度解释"。中国财政学理论的繁荣表现在财政学的争论上。当时的财政学主要流派的区分是以对财政本质的认识不同为基础的。这也是延续了计划经济时期财政学理论演变的结果。这样的理论形成有其内在的合理性，需要追溯到 20 世纪 50 年代中国财政学的转型。中国财政学界在 20 世纪 80 年代乃至 90 年代仍然在不懈地追寻财政学原理，发展能够解释不同时期的财政现象的财政学理论。从财政学界的努力来看，这仅仅限于篇幅不多的理论部分，而在一定程度上出现了理论与现实的脱节。财政理论不能充分解释现实，现实对理论的发展所起到的推动作用也极为有限。在努力发展社会主义财政学理论的同时，中国财政学界一直面向世界，先是在批判资产阶级财政（学）理论和资本主义国家财政中引进和介绍海外财政学理论和财政制度，后有意识地系统引进西方财政学理论，系统介绍西方财政制度，并有建立比较财政学的努力。所有努力的出发点，仍然是要建立一套财政学原理，可以解释包括社会主义国家财政、资本主义国家财政以及其他不同类型财政现象的一般财政理论。

以资产阶级财政理论批判、资本主义财政或资本主义国家财政命名的教科书或论著通常在介绍海外财政理论与实践时，都会加上必要的批判。在 20 世纪 60 年代，吴兆莘和邓子基的《资产阶级财政理论批判》出版，后于 1978 年再版，他们对德国历史学派的财政学理论和凯恩斯主义财政理论介绍的同时，也对此进行了批判，其中批判篇幅不小，王传纶编著的《资本主义财政》于 1981 年出版之后，影响很大。上海财经大学席克正、曹立瀛、王传曾、周邠等以"《资本主义国家财政》编写组"名义署名的《资本主义国家财政》取材当时较新的西方财政学理论和制度，为众多大学采用，产生了广泛的影响。与此同时，一些西方财政学教科书编译本先以内部材料的形式传播，如马斯格雷夫夫妇的《财政学理论与实践》，后以《美国财政理论与实践》为书名公开出版，影响了远不止一代的中国财政学者。西方财政学传播中的隔膜可以从一本简单的导论性质教科书的译者注中清楚地看出来。张愚山 1983 年翻译了埃克斯坦的《公共财政学》这本小册子，但其中有不少译者注，多是针对当时在中国人看来很陌生的生活现象，如司机的解释等等。而今我们再来看这本小册子，对其中的生活现象基本上不用再多做解释。在这样的情况下，不要说接受海外财政理论，就是理解这样的财政学理论都有相当的难度。

在批判的同时，也有一些西方财政学教科书的直接引入。薛天栋 1983 年出版的《现代西方财政学》当是原汁原味的一部。薛天栋 20 世纪 80 年代初期在厦门大学、上海财经学院、北京大学等讲授西方财政学，影响了一些财政学者，但由于他的教科书多用数学语言讲授财政学理论，对当时数学基础薄弱、经济学基础主要是政治经济学的中国财政学教师和学生来说，未免太难，因此至少在当时的影响也是有限的。这可以与 1987 年出版的马斯格雷夫夫妇的《美国财政理论与实践》的比较中清楚地看出来。财政学理论的传播与接受并不是轻而易举可以实现对接的。

即使是囫囵吞枣、蜻蜓点水，西方财政学理论的引进还是对中国产生了影响。20 世纪 90 年代之后，一些直接以西方财政学原理为主要内容的财政学教科书出版了。2000 年之后，多部已经在国内间接产生重大影响的财政学教科书汉译本也相继问世。与此同时，财政实践已经按照社会主义市场经济体制的要求有了翻天覆地的变化。在这样的背景下，新的财政学教科书涌现，这些教科书多以"公共财政理论与实践"为主要内容，财政学理论体系框架多以市场失灵为起点，财政理论的解释能力增强，推动了中国财政制度的公共化进程。市场失灵是政府干预的必要条件，没有市场失灵，就不应该有政府干预；即使存在市场失灵，市场自身的纠错机制也可能弥补市场失灵；政府也可能存在失灵，只有在政府活动效率高于市场效率，才需要政府的干预。公共财政理论是以尊重市场在资源配置中的决定性作用发挥的理论。在现实中，"公共财政"理论体系已经成为中国财政理论体系的主流，这对市场经济的发展是非常有利的，对于中国财税改革目标的选择也是很有帮助的。2013 年现代财政制度改革目标的确立，也在呼唤财税理论的进一步创新。财税理论与财税改革已经呈现出相互推进的态势。

3.5 财税改革的动力机制

中国财税制度改革是一场政府主导型的制度变迁。财税制度的供给者是政府。财税改革的过程，同时也是财税制度需求者和供给者发生变化的过程，两者的共同作用，推动了财税改革的进行。

3.5.1 财税制度需求的变化

1. 需求者的变化

改革以来，各种相对独立的利益主体相继形成，财税制度的需求者发生了变化。从所有制结构来看，改革之初清一色的公有制已经演变为现在多种所有制经济并存的格局，非公有制经济在中国经济中的分量与日俱增。公有制经济内部也发生了很大的变化。国家独资企业数量越来越少，国有控股公司和国家参股公司大幅增加。即使是国家独资企业，其经营自主性也大为增强。各种所有制经济、各类企业之间形成了竞争格局。公有制财政和计划型财政的存在空间越来越小。社会中的个人也逐渐实现了从附属于单位的个人到独立的个人（公民）的转变。个人在地区、企业以及各类机构之间的流动，所受到的约束也越来越少。

2. 需求的变化

（1）资源配置。

改革之初，中国的企业大部分是国有企业，在改革国有企业的同时，实行了以发展非国有企业为主的"增量改革"。外资企业、乡镇企业、民营企业共同推动了中国经济的快速增长。处于计划体系之中的公有制经济，能够得到计划体系较多的保护，而非公有制经济不仅得不到计划体系的优待，反而要遭受计划体系的歧视。非公有制经济的生存和发展，对计划型财政提出了改革要求。改革初期，不能享受计划优惠待遇的外资经济为了在中国有生存空间，必然会提出税收优惠的要求（张馨、杨志勇，1998）。但是，随着改革的深入，计划体系逐步被打破，公有制经济的这种有利条件不复存在，而且，公有制经济要与非公有制经济进行竞争，因此，公有制经济主体必然会提出统一税收待遇的要求。集体经济、乡镇企业、民营经济等同样会提出享受同等税收待遇的要求。

非公有制经济需要政府提供公共产品和公共服务，需要政府创造公平竞争环境。这种压力自然会反映在政府如何对待公有制经济上。出于提高经济效率的考虑，国家也需要改革公有制经济。公有制企业要做到自主经营、自负盈亏。公有制企业之间的利益独立化倾向也越发明显。新旧国有企业的社会负担的不一致性，公有制企业及其劳动力资源"退出"机制的形成，国家与企业利润分配关系的规范化，等等，同样要求财税制度的变革。国有经济改革则经历了最初的国家与企业分配关系的调整，到建立现代企业制度，再到国有经济战略性改组目标的提出等几个阶段。至今，国有经济总量仍然处于一个较高的水平。2006 年，全国国有企业户数共计 11.9 万户，累计实现销售收入 16.2 万亿元，实现利润 1.2 万亿元，上缴税金 1.4 万亿元，企业资产总额 29 万亿元。[1]

---

［1］　参见国务院国有资产监督管理委员会网站 www.sasac.gov.cn。

　　改革的利益多元化格局还表现在地方利益的差异上。中国改革先在东部沿海地区进行，先富起来的东部沿海地区，与相对落后的中西部地区，对财税制度改革有着不同的需求。

　　（2）收入分配。

　　个人对单位的附属性的下降，原先通过单位提供的保障制度必然要向社会保障制度转变，个人对政府提供公共产品和公共服务的需求也在增加。居民收入分配差距的扩大既有经济因素，也有改革和政府政策的因素。中国经济发展的过程，同时也是非公有制经济和农村非农产业发展的过程。非公有制经济部门工资差距较大，非农产业的发展会导致不同地区不同农民收入的差距扩大。收入差距扩大导致财产累积的差异，财产累积收入的差距更加剧了收入差距水平的扩大。

　　随着改革的深入，公有制企业内部的工资差距也开始扩大，企业破产，工人下岗失业，收入差距进一步扩大。劳动力流动，特别是大量农民进城务工，也打破了农民收入分配的平均状况。工资体制的改革，使得教育收益率在收入形成过程中的作用增强，加大了不同教育水平劳动者的收入差距。非统一的住房制度改革加大了不同地区不同行业，甚至是同一地区不同企业（单位）的收入差距。

　　政府政策也对收入分配格局产生了影响。政府调整农副产品价格，影响了城乡之间以及农村内部的收入差距。长期以来，城乡不公平的税费政策使得农民的负担远远超过城市。

　　处于经济转型期的中国，收入差距形成的直接原因既包括正常收入方面的，也包括非法非正常收入上的原因。[1]非法非正常收入是指在目前的法律规定条件下不合法的收入，如逃税、走私、诈骗等；或貌似合法但有悖于公平原则或道德规范的非正常收入，如公费旅游，集团消费转化为个人消费等，是社会总收入中为一部分人以非法非正常手段占有的部分（陈宗胜、周云波，2002：343）。据统计，1988—1999 年间全国正常收入基尼系数平均为0.391 09，全部收入基尼系数为 0.461 22[2]，这可见非法非正常收入对收入

　　[1]　关于中国的收入差距问题的考察，参见陈宗胜、周云波（2002）。
　　[2]　陈宗胜、周云波（2002）分别对个体私营经济等的非法收入、腐败官员的非法收入、集团消费转化的个人收入、走私贩私等非法收入进行了估计，并得出了一个总体的结论。这里的数据就是他们的研究成果。需要提及的是，他们的研究与李实、赵人伟等人的有一定差别。两者数据并不可比。

分配的影响。[1]

基尼系数扩大所反映出来的这种分配格局是对传统经济下平均主义的矫正，因此收入差距一定程度的扩大是合理的。但是中国的基尼系数已经超过了 0.4 这一国际通用的衡量收入差距的警戒线。[2]这说明中国收入分配问题的严重性。

收入分配问题是一个市场机制本身无法从根本上解决的问题，虽然政府之外的其他力量能够在此发挥一定的作用[3]，但从总体上看，调节收入分配更需要财税制度的配合。最近几年，中国财税制度因应收入分配问题的解决，做了许多调整，当然仍有进一步完善的空间。

（3）现实中的经济波动：经济稳定问题的提出。

经济稳定的基本内容包括物价稳定、充分就业、国际收支平衡和经济增长。仅以物价和就业问题进行分析。在计划经济时期，中国长期实行冻结物价的政策，这样在改革初期，一旦物价管制减少，就会出现隐性通货膨胀的显性化。再加上客观上存在的财政减收增支因素（政府从某些领域退出，收入减少，但许多支出因为刚性的原因不能减少），通货膨胀的压力较大。当经济改革更为深入之后，中国所面临的物价环境，与一般市场经济国家已无太多差异，同样需要政府在稳定物价上发挥作用。

中国在改革之前奉行的是全民就业的政策，借助于户籍档案制度和城乡分割制度，城镇户口居民由国家统一安排工作，而农民在当地从事农业生产。改革之后，城镇隐性失业显性化，农民进城的规模也越来越大，政府在促进就业上再也不能运用以前的手段了。

在改革之前，中国通过计划压缩固定资产投资和基建项目，调整积累与消费的比例，应付经济波动。当然，这类措施并不见得就能完美地解决经济波动问题。中国经济运行中常出现的"放—乱—收—死"就是政府经济政策

---

[1] 王小鲁（2007）就灰色收入对居民收入差距的影响也进行了研究。该研究进一步表明，非正常收入对于收入差距的影响不可小觑。

[2] 还有的学者认为中国国民收入的实际基尼系数甚至超过 0.5（吴敬琏，2004：389）。

[3] 在美国，已有 5 万家基金会，其中比较重要的产生社会影响的约有 1000 家。基金会在慈善公益事业的发展中发挥了重要作用。基金会与政府在许多方面是互相补充和配合的。在 20 世纪上半叶，基金会更是以其现代化的组织和雄厚的财力起到缓和社会福利需求矛盾、稳定社会的作用（资中筠，2003）。

的局限性的充分体现。在改革之前，中国无法像市场经济国家那样，运用财政政策工具，进行宏观经济调控。市场经济国家财政政策作用的发挥必须通过适当的传导机制才能充分发挥作用。财政政策发挥作用的效果取决于财政政策乘数的大小。而当企业和个人等微观经济主体对政府财政政策反应迟钝时，就会使财政政策的效果大打折扣。改革之前的中国国有企业不可能像市场经济下的私人企业那样对财政政策工具的运用作出同样的反应，这样，财政政策实施的空间有限，以计划取代财政政策是必然之举。改革之后，随着国有企业独立利益的突出以及多种所有制企业的出现，通过计划调控经济的做法已经缺乏现实基础。市场发育和发展的结果是，失业问题的显性化，物价问题（通货膨胀或通货紧缩）的显性化，经济波动已是不可避免，这些对企业和个人而言，都会产生一种不确定性，需要财政政策发挥作用。

宏观经济稳定不仅仅要从国内因素出发，全球经济治理格局对宏观经济稳定有着直接影响，对于大国也不例外。中国财税制度如何因应这一变化，促进财税制度的国际化，让财税的作用得到充分的发挥，既是现实问题，也是一个理论课题。

3.5.2　财税制度改革：需求者与供给者的互动

改革以来，财税制度需求者经过了多次演变，在不同阶段，有不同的需求者对改革提出要求，形成了不同的财税改革压力。

首先对财税改革提出要求的是国营企业，国营企业经营机制的不灵活，财务统收统支，束缚了企业的活力。接着，对外开放引进了外资，外资企业需要有与之相适应的财税制度，这样的制度能够让外资经济在计划体制下有一定的生存空间，于是对外资较为优惠的财税制度得以确立。民营经济等多种非公有制经济的发展，同样要求公有制财政作出相应的改革。多种所有制格局必然要求建立一视同仁的财税制度。这种一视同仁的制度不会自发地产生。各种经济利益主体对财税制度改革的诉求，最终导致了财税制度的变迁，而且，这种需求是形成财政持续改革的原动力。

除了需求者的压力之外，改革者从国家发展战略出发，也必须进行相应的财税制度改革。传统体制下，企业激励不足、行为异化，国家受制于信息扭曲，企业效率较低。当改革者放眼世界，与发达国家相比，与周边国家

（地区）相比，发现自身的差距之后，有责任的改革者，必然会加快改革。特别是这些改革措施与制度需求者的要求一致的时候，财税制度改革的进程就会加快。

作为制度供给者的政府能提供什么样的财税制度？这是内外压力共同作用的结果。中国的改革最初是由政府发起，力图通过政府内部的改革，实现民族复兴和国家繁荣富强。改革的过程是再塑微观经济基础的过程。从现实出发，最初企业改革的着重点是增强国有企业的活力。随着改革的深入，国有企业改革遇到了一系列难题，而与此同时，国有企业之外的乡镇企业、外资企业、民营企业等发展起来了。一个社会需要什么样的企业？是纯而又纯的公有制企业？还是非公有制企业？地方国有企业、乡镇企业虽然能给地方政府带来税收之外的利润收入，但相应地，当这些企业经营出现困难时，会成为政府的负担。因此，改革过程中，一些地方政府率先放弃了直接隶属的国有企业，推动国有企业改制。这样，地方政府关心的企业是能为当地政府带来更多税收收入的企业。地方政府基于财政原因所作出的这种选择推动了非公有制经济的发展，带来了"中国奇迹"。

从政府内部来看，政府活动范围发生了变化，地方政府的相对独立性增强，同样需要有与这种变化相适应的财税制度。

王绍光（2007）归纳了中国公共政策议程设置的六种模式（见表3.7）。财税改革的过程总是伴随着一个又一个公共政策的出台。财税制度改革的过程总有财税制度的设计者，这些设计者借助于各种知识，提出改革方案，并最终在决策者的推动下得到贯彻执行。王绍光（2007）归纳了三种议程的提出者，分别是决策者、智囊团和民间。这三种议程提出者分别与不同的民众参与程度结合，形成了公共政策议程设置的六种模式——关门模式、动员模式、内参模式、借力模式、上书模式和外压模式。

表3.7 议程设置的模式

		议程提出者		
		决策者	智囊团	民间
民众参与程度	低	Ⅰ关门模式	Ⅲ内参模式	Ⅴ上书模式
	高	Ⅱ动员模式	Ⅳ借力模式	Ⅵ外压模式

资料来源：王绍光（2007）。

政府决策的科学化和民主化要求改变仅以决策者自身作为议程设置者的
状况，必然更多地要求智囊团作用的发挥。多种利益主体格局的出现，促进
了多种决策模式，特别是外压模式的形成和发展。而且，在议程的设置过程
中，民间还会通过种种渠道，影响智囊团和决策者。中国区域财税制度的选
择、不同所有制经济的财政待遇问题等等，都不同程度地得益于决策模式的
多样化。

3.5.3　政府转型：财税改革的持续动力

财力困境能推动财税改革，但财力困境难以成为财税改革的持续动力。
财力困境因素随着财力状况的改善而消失。中国经济尚处于转型阶段。从总
体上看，财力困境已不是财税改革的第一推动力。财税改革已进入一个新阶
段。市场经济运行要求政府转型，释放出更多的生产力。这样的政府必须是
回应型政府，是能对人民需求作出回应的政府。政府转型成为财税改革的第
一推动力。

政府转型需要协调政府内部不同部门之间的利益冲突问题，需要处理人
大与政府之间关系问题。通过政府转型，促进政府信息的公开透明，推动人
大和社会对政府的监督，实现财政决策的科学化与民主化。科学的财政决策
能提高财政资金的使用效率。民主的财政决策能够防止集中决策所带来的损
失，也更能反映民意，财政改善民生的作用更容易得到发挥。

政府转型才能推动财税改革从自发改革到自觉改革的转变。[1]改革正
处于自觉阶段。财税改革在整个经济体制改革中走在前列。财税改革不仅仅
推动了经济体制改革的深入，还促进了政治体制、社会管理体制等方面的改
革。财税改革已不再是财税部门的事，而是触动社会各方利益。在这个阶
段，过去很少触及的公共支出管理改革、政府预算改革等都提上了议事日
程。政府预算改革成为财税改革的核心问题。

---

[1]　张馨（2004）将中国财政的公共化改革分为自发、自为和自觉三个阶段。第一是自
发阶段，财政配合整个经济体制的全面改革进行了大大小小的许多改革。财政改革更多是自发
的，这样的改革只能是处于经济改革外围的改革。第二是自为阶段，即在市场经济体制改革目
标已经明确之后，财政改革目标尚未明确的阶段，财政部门所进行的带有探索性质的改革。第
三个阶段是公共财政改革目标明确之后的改革，这个阶段的改革是自觉改革。

中国正在加快建立现代财政制度。财税改革的压力和动力都存在。特别是，财政在国家治理体系和治理能力现代化中扮演着重要的角色。财税改革在全面深化改革中有着举足轻重的地位。社会主义市场经济就是要让市场在资源配置中起决定性作用。市场作用的发挥离不开政府作用的恰当定位。政府职能的转变以及党和国家机构的改革，都在重塑公共服务型政府，都在促进社会主义法治国家的建设。改革是要让人民有更多的获得感。财税改革的方方面面，与人民利益密切相关。财税改革处理得好，是获得感最强的一类改革。

财税改革要真正实现向自觉改革的转变，还需要非正式制度的变迁。只有现代财政制度的理念深入人心，财税改革才会持续下去，财税改革才会有持久的动力，财税的现代化之路才会更加通畅。

第 4 章 财税现代化历程

1949 年中华人民共和国成立之后，就一直在努力建设现代化强国，这要求各项具体制度的现代化，包括财政制度。改革开放以来，中国财税现代化的步伐在加快。改革开放初期的 1978—1979 年，中国财政的调整是局部的。1980 年之后，包括财政体制改革、税制改革、国有企业改革、政府预算改革等在内的重要财政制度改革陆续推行，都是为了实现财税的现代化，目标是建立现代财政制度。本章分阶段将对这些具体的财政改革措施进行回顾。

4.1 改革开放初期的中国财政调整

计划经济体制框架下的国家财政体系包括国家预算、国家税收、国营财务、事业财务、基本建设财务、综合财政计划等环节。国家预算是国家财政体系的主导环节。国家财政参与国民收入再分配活动，主要是通过国家预算进行的。国家税收，包括工商税、农业税和关税，是国家财政收入的主要来源之一。[1]

---

[1] 在计划经济条件下，国营企业利税合一，所上缴给财政的收入体现为企业收入的形式，在一段时间内，企业收入是中国财政收入的最主要来源。从 1958 年开始，各项税收所提供的国家财政收入低于企业收入。1960 年，各项税收收入仅占国家财政收入的 35.39%，同期企业收入提供了 63.93% 的国家财政收入。但经过演变，到 1975 年，各项税收所提供的财政收入达到 49.38%，超过企业收入（49.07%），成为财政收入的最主要来源。之后，除 1978 年之外，各项税收所提供的财政收入都超过了企业收入（楼继伟，2000）。

国营企业长期以来是国家财政的基础。国营企业财务管理是国家财政的重要环节。国家财政深入到经济的各个环节，直接管理事业单位财务和基本建设财务。财政平衡对国民经济的发展也有着举足轻重的作用。

"文化大革命"一结束，中国就开始采取措施，恢复国民经济。1977 年，国民经济迅速恢复，国内生产总值（GDP）比上年增长了 7.6％；1978 年GDP 增速加快，比上年增长了 11.7％；1979 年增速回落，但也达到 7.6％的水平（国家统计局国民经济综合统计司，2005）。

1978 年，财政制度没有发生根本性的变化。与整个计划经济体制开始松动一样，财政制度开始发生一些变化。这种变化在计划经济体制框架内进行，但已开始表现出一些改革的前兆，一些改革试点也在进行之中。

财政改革主要是改革者根据既往的经验，基于现实迫切问题解决的需要所进行的。

财政制度改革的初始阶段，国家预算延续计划经济下的做法，坚持收支平衡、略有结余；预算管理体制上，坚持统一领导，统一管理，采取了一些改革试点措施。

改革者对财政支出作了一些调整，如增加农业支出、提高农产品收购价格、支持农业的发展；支持轻工业的发展；增加工资支出、调高工资水平。1978 年，全国 40％的职工提高了工资级别，另有 20％的职工不同程度地增加了工资，许多职工还得到了奖金收入。关于职工工资调整，在 1974—1976年国务院连续三年作过安排，要给部分低工资的职工增加工资，但原定措施未能实现。到 1978 年底，通过调整工资，全国职工约增加收入 27.5 亿元（张劲夫，1979）。1979 年，粮食统购价格从 1979 年夏粮上市时起，提高20％，超购部分在这个基础上再加价 50％。棉花、油料、生猪等农副产品的收购价格，也按情况分别逐步作相应的提高。支援农业，减轻农民负担，国家还减免一部分农业税收和社队企业的税收。这次农副产品提价的幅度和范围都是空前的，减免农村税收也是税收历史上少有的（张劲夫，1979）。在国营企业财务管理上，国家以扭亏增盈为目标，努力压缩国营企业管理费，提高企业经济效益。在国家税收上，除了对社队企业采取一系列减免工商税和所得税的措施外，从 1979 年下半年开始，对国营企业所得税和增值税进行开征试点；适应对外开放的需要，初步建立了涉外税制；基本建设投资也从 1979 年 8 月份开始进行财政无偿拨款改为贷款的试点。

"文化大革命"结束之后，国家财政需要偿还历史欠账，增加相应的支出。在财政压力较大的情况下，政府间财政关系作了相应的调整。预算管理体制改革（财政管理体制改革）是这个阶段最为重要的改革措施。

新中国建立之后，中国一直在探索适合国情的财政管理体制，财政体制也经历了多次调整。在"文化大革命"结束之年的 1976 年，中国再次实行"定收定支、收支挂钩、总额分成、一年一变"的财政体制。这种体制的内容包括：第一，扩大地方的财政收支范围，扩大地方财政的管理权限。第二，保留地方实行固定比例留成的既得利益，使地方有稳定的机动财力。第三，改变过去超收也按总额比例分成的办法，规定超收分成比例为 30% 或 70%，即地方总额分成比例在 30% 以下的，超收部分按 30% 分成；总额分成比例在 70% 以上和受补助的地区，超收部分按 70% 分成。这种体制虽然考虑了地方的积极性问题，但是"一年一变"的规定，易导致年初指标争夺问题，预算不易确定，影响预算的执行。1978 年中国在部分省（市）实行了"增收分成、收支挂钩"的办法。该办法包括：第一，地方的财政支出，仍同地方负责组织的收入挂钩，实行总额分成；第二，中央同地方的总额分成比例，一年一变；第三，地方机动财力按当年实际收入比上年增长的部分和确定的增收分成比例进行分成；第四，取消按固定数额留给地方的机动财力，地方的这一块既得利益，包含在增收分成比例内。这种试行办法的核心是"增收分成"，旨在调动地方增产增收的积极性。显然，只有在经济增长比较正常，财政收入稳定增加的情况下，地方才能得到好处。1978 年经济增速过快，再加上经济结构存在问题，历史欠账等问题需要解决，需要对国民经济进行调整。具体的调整措施不仅导致地方财政支出压力增大，而且导致地方收入几乎没有什么增长或增收很少。在这样的背景下，"增收分成"对地方的意义就不是那么重要了。1979 年，除江苏省仍实行"固定比例包干"办法，广西、宁夏、内蒙古、新疆、西藏、青海、云南实行民族自治地方的财政体制之外，其他地方实行"收支挂钩，超收分成"体制。这种体制维持了原体制的基本做法，但将"增收分成"改为"超收分成"。超收分成的做法是：超收部分，地方总额分成比例在 50% 以下的，按 50% 分成；地方总额分成比例在 50% 以上的，在确定的分成比例的基础上，再加 10%。

1977 年，江苏省开始实行固定比例包干的财政体制。该体制的内容是：根据江苏省 1976 年决算口径，参照历史上该省固定总支出占财政收入的比例，确定上缴和留用的比例，一定四年不变。比例确定后，地方的支出从留给地方的收入中自行解决，多收多支，少收少支，自求平衡。除遇特大自然灾害等重大事件外，上缴和留用的比例一般不作调整。实行这种体制后，中央各主管部门对于应当由地方安排的各项事业，不再归口安排支出，也不再向地方分配财政支出指标，但江苏省财政预算仍要呈报中央审批。固定比例包干体制扩大了江苏省的自主权，可以统筹安排地方支出，提高了地方财政的积极性。这种体制一直执行到 1980 年期满为止。[1]

4.2 社会主义有计划的商品经济条件下的财税改革

4.2.1 财政体制改革

财政体制改革的目标是规范政府间财政关系，促进不同级别政府间的分工合作。中国财政体制改革打破了统收统支的财政制度，地方财政的利益相对独立主体地位得到确立，中央财政和地方财政就可能进行谈判，并最终促成激励相容的财政体制。

1. 1980—1984 年的财政体制改革

党和国家工作的重点转移到社会主义现代化建设上来之后，首要的问题是对经济管理体制进行全面的改革。财政体制改革成为改革的突破口。

（1）1980 年改革的主要内容。

从 1980 年起，国家对省、直辖市、自治区实行"划分收支、分级包干"的财政管理体制。这次改革的基本原则是：在巩固中央统一领导和统一计划，确保中央必不可少的开支的前提下，明确各级财政的权利和责任，做到权责结合，各司其职，各负其责，充分发挥中央和地方两个积极性。

改革的基本内容是：

―――――――

[1] 关于当时中国财政体制的具体介绍，参见李萍（2006：11—13）。

第一，按照经济管理体制规定的隶属关系，明确划分中央和地方财政的收支范围。在收入方面，界定中央财政的固定收入、地方财政的固定收入和调剂收入的范围。中央所属企业的收入、关税收入和中央其他收入，归中央财政，作为中央财政的固定收入；地方所属企业的收入、盐税、农牧业税、工商所得税、地方税和地方其他收入，归地方财政，作为地方财政的固定收入。经国务院批准，上划给中央部门直接管理的企业，其收入作为固定比例分成收入，80％归中央财政，20％归地方财政。工商税作为中央和地方的调节收入。

在支出方面，界定中央财政支出、地方财政支出、专项财政支出的内容和形式。中央的基本建设投资，中央企业的流动资金、挖潜改造资金和新产品试制费，地质勘探费，国防战备费，对外援助支出，国家物资储备支出，以及中央级的文教卫生科学事业费，农林、水利、气象等事业费，工业、交通、商业部门的事业费和行政管理费等，归中央财政支出；地方的基本建设投资，地方企业的流动资金（包括中央代建项目的流动资金）、挖潜改造资金和新产品试制费，支援农村人民公社支出，农林、水利、气象等事业费，工业、交通、商业部门的事业费，城市维护费，人防经费，城镇人口下乡经费，文教卫生科学事业费，抚恤和社会救济费，行政管理费等，归地方财政支出。

少数专项财政支出如特大自然灾害救济费、特大抗旱防汛补助费、支援经济不发达地区的发展资金等，由中央专案拨款，不列入地方财政包干范围。

第二，地方财政收支的包干基数，根据上述划分收支的范围，以 1979年财政收支预计执行数为基础，经过适当调整后计算确定，并以此确定中央和地方的分成比例，确定中央对地方的补助数额。凡是地方收入大于支出的地区，多余部分按一定的比例上缴；支出大于收入的地区，不足部分从工商税中按一定的比例留给地方，作为调剂收入；有些地区，工商税全部留给地方，收入仍然小于支出的，不足部分由中央财政给予定额补助。分成比例或补助数额确定以后，原则上 5 年不变，地方多收了可以多支出。在执行过程中，因企业、事业的隶属关系发生变化，新投产的大型企业下放给地方管理，或者开征新的税种，对中央和地方收支影响较大时，应当相应地调整分成比例或补助数额，或者由中央同地方单独结算。根据中央的决定而采取的其他经济措施，包括调整价格、增加职工工资、调整税率和减免税，除另有规定者外，都不再调整比例和补助数额。地方遇有不可抗拒的特大自然灾害时，由中央酌情帮助。

第三，中央财政根据国家财力的可能，设立支援经济不发达地区的发展资金，帮助边远地区、少数民族自治地方、老革命根据地和经济基础比较差的地区加快发展生产。此项资金占国家财政支出总额的比例，应当逐步达到2%，并由财政部掌握分配，实行专案拨款，有重点地使用。

第四，民族自治区仍然实行民族自治地方的财政管理体制，保留原来对民族自治地区财政所作的某些特殊规定。但是，中央对民族自治地区的补助数额，由一年一定改为一定五年不变，实行包干的办法。五年内收入增长的部分，全部留给地方。同时，为了照顾民族自治地区发展生产建设和文化教育事业的需要，中央对民族自治区的补助数额每年递增10%。

第五，财政管理体制改革以后，各省、直辖市、自治区应当根据国家的方针、政策和统一的计划，统筹安排本地区的生产建设事业和财政支出。地方预算的安排，要瞻前顾后，量力而行，坚持收支平衡、略有结余的原则。不得打赤字预算，不得寅吃卯粮，不得发地方公债，不得搞平调摊派。地方财政预算由地方编制，经财政部汇总审核后，报国务院审定。

中央各企业、事业主管部门，对于应当由地方安排的各项事业，不再归口安排支出，也不再向地方分配财政支出指标。但是，中央各部门仍应提出指导方针和工作方向，制定政策措施，检查经济效果，帮助地方把事情办好。各省、直辖市、自治区应当顾全大局，尊重各部门的意见。对于某些已包干给地方的涉及为全国或地区生产建设事业服务的开支，在地方预算中必须予以安排；国家确定的调出物资和商品，地方必须保证完成。

第六，不论中央预算和地方预算的执行，都必须坚持收入按政策、支出按预算、追加按程序的原则。凡是应当纳入预算的收入，都要纳入预算。凡是涉及全国性的重大问题，如税收制度、物价政策、公债发行、工资奖金标准、企业成本开支范围和专项基金提取比例以及重要的开支标准等，各地区、各部门都必须执行全国统一的规定，未经批准，不得变动。要严格执行财经纪律，严禁超越国家规定权限，随意减免税收、或者挤占国家财政收入。各地区、各部门都要努力增加生产，厉行节约，增收节支，保证完成规定的财政收支任务，为国家多作贡献。

第七，省、直辖市、自治区对县、市实行什么财政管理体制，由省、直辖市、自治区根据本规定的精神自行确定。

这次改革之后，财政体制形成了五种办法并存的局面：第一，"划分收支、分级包干"，一定五年不变；第二，"全额分成、比例包干"，一定五年不变；第三，民族地方财政体制，一定五年，并有若干特殊照顾的规定；第四，定额上缴或定额补助；第五，"总额分成、一年一定"。

（2）1982 年的后续改革。

1982 年 12 月 4 日，《国务院关于改进"划分收支、分级包干"财政管理体制的通知》对财政体制作了一些改进：第一，从 1983 年起，除广东、福建两省外，对其他省、直辖市、自治区一律实行收入按固定比例总额分成的包干办法。第二，将中央向地方的借款改为地方支出包干基数，即以 1982 年中央向地方的借口数额为基础，进行合理调整，按照调整后的数额调减地方支出包干基数，并相应地调整各省、市、自治区的收入分成比例或补助数额。调整之后，从 1983 年起，中央不再向地方借款。第三，将卷烟、酒两种产品的工商税划为中央财政收入。其目的是配合经济调整和整顿，合理安排烟、酒生产，限制其盲目发展。为了照顾地方的利益和建设事业的需要，仍将 1982 年以前的税收基数返还给地方。从 1983 年起，对每年烟酒税收增长的部分，实行中央财政和地方财政分成。第四，中央投资兴建的大中型企业的收入，包括试车期间的收入、投产后的利润，应归中央财政收入（可以按规定留给地方一定的比例分成，作为地方财政收入）；中央和地方共同投资兴建的大中型企业的收入，按投资比例分成；这些企业如果下放给地方，相应调增地方收入包干基数。第五，改进县办工业企业亏损负担办法，提高了县财政亏损负担比例，即从 20% 提高到 50%。[1]

这次改革打破了过去的统收统支吃"大锅饭"的局面，中央与地方实现

---

[1]　从 1979 年起，国家对县办工业企业开始实行盈利对半留成（县财政留用一半，具体比例有高有低，全国平均 50%），亏损企业的亏损二八负担（县财政负担 20%）的办法。此办法调动了地方扭亏增盈的积极性，但也助长了一些地区盲目发展和重复建设的倾向，而且各地受益不均。

了分灶吃饭，扩大了地方的财权，增强了地方政府的激励，增强了地方政府在努力扩大财源上的责任。

2. 1985 年和 1988 年的财政体制改革

(1) 1985 年的财政体制改革。

中共十二届三中全会通过《中共中央关于经济体制改革的决定》，城市经济体制改革全面展开。同时为适应 1983 年和 1984 年两步利改税的需要，1985 年开始，中央与各省、自治区、直辖市实行"划分税种、核定收支、分级包干"的财政管理体制，对原来的"分灶吃饭"体制作了改进。

1985 年 3 月 21 日，国务院发出《关于实行"划分税种、核定收支、分级包干"财政管理体制的通知》，要求从当年起，实行"划分税种、核定收支、分级包干"的财政管理体制。这次改革财政管理体制，总结了时行体制的经验，继续坚持了"统一领导，分级管理"的原则，进一步明确了各级财政的权利和责任，有利于进一步发挥中央和地方两个积极性，使财政管理体制更好地体现责权利相结合的原则。这次改革是一次过渡性的改革，从一开始就要求各地区注意调查研究，及时总结经验，解决出现的新问题，把改革财政管理体制工作做深做细做好，为将来过渡到完全以税种划分收入的体制创造条件。

此次改革的基本原则是：在总结现行财政管理体制经验的基础上，存利去弊，扬长避短，继续坚持"统一领导，分级管理"的原则，进一步明确各级财政的权利和责任，做到权责结合，充分发挥中央和地方两个积极性。新的财政管理体制的主要内容包括：

第一，基本上按照利改税第二步改革以后的税种设置，划分各级财政收入为：（一）中央财政固定收入：中央国营企业的所得税、调节税；铁道部和各银行总行、保险总公司的营业税；军工企业的收入；中央包干企业的收入；粮、棉、油超购加价补贴；烧油特别税；关税和海关代征的产品税、增值税；专项调节税；海洋石油外资、合资企业的工商统一税、所得税和矿区使用费；国库券收入；国家能源交通重点建设基金；其他收入。石油部、电力部、石化总公司、有色金属总公司所属企业的产品税、营业税、增值税，以其 70% 作为中央财政固定收入。（二）地方财政固定收入：地方国营企业的所得税、调节税和承包费；集体企业所得税；农牧业税；车船使用牌照税；城市房地产税；屠宰税；牲畜交易税；集市交易税；契税；地方包干企业收入；地方经营的粮食、供销企业收入；税款滞纳金、补税罚款收入；城市维护建设税和其他收入。尚待开征的土地使用税、房产税和车船使用税，将来也列为地方财政固定收入。石油部、电力部、石化总公司、有色金属总公司所属企业的产品税、营业税、增值税，以其30％作为地方财政固定收入。（三）中央和地方财政共享收入：产品税、营业税、增值税（这三种税均不含石油部、电力部、石化总公司、有色金属总公司四个部门所属企业和铁道部以及各银行总行和保险总公司交纳的部分）；资源税；建筑税；盐税；个人所得税；国营企业奖金税；外资、合资企业的工商统一税、所得税（不含海洋石油企业交纳的部分）。

第二，中央财政支出和地方财政支出，仍按隶属关系划分：（一）中央财政支出：中央基本建设投资；中央企业的挖潜改造资金、新产品试制费和简易建筑费；地质勘探费；国防费；武装警察部队经费；人民防空经费；对外援助支出；外交支出；国家物资储备支出；以及中央级的农林水利事业费，工业、交通、商业部门事业费，文教科学卫生事业费，行政管理费和其他支出。（二）地方财政支出：地方统筹基本建设投资；地方企业的挖潜改造资金、新产品试制费和简易建筑费；支援农业支出；城市维护建设费；以及地方的农林水利事业费，工业、交通、商业部门事业费，文教科学卫生事业费，抚恤和社会救济费，行政管理费（含公安、安全、司法、检察支出）、民兵事业费和其他支出。（三）对于不宜实行包干的专项支出，如特大自然灾害救济费、特大抗旱和防汛补助费、支援经济不发达地区的发展资金、边境建设事业补助费等，由中央财政专案拨款，不列入地方财政支出包干范围。

第三，各省、自治区、直辖市都要按照此次规定划分财政收支范围，凡地方固定收入大于地方支出的，定额上解中央；地方固定收入小于地方支出的，从中央、地方共享收入中确定一个分成比例，留给地方；地方固定收入和中央、地方共享收入全部留给地方，还不足以抵拨其支出的，由中央定额补助。收入的分成比例或上解、补助的数额确定以后，一定五年不变。地方多收入可以多支出，少收入就要少支出，自求收支平衡。为了适应近两年经济体制改革中变化因素较多的情况，有利于处理中央与地方之间的关系。在

1985 年和 1986 年两年内，除了中央财政固定收入不参与分成以外，可以把地方财政固定收入和中央、地方财政共享收入加在一起，同地方财政支出挂钩，确定一个分成比例，实行总额分成。

第四，关于地方财政收支的核算方法问题。各省、自治区、直辖市的收入基数，以 1983 年决算收入数为基础，按照上述收入划分范围和利改税第二步改革后的收入转移情况，计算确定。各省、自治区的支出基数，按照 1983 年原决算收入数和现行财政体制确定的分成比例（其中补助地区应加上定额补助数额），以及某些调整因素，计算出地方应得的财力。京、津、沪三大直辖市的支出基数，按照现行"划分收支、分级包干"体制规定的地方财政支出范围，在 1983 年决算基础上调整确定。根据上述地方收支基数，计算确定地方新的收入分成比例，或上解、补助数额。

广东、福建两省继续实行财政大包干办法。当时实行的定额上解或补助数额，应根据上述收支划分范围和利改税第二步改革后的收入转移情况，进行相应的调整。

第五，为了照顾民族自治地区发展经济和各项文化教育事业的需要，对民族自治区和视同民族自治区待遇的省，按照中央财政核定的定额补助数额，在最近五年内，继续实行每年递增 10％的办法。

第六，经国务院批准实行经济体制改革综合试点的重庆、武汉、沈阳、大连、哈尔滨、西安、广州等城市，它们在国家计划中单列以后，也实行全国统一的财政管理体制。这些城市的收支范围和基数的确定，由财政部会同有关省、市共同商量。

第七，在财政体制执行过程中，由于企业、事业单位的隶属关系改变，应相应地调整地方的分成比例和上解、补助数额，或者单独进行结算。由于国家调整价格、增加职工工资和其他经济改革措施，而引起财政收支的变动，除国务院另有规定者外，一律不再调整地方的分成比例或上解、补助数额。中央各部门未经国务院批准和财政部同意，均不得对地方自行下达减收增支的措施。

第八，各省、自治区、直辖市对所属县、市的财政管理体制，由各省、自治区、直辖市人民政府根据本规定的精神，自行确定。

1985 年的财政体制改革是配合两步利改税而进行的改革。改革中引进了基数法，以保证地方财政利益的做法，并注意做到因地制宜，还考虑到经济体制改革中可能遇到的影响因素，有利于各种改革的配套协调。这次改革对省以下财政体制没有作出统一的规定，有利于地方根据各自的情况，选择最适宜的体制。

（2）1988 年的财政体制改革。

1985 年开始实行的财政体制在运行中遇到一些新问题：中央财政收入占全国财政收入的比重连续下降，中央财政赤字增加，运转困难；有些经济发展较快的地区认为上缴比例过高，不利于调动地方积极性；一些地区出现财政收入下降，收支矛盾突出。1988 年 7 月 28 日，国务院出台了《关于地方实行财政包干办法的决定》。该决定的主要内容包括：全国 39 个省、自治区、直辖市和计划单列市，除广州、西安两市财政关系仍分别与广东、陕西两省联系外，对其余 37 个地区分别实行不同形式的包干办法：第一，"收入递增包干"办法。该办法以 1987 年决算收入和地方应得的支出财力为基数，参照各地近几年的收入增长情况，确定地方收入递增率（环比）和留成、上解比例。在递增率以内的收入，按确定的留成、上解比例，实行中央与地方分成；超过递增率的收入，全部留给地方；收入达不到递增率，影响上解中央的部分，由地方用自有财力补足。第二，"总额分成"办法。该办法根据前两年的财政收支情况，核定收支基数，以地方支出占总收入的比重，确定地方的留成和上解中央比例。第三，"总额分成加增长分成"办法。该办法在上述"总额分成"办法的基础上，收入比上年增长的部分，另加分成比例，即每年以上年实际收入为基数，基数部分按总额分成比例分成，实际收入比上年增长的部分，除按总额分成比例分成外，另加增长分成比例。第四，"上解额递增包干"办法。该办法以 1987 年上解中央的收入为基数，每年按一定比例递增上缴。第五，"定额上解"办法。该办法按原来核实收支基数，收大于支的部分，确定固定的上解数额。第六，"定额补助"办法。该办法按原来核定的收支基数，支大于收的部分，实行固定数额补助。各地适用包干办法见表 4.1。

根据《关于地方实行财政包干办法的决定》，上述各省、自治区、直辖市和计划单列市的财政包干基数中，都不包括中央对地方的各种专项补助款，这部分资金在每年预算执行过程中，根据专款的用途和各地实际情况进

表 4.1　财政包干办法种类与实行的地区

财政包干办法	实　行　的　地　区	实行的地区数量
收入递增包干	北京市、河北省、辽宁省（不包括沈阳市和大连市）、沈阳市、哈尔滨市、江苏省、浙江省（不包括宁波市）、宁波市、河南省和重庆市。	10
总额分成	天津市、山西省和安徽省	3
总额分成加增长分成	大连市、青岛市和武汉市	3
上解额递增包干	广东省和湖南省	2
定额上解	上海市、山东省和黑龙江省	3
定额补助	吉林省、江西省、甘肃省、陕西省、福建省、内蒙古自治区、广西壮族自治区、西藏自治区、宁夏回族自治区、新疆维吾尔自治区、贵州省、云南省、青海省、海南省、湖北省、四川省	16

　　注：湖北省、四川省划出武汉、重庆两市后，由上解省变为补助省，其支出大于收入的差额，分别由武汉市、重庆市从其收入中上缴本省一部分，作为中央对地方的补助。

　　资料来源：《国务院关于地方实行财政包干办法的决定》（1988 年 7 月 28 日）。

行合理分配。该包干办法要求包盈和包亏都由地方自行负责。地方在预算执行中遇到的问题，除特大自然灾害可由中央适当补助外，都应由地方自己解决。该包干办法要求各地在实行财政包干办法以后，要严格执行国家对地方财政收支范围和收支项目的规定，不得任意采取减收增支措施、提高开支标准和扩大开支范围。在财政包干办法执行过程中，企业、事业单位的隶属关系改变，可在年终由中央与地方单独进行财务结算，一般不调整地方收入留成或上解比例。国家实施调整价格、增加职工工资和其他经济改革措施引起财政收支的变动，除国务院另有规定者外，一律不调整地方收入留成、上解比例及补助数额。中央各部门，未经国务院批准或财政部同意，都不得对地方自行下达减收增支措施。

　　该包干办法还规定，各省、自治区、直辖市和计划单列市所属市、县的财政管理体制，由各地人民政府根据本决定的精神和当地的情况，自行研究决定。

　　财政包干办法原定实行时间是 1988 年到 1990 年。实际上，1991—1993年除实行分税包干、分税制试点外，该办法仍得到实施。这种新体制调动了地方政府增收节支的积极性，为地方经济发展提供了有利的财政条件，也正是有了财政包干制，才有了地区间的财政竞争，地方经济活力因此得到增强。但是，财政包干制导致中央政府收入缺乏弹性，不能随经济增长而增长，影响了中央政府的宏观经济调控能力；财政包干制在一定程度上还带来了"诸侯经济"，引发地区间市场封锁，影响了全国统一市场的形成；[1]财政包干制下的政府间财政关系实际上是一种讨价还价的关系，不利于政府间关系的规范化。统一市场问题是市场化改革所必须解决的问题，社会主义市场经济体制改革目标的提出，促进了分税制财政体制改革的进行。

4.2.2　税制改革

税制改革从适应对外开放起步，税制改革在经济体制改革中的作用在改革之初就得到了重视，税制被赋予了重要任务。几经改革，中国已经形成了与社会主义市场经济基本相适应的税收制度。

1. 税制改革的起步

改革开放之初，为适应对外开放的需要，中国开始对所得税进行立法。1980 年之前，中国仅有工商所得税这一所得税税种，且已实行多年，其缺陷明显。1980 年，《中华人民共和国中外合资经营企业所得税法》颁布，同年 12 月 14 日，经国务院批准，财政部公布了《〈中外合资经营企业所得税法〉施行细则》。1981 年，《中华人民共和国外国企业所得税法》颁布，其施行细则次年 2 月 21 日由财政部公布。1980 年《中华人民共和国个人所得税法》通过。同年 12 月 14 日，经国务院批准，财政部公布了《〈个人所得税法〉施行细则》。

2. 两步利改税

利改税是改革开放之初最为重要的税制改革内容。中国税制整体推进是在两步利改税之后才开始的。利改税分两步进行：第一步，实行税利并存，在大中型企业的实现利润中，先征收所得税，对交纳所得税后的利润，采取

---

[1]　陈甫军（1994）研究了中国地区间市场封锁问题。他将市场封锁分为限制流入和限制流出两种类型，对地区间市场封锁的产生背景进行了分析，认为通过重点处理好中央和地方、地方和地方、国家与企业的关系，解决好财政体制和企业体制问题，地区间市场封锁问题就能够得到解决。

多种形式在国家和企业之间进行分配。第二步，在价格体系基本趋于合理和企业管理水平提高的基础之上，再把企业上缴利润全部用税收形式上缴。小型国有企业一步实现利改税。

（1）第一步利改税。

1979年初，部分工业企业先进行了利改税试点。试点办法全国有30余种，共同点是以企业所得税为主要税种，税率55%。1983年1月1日，中国开始推行利改税。[1]

第一步利改税方案区分了五种不同类型的企业，分别是有盈利的国营大中型企业（包括金融保险组织），有盈利的国营小型企业，营业性的宾馆、饭店、招待所和饮食服务公司，县以上供销社，军工企业、邮电企业、粮食企业、外贸企业、农牧企业和劳改企业。五种企业分别适用不同的利改税做法：第一，凡有盈利的国营大中型企业（包括金融保险组织），均根据实现的利润，按55%的税率缴纳所得税。企业缴纳所得税后的利润，一部分上缴国家，一部分按照国家核定的留利水平留给企业。上缴国家的部分，可根据企业不同情况，分别采取递增包干上缴、固定比例上缴、缴纳调节税和定额包干上缴（仅限矿山企业）。第二，凡有盈利的国营小型企业，应当根据实现的利润，按八级超额累进税率缴纳所得税。缴税以后，由企业自负盈亏，国家不再拨款。但对税后利润较多的企业，国家可以收取一定的承包费，或者按固定数额上缴一部分利润。第三，营业性的宾馆、饭店、招待所和饮食服务公司，都交纳15%的所得税，国家不再拨款。企业税后有盈有亏的，由商业主管部门调剂处理。对京、津、沪三市的饮食服务公司，商业部可从企业税后留利中适当集中一部分资金，用于补助边远、困难地区。第四，县以上供销社，以县公司或县供销社为单位，按八级超额累进税率缴纳所得税，国家不再拨款；除国家规定的个别商品外，国家也不再负担价格补贴。第五，军工企业、邮电企业、粮食企业、外贸企业、农牧企业和劳改企业，仍按原定办法执行，在条件成熟后，再实行利改税办法，少数企业经国务院或财政部、国家经委批准实行首钢利润递增包干办法的，在包干期满之前，也

[1] 1983年4月24日国务院批转财政部拟订的《关于国营企业利改税试行办法》（1983年1月1日生效）。

暂不实行利改税办法。

实行利改税后，国营企业归还各种专项贷款时，经财政部门审查同意后，可用缴纳所得税之前该贷款项目新增的利润归还；今后企业向银行申请专项贷款时，必须有 10% 至 30% 的自有资金用于贷款项目。

利改税之后，凡属国家政策允许的企业亏损，继续实行定额补贴或计划补贴等办法，超亏不补，减亏分成，一定三年不变；凡属经营管理不善造成的企业亏损，由企业主管部门责成企业限期进行整顿。在规定期限内，经财政部门审批后，适当给予亏损补贴；超过期限的，一律不再弥补。

实行利改税后，企业税后留用的利润要建立新产品试制基金、生产发展基金、后备基金、职工福利基金和职工奖励基金。前三项基金的比例不得低于留利总额的 60%，后两项基金的比例不得高于 40%，由省、直辖市、自治区人民政府根据实际情况作出规定。企业主管部门仍可从所属企业留利中集中一部分资金，用于重点技术改造、增设商业网点和建造简易建筑等开支。

利改税的实行，在保证国家利益（财政收入）的同时，企业和个人的利益也得到了强调，企业的责任也随之加强，增强了对企业和个人的激励办法，有助于经济的搞活。

（2）第二步利改税。

1984 年 9 月 18 日，国务院颁布了《国营企业第二步利改税试行办法》（1984 年 10 月 1 日生效）。第二步利改税的主要内容包括以下几方面。

第一，将工商税按照纳税对象，划分为产品税、增值税、盐税和营业税；将第一步利改税设置的所得税和调节税加以改进；增加资源税、城市维护建设税、房产税、土地使用税和车船使用税。

①产品税。对生产应纳产品税产品的国营企业，在应税产品销售后，应按照规定计算缴纳产品税。②增值税。对生产应纳增值税产品的国营企业，在应税产品销售后，应按照规定计算缴纳增值税。通过实行增值税，避免重复纳税，促进专业化协作生产的发展，适应调整生产结构的需要。③盐税。对生产、经营和进口盐的国营企业，在销售或进口盐时，应按照规定计算缴纳盐税。④营业税。对从事商业、物资供销、交通运输、建筑安装、金融保险、邮政电讯、公用事业、出版业、娱乐业、加工修理业和其他各种服务业的国营企业，在商品销售或取得营业收入后，应按照规定计算缴纳营业税。

国营商业批发环节的营业税，先在石油和五金、交电、化工行业征收；国营商业其他行业以及物资、供销、医药、文教和县以上供销社等批发环节的营业税，暂缓征收。国营建筑安装企业承包工程的收入，暂缓征收营业税。⑤资源税。对从事原油、天然气、煤炭、金属矿产品和其他非金属矿产品资源开发的国营企业，在应税产品销售后，应按照规定计算缴纳资源税。目前先对原油、天然气、煤炭征收资源税，其余的暂缓开征。对合理开发资源的矿产企业（包括小煤窑），国家需要扶植发展的，可以给予减税照顾。⑥城市维护建设税。凡缴纳产品税、增值税、营业税的国营企业，应按照规定计算缴纳城市维护建设税。⑦房产税。对拥有房产的国营企业，应按照规定计算缴纳房产税。⑧土地使用税。对使用属于国家所有土地的国营企业，应按照规定计算缴纳土地使用税。⑨车船使用税。对拥有行驶车船的国营企业，应按照规定计算缴纳车船使用税。⑩所得税。对盈利的国营大中型企业，应按照55％的固定比例税率计算缴纳所得税；对盈利的国营小型企业，应按照新的八级超额累进税率计算缴纳所得税。⑪调节税。盈利的国营大中型企业在缴纳所得税后，应按照核定的调节税税率，计算缴纳调节税。上述城市维护建设税、房产税、土地使用税和车船使用税，保留税种，暂缓开征。另外，国营企业缴纳的屠宰税、烧油特别税、农（牧）业税、建筑税以及奖金税等，仍按原有规定征收。

第二，核定调节税税率时，以企业1983年实现的利润为基数，在调整由于变动产品税、增值税、营业税税率以及开征资源税而增减的利润之后，作为核定的基期利润。基期利润扣除按55％计算的所得税和1983年合理留利后的部分，占基期利润的比例，为核定的调节税税率。

在核定国营卷烟企业的调节税税率时，企业1983年实现的利润还应加上卷烟提价收入，再扣除卷烟提价收入应纳产品税、烟叶提价补贴、名牌烟价外补贴后的余额，作为核定的基期利润。

凡与其他单位联营的企业，在核定调节税税率时，还要加上按规定从联营单位分得的利润，或减掉分给联营单位的利润，作为核定的基期利润。

核定的基期利润扣除按55％计算的所得税后，余利达不到1983年合理留利的大中型企业，不征调节税，并在一定期限内，经过批准，减征一定数额的所得税。

企业的调节税税率和上述减征的所得税，由财税部门商企业主管部门核定。各省、自治区、直辖市财税部门核定的企业调节税税率和减征的所得税，要汇总报财政部批准。

企业当年利润比核定的基期利润增长部分，减征 70％调节税。利润增长部分按定比计算，一定七年不变。对物资、供销、金融、保险企业，不实行减征 70％调节税的办法。

核定的调节税税率，自 1985 年起执行。

第三，国营小型盈利企业，按新的八级超额累进税率缴纳所得税以后，一般由企业自负盈亏，国家不再拨款。但在核定基数时，对税后利润较多的企业，国家可以收取一定数额的承包费，具体办法由各省、自治区、直辖市人民政府确定。税后不足 1983 年合理留利的，经过批准，可在一定期限内减征一定数额的所得税。

第四，营业性的宾馆、饭店、招待所和饮食服务企业，都按新的八级超额累进税率缴纳所得税。企业缴纳的所得税，比第一步利改税办法多缴的部分，由同级财政列作预算支出，拨给主管部门用于网点建设、技术改造和重点扶持。

第五，军工企业、邮电企业、民航企业、外贸企业、农牧企业和劳改企业，以及少数经批准试行上缴利润递增包干等办法的企业，暂不按本办法缴纳所得税和调节税，但应按有关规定缴纳其他各税。其利润和资金占用费的上缴以及职工福利基金、奖金的列支办法，仍按原规定执行。

第二步利改税方案对亏损企业和微利企业的补贴或减税、免税作了规定，对国营企业的职工福利基金和奖金的列支办法也作了规定（即按照《国营企业成本管理条例》及其实施细则执行）。

第二步利改税之后，国营企业在申请技措性借款时，借款项目所需资金的 10％—30％要用企业专用基金自行解决，这提高了企业的预算约束程度。在归还技措性借款和基建改扩建项目借款时，经过财政部门批准后，可在缴纳所得税之前，用借款项目投产后新增利润归还。企业用利润归还上述借款的，可提取职工福利基金和职工奖励基金。此即所谓"税前还贷"。"税前还贷"是国家让利于企业的一种行为，减轻了企业的负担。

第二步利改税之后，企业留利要用于建立新产品试制基金、生产发展基金、后备基金、职工福利基金和职工奖励基金。职工奖励基金占企业留利的比例，由财政部与各省、自治区、直辖市和企业主管部门商定，并由各地区、各部门层层核定到所属企业。企业从增长利润中留用的利润，一般应将50％用于生产发展，20％用于职工集体福利，30％用于职工奖励。

第二步利改税以后，企业主管部门仍可适当集中一部分留利，用于重点技术改造和商业网点、设施的建设，但不得用于主管部门本身的支出。企业主管部门集中的留利，可自行从企业集中，也可采用退库办法解决。

利改税的第二步改革，将国营企业原来上缴国家的财政收入分别按11个税种缴税。由第一步改革的税利并存，过渡到完全的以税代利，是中国工商税收制度一次全面性的改革。

国营企业所得税是第二步利改税的一个主要税种。国营企业所得税对国营大中型企业实行55％的固定比例税率，对小型国营企业按新八级超额累进税率征税，调整了累进的起点和级距，减轻了小型企业的所得税负担。

国营大中型企业除了要缴纳所得税外，还要缴纳调节税。调节税的税率按企业的不同情况分别核定，以换算后的1983年利润为基数，对基数部分依率计征，对增值部分继续实行减征。

利改税是国家与企业分配关系改革的一个重大突破。这一改革试图通过较为规范的税制来明确国家与企业的经济关系，从而将国营企业作为独立商品生产经营者纳入所得税纳税人的行列，为扩大企业自主权，创造企业间大体平等的竞争环境提供条件。利改税突破了对国营企业征收所得税的禁区，国家税收在国家财政体系中的地位得到进一步加强，税收成为财政收入的主要形式。但利改税方案保留了企业主管部门仍可集中部分留利的规定，企业自主性容易受到影响。利改税方案对调节税的规定，对税前还贷的规定，都有违政府与企业的市场定位。利改税对不同企业实行不同税率，特别是国营大中型企业一户一率的调节税，导致不同企业税负不同，也隐含着未来税制改革的必要性。

财政与国有经济改革是紧密联系在一起的。财政改革从对国有企业扩权让利开始。国有企业改革的每一步，都与财政有着密切联系。国有企业利润分配问题更是与财政关系密切。国有经济改革从企业改革到国有经济战略性改组，一直都伴随着相应的财政制度改革。

4.2.3　财政与国有经济改革

1. 企业基金、利润留成和拨改贷

（1）企业基金制度。

财政改革首先从对企业扩权让利开始，从 1978 年起，国家对国营企业试行企业基金制度，凡是全面完成国家下达的产量，品种，原材料、燃料、动力消耗，劳动生产率，成本，利润，流动资金占用等 8 项年度计划指标以及供货合同的工业企业，可按职工全年工资总额的 5% 提取企业基金；没有全面完成计划指标，但完成产量、品种、质量、利润 4 项指标和供货合同的工业企业，可按工资总额的 3% 提取企业基金；在完成产量、品种、质量、利润 4 项指标和供货合同前提下，其他指标每多完成 1 项按工资总额增 0.5% 的企业基金；没有完成上述 4 项指标和供货合同的，不能提出企业基金。各级企业主管部门，按其直属企业汇总计算，盈亏相抵后的利润，超过国家年度利润指标的部分，可提取超计划企业基金。企业基金可用于集体福利。1979 年 10 月，企业基金计提条件作了调整。

（2）利润留成制度。

1979 年，国家在一些扩权试点的工业企业试行了利润留成制度。根据该制度，企业利润留成的总水平，约占当年利润增长部分的 40%，国家约得 60%；企业利润留成的计算和提取，先实行全额利润留成办法，后改为技术利润留成加增长利润留成的办法。与此同时，对农垦企业和军工部门，也开始试行了财务包干办法。

（3）拨改贷。

1980 年 11 月 18 日，国务院批准《关于基本建设拨款改贷款的报告》，决定从 1981 年起，凡是实行独立核算、有还款能力的企业，都实行基建投资拨改贷。1984 年 12 月 14 日，国家计委、财政部、中国人民银行联合下达《关于国家预算内基本投资全部由拨款改为贷款的暂行规定》。拨改贷改变了财政对企业无偿拨款的形式，而以银行贷款的形式取而代之，增加了对企业的压力，对于改变企业生产经营起到了一定的促进作用。

企业基金制度、利润留成制度、拨改贷的实行，增强了国营企业的激励，提高了国营企业的积极性。在全国国营企业中普遍实行了提取企业基金的制度，并在 4 000 多户工业企业和商业系统中试行了利润留成的办法，企业得到机动财力 40 亿元。在企业收入占国家财政收入较高比例的前提下，国营企业效率的提高对扩大政府财政收入有着重要意义。

"拨改贷"的改革措施，基本上切断了国家财政对国有企业的资金供应链。从财政的角度来看，"拨改贷"改革一是因为财政困难，国家无法再负担国有企业的资金供应；二是因为国家希望通过银行有借有还的信用形式，增加国有企业的硬预算约束，提高资金的使用效率，增强国有企业的活力。但"拨改贷"只是部分实现了改革的目的，同时也带来一系列的问题，如企业的产权明晰问题，靠银行贷款和其他自筹资金而建立起来的企业还清贷款之后，这样的企业还是国有企业吗？再如国有企业的资本结构问题，从现代财务理论上看，企业的股权融资和债权融资应该有一个合理的比例，但"拨改贷"造成了众多国有企业债务负担过重的结果，不利于企业的正常生产经营。

2. 从利改税到承包制

（1）利改税的影响。

为了规范国家财政与国营企业之间的利润分配关系。中国实行了两步利改税。利改税既是税制改革，也是财政与国营企业利润关系规范化的制度改革。利改税是一种以税代利的改革，试图改变财政原先以利润上缴集中企业利润的形式，代之以企业所得税和其他税收形式。从中国的改革过程来看，旨在通过税收来规范国家与国有企业利润分配关系的目标，并没有很好实现。如今看来，利改税留下的正面影响，主要是冲破了不能对国有企业课税的禁区，使得政府有可能通过对国有企业课征所得税去调控其经济活动。利改税不能发挥有效作用的原因，一是过分夸大了税收的作用，二是具体税制设计的不合理。征税体现的是政府的社会管理者职能，而国有企业的利润分配关系所要涵盖的还包括财产所有者职能，两者不能混为一谈。利改税方案中税率设计的不合理，特别是第二步利改税，引进了一户一率的调节税，更是加重了国有企业负担，导致刚性的税制和灵活多变的市场体制的矛盾，也令国有企业与其他企业相比在市场竞争中处于不利的地位。

（2）承包制。

① 企业承包制改革的提出。

为了增强企业活力，转换企业经营机制，国家还通过财务会计制度和其他税收手段影响企业的经营。1986 年 12 月 5 日，国务院发布《关于深化企业改革增加企业活力的若干规定》，提出推行多种形式的经营承包责任制，给经营者以充分的经营自主权。

该《规定》指出：全民所有制小型企业可积极试行租赁、承包经营；各地可以选择少数有条件的全民所有制大中型企业，进行股份制试点；有些全民所有制小型商业、服务业企业，可由当地财政、银行、工商行政管理部门和企业主管部门共同核定资产，由企业主管部门进行拍卖或折股出售，允许购买者分期偿付资产价款，出售企业的收入全部上缴国家财政，由中央和企业所在城市五五分成。该《规定》还强调要进一步增强企业自我改造、自我发展的能力，采取继续减免轻纺企业和其他进行重点技术改造的大中型企业的调节税等措施；对工业企业全面实行分类折旧，对技术密集的新兴产业，经财政部会同有关部门批准，可试行加速折旧办法，上级部门集中掌握的 30％的折旧基金，要全部留给企业，原来规定免征能源交通建设基金的部分，继续免征；企业用税后留利进行生产性投资所增加的利润，按 40％的税率征收所得税等等。

该《规定》还要求改进企业的工资、奖金分配制度。在国家规定的工资总额（包括增资指标）和政策范围内，对于企业内部职工工资、奖金分配的具体形式和办法，以及调资升级的时间、对象等，由企业自主决定，国家一般不再作统一规定。为了促进企业的发展，国家决定降低奖金税税率和工资调节税。[1]

---

[1] 奖金税自 1984 年开征，其目的是为了促进国营企业推行内部经济责任制，调动企业和职工发展生产、提高经济效益的积极性，有计划地逐步提高职工的收入水平，并从宏观上控制消费基金的过快增长。凡未实行工资总额随经济效益挂钩浮动的国营企业，其发放的各种形式的奖金，都应缴纳国营企业奖金税（1985 年集体企业也要缴纳集体企业奖金税，征收办法同国营企业奖金税）。实行企业全年发放奖金总额不超过标准工资 4 个月的部分，继续免征奖金税；4 个月至 5 个月的部分，奖金税税率由现行的 30％降为百分之 20％；5 个月至 6 个月的部分，奖金税税率由 100％降为 50％；6 个月至 7 个月的部分，奖金税税率由 300％降为 100％；7 个月以上的部分，奖金税税率定为 200％。工资调节税自 1985 年开征，其性质和开征目的与奖金税相同，不同的是纳税企业。凡按照国务院关于国营企业工资制度改革的规定，实行工资总额随经济效益挂钩浮动的国营企业，都应缴纳国营企业工资调节税。试行工资总额同上缴利税挂钩的企业，工资增长率为 7％至 13％的部分，工资调节税税率由 30％降为 20％；增长率为 13％以上至 20％的部分，工资调节税税率由 100％降为 50％；增长率为 20％以上至 27％的部分，工资调节税税率由 300％降为 100％；增长率为 27％以上的部分，工资调节税税率定为 200％。

②《全民所有制工业企业承包经营责任制暂行条例》的颁布实施。

1988 年 2 月 27 日，国务院发布《全民所有制工业企业承包经营责任制暂行条例》。该条例于当年 3 月 1 日起施行。推行承包经营责任制的目的是要按照所有权与经营权分离的原则，以承包经营合同形式，确定国家与企业的责权利关系，使企业做到自主经营、自负盈亏。实行承包经营责任制，按照包死基数、确保上缴、超收多留、欠收自补的原则，确定国家与企业的分配关系。

承包经营责任制的主要内容是：包上缴国家利润，包完成技术改造任务，实行工资总额与经济效益挂钩。在上述主要内容的基础上，不同企业可以根据实际情况确定其他承包内容。承包上缴国家利润的形式有：上缴利润递增包干；上缴利润基数包干，超收分成；微利企业上缴利润定额包干；亏损企业减亏（或补贴）包干；国家批准的其他形式。上缴利润基数一般以上年上缴的利润额（实行第二步利改税的企业，是指依法缴纳的所得税、调节税部分）为准。受客观因素影响，利润变化较大的企业，可以承包前两至三年上缴利润的平均数为基数。确定上缴利润基数时，可参照本地区、本行业平均资金利润率进行适当调整。上缴利润递增率或超收分成比例，根据企业的生产增长潜力并适当考虑企业的技术改造任务确定。

实行承包经营责任制的企业，试行资金分账制度，划分国家资金和企业资金，分别列账。承包前企业占用的全部固定资产和流动资金，列为国家资金。承包期间的留利，以及用留利投入形成的固定资产和补充的流动资金，列为企业资金。承包期间利用贷款形成的固定资产，用留利还贷的，划入企业资金；税前还贷的，按承包前国家与企业的利润分配比例，折算成国家资金和企业资金。承包期间所提取的固定资产折旧基金，按固定资产中国家资金和企业资金的比例，分别列为国家资金和企业资金。企业资金属全民所有制性质。国家资金和企业资金分列，扩大了企业财务自主权。

③《全民所有制工业企业转换经营机制条例》的发布实施。

1988 年通过的《中华人民共和国全民所有制工业企业法》对全民所有制工业企业（简称企业）的权利和义务作了规定，明确了全民所有制工业企业是依法自主经营、自负盈亏、独立核算的社会主义商品生产的经营单位，并指出企业可以采取承包、租赁等经营责任制形式。

1992 年 7 月 23 日，为了推动全民所有制工业企业（以下简称企业）进入市场，增强企业活力，提高企业经济效益，根据《中华人民共和国全民所有制工业企业法》（以下简称《企业法》），国务院发布了《全民所有制工业企业转换经营机制条例》。根据该《条例》，企业转换经营机制的目标是：使企业适应市场的要求，成为依法自主经营、自负盈亏、自我发展、自我约束的商品生产和经营单位，成为独立享有民事权利和承担民事义务的企业法人。该《条例》要求继续坚持和完善企业承包经营责任制；逐步试行税利分流，统一所得税率，免除企业税后负担，实行税后还贷；创造条件，试行股份制。

该《条例》规定，企业在保证实现企业财产保值、增值的前提下，有权自主确定税后留用利润中各项基金的比例和用途，企业有权拒绝任何部门和单位无偿调拨企业留用资金或者强令企业以折旧费、大修理费补交上缴利润。

该《条例》还强调了企业必须遵守国家财务与会计制度，准确核算成本，足额提取折旧费、大修理费和补充流动资金。

该《条例》要求政府运用包括税率手段在内的经济杠杆和价格政策，调控和引导企业行为；要建立和完善适应商品经济发展的企业劳动人事工资制度、财务制度、成本制度、会计制度、折旧制度、收益分配制度和税收征管制度，制定考核企业的经济指标体系，逐步将企业职工的全部工资性收入纳入成本管理；政府还应当采取措施建立和完善社会保障体系。

国有企业承包制改革是在利改税之后推出的。承包制改革是在农村联产承包责任制取得成功之后推出的改革，其目的在于借鉴农村改革的经验，帮助国有企业走出改革困境。但是，许多地方推出的国有企业承包制往往是税利一起承包。这样，税收不像是税收，国家与国有企业之间的税收征纳关系只是留下形式化的规范关系。同时，承包制还有短期效应，难以保证国有企业的持续发展。中央政府虽多次禁止包税，但各地将企业应缴的全部税金统统包死的做法没有改变，而且在企业亏损时，挤占国家税收的情况很普遍。

4.2.4 政府预算改革

政府预算是政府的基本收支计划，反映政府的所有经济活动，是财政制度的重要组成部分。

1. 政府预算改革的起步

1979 年，中国正式恢复编制并向全国人民代表大会提交国家预算报告，由人代会审议批准后执行的做法。1979 年 6 月 21 日，时任财政部部长张劲夫在人大五届二次会议上作《关于 1978 年国家决算和 1979 年国家预算草案的报告》。1980 年 8 月 30 日，时任财政部部长王丙乾在全国人大五届三次会议上作《关于 1979 年国家决算、1980 年国家预算草案和 1981 年国家概算的报告》。从此，国家预算的编制逐渐制度化和年度化。

2.《国家预算管理条例》

1951 年政务院发布了《预算决算暂行条例》，对预算的基本原则、预算的编制及核定、预算的执行、决算的编造及审定等作了规定。此暂行条例一直沿用了 40 年，有诸多和现实不相适应之处。1991 年，为了加强国家预算管理，强化国家预算的分配、调控和监督职能，促进经济和社会的稳定发展，国务院发布了《国家预算管理条例》（以下简称《条例》），并于 1992 年 1 月 1 日起施行。各级人民政府和实行预算管理的各部门、各单位（包括国家机关、社会团体、全民所有制企业事业单位等，下同），都要遵守该《条例》。《条例》规定，国家预算管理，实行统一领导、分级管理、权责结合的原则；国家预算应当做到收支平衡；国家设立中央、省（自治区、直辖市）、设区的市（自治州）、县（自治县、不设区的市、市辖区、旗）、乡（民族乡、镇）五级预算。《条例》规定国家预算由中央预算和地方预算组成，中央预算由中央各部门（含直属单位，下同）的预算组成，地方预算由各省、自治区、直辖市总预算组成。

《条例》对预算编制作了具体规定。各级人民政府、各部门、各单位应当在每一预算年度之前按照规定编制预算草案，这与预算本义相符。《条例》规定，国家预算按照复式预算编制，分为经常性预算和建设性预算两部分。复式预算是相对于单一预算而言的。在国家财政收支结构比较单一的时候，所有的财政收支可以通过一个预算来反映。随着政府职能的扩大，财政收支变得相对复杂，将不同性质的财政收支分别在两个或两个以上的预算中予以反映，就形成了复式预算。《条例》要求经常性预算和建设性预算应当保持合理的比例和结构，而且经常性预算不列赤字。中央建设性预算的部分资金，可以通过举借国内和国外债务的方式筹措，但是借债应当有合理的规模和结构；地方建设性预算按照收支平衡的原则编制。

《条例》规定，各级预算收入的编制，应当坚持积极可靠、稳定增长的原则；按照规定必须列入预算的收入，不得隐瞒、虚列，不得将上年的一次性收入作为编制预算收入的依据。

《条例》规定，各级预算支出的编制，应当坚持量入为出、确保重点、统筹兼顾、留有后备的原则；在保证经常性支出合理需要的前提下，安排建设性支出。

《条例》规定各级政府预算应当按照本级政府预算支出额的1%至4%设置预备费，用于解决当年预算执行中难以预料的特殊开支；各级政府预算应当设置一定数额的预算周转金。

《条例》规定地方各级政府预算的上年结余款项，应当视同下年的预算收入，用于上年结转支出和补充预算周转金，尚有余额的，可以用于下年必需的预算支出。

《条例》对地方预算草案和中央预算草案的审查和批准作了规定。地方各级财政部门根据本级人民政府的指示和上级财政部门的部署，具体布置本级各部门和下级财政部门编制预算草案，并负责汇总编制本级总预算草案，由本级人民政府审定后，提请本级人民代表大会审查和批准。财政部将中央预算草案和地方预算草案汇编成国家预算草案，由国务院审定后，提请全国人民代表大会审查和批准。

3. 预算外资金管理

预算外资金早在建国之初就已存在。在整个计划经济时代预算外资金规模不大。相对于统收统支的财政体制而言，预算外资金调动了地方、部门、企事业单位的积极性。改革开放初期，以放权让利为特征的财政体制直接导致预算外资金规模的扩大。预算外收入1978年为347.11亿元，1979年达到452.85亿元，1980年为557.40亿元，1981年为601.07亿元，1982年达到802.74亿元，1983年为967.68亿元（楼继伟，2000：206）。预算外收入中国有企业和主管部门收入所占比重最大，也是增长最多的。1978年国有企业和主管部门收入仅为252.61亿元，1983年达到804.01亿元（楼继伟，2000：208）。预算外资金规模的扩大，直接影响到当时的计划调控。预算外

资金用于基本建设，影响到财政信贷资金的综合平衡。1983 年 2 月 28 日
《财政部关于颁发〈预算外资金管理试行办法〉的通知》发出，要求加强预
算外资金管理，搞好财政信贷综合平衡，提高经济效益。

《预算外资金管理试行办法》规定：预算外资金是指根据国家财政制度、
财务制度规定，不纳入国家预算，由各地方、各部门、各企事业单位自收自
支的财政资金。预算外资金包括：地方财政部门管理的各项附加收入和集中
的各项资金；地方和事业单位管理的不纳入预算的资金；国营企业及其主管
部门管理的各种专项资金；地方和中央主管部门所属的不纳入预算的企业收
入。在明确预算外资金口径的基础之上，财政部要求对未经国务院、财政部
批准，由各地自行设定的预算外资金项目，进行一次性清理整顿，同时加强
预算外资金收支计划管理，要管好用好预算外资金，特别是要控制预算外资
金用于基本建设。1983 年，国家还将一定数量的预算外资金，通过征集国
家能源交通重点建设基金的渠道又转化为国家预算收入。[1]

虽然国家采取了加强预算外资金管理的措施，但是，预算外资金仍然以
较快的速度递增，到 1986 年，其规模已达 1 737.31 亿元（楼继伟，2000：
206）。预算外资金增长很快，对促进经济和社会发展发挥了积极作用，但
是，预算外资金管理也存在一些问题：一是有些单位巧立名目乱收费，化预
算内收入为预算外收入，有的甚至将这笔资金变成单位的"小钱柜"；二是
有些地方、部门和单位用预算外资金乱上计划外项目，盲目扩大固定资产投
资规模；三是有些专项资金没有完全用于规定用途，如挪用生产发展基金发
放奖金、实物和搞福利等。预算外资金管理中出现的问题是固定资产投资规
模和消费基金膨胀的一个重要原因。为此，1986 年国务院发出《关于加强
预算外资金管理的通知》，要求切实加强对预算外资金的管理，搞好社会财
力的综合平衡，更好地发挥其在国民经济建设中的作用。同时，国务院对预
算外资金的口径作了重新界定。预算外资金是由各地区、各部门、各单位根
据国家有关规定，自行提取、自行使用的不纳入国家预算的资金。这项资金
包括地方财政部门按国家规定管理的各项附加收入等；事业、行政单位自收

---

[1] 1989 年国家开始对预算外资金征收预算调节基金。1994 年财税改革时，取消了预算
调节基金和能源交通重点建设基金。

自支的不纳入国家预算的资金；国营企业及其主管部门管理的各种专项资金；地方和中央主管部门所属的预算外企业收入；其他按照国家规定不纳入预算的各种收入。

国家虽然一直在加强预算外资金管理，但是，预算外资金规模扩大的势头并没有得到遏制。1992 年，预算外资金规模达到 3 854.92 亿元。预算外资金规模的扩大有一定的合理性，规模庞大的预算外资金中很大一部分是国有企业和主管部门收入，1992 年，这一类预算外资金收入达到 2 878.59 亿元，占全部预算外资金收入的 74.67％（楼继伟，2000：208）。将国有企业和主管部门收入视为预算外资金，与企业改革将企业视为自主经营、自负盈亏的主体存在矛盾。1993 年，随着《企业财务通则》和《企业会计准则》的推行，再将国有企业和主管部门收入视为预算外资金就显得不太合适。因此，对预算外资金管理办法需要作适当的调整。

4.3　社会主义市场经济条件下的财税改革

4.3.1　财政体制改革

1. 1994 年的分税制财政体制改革

1993 年 12 月 15 日，国务院发布《关于实行分税制财政管理体制的决定》，并于 1994 年开始实施。据此，财政体制进行了重大调整，全国统一实行分税制的财政体制。[1]分税制的原则和主要内容是："按照中央与地方政府的事权划分，合理确定各级财政的支出范围；根据事权与财权相结合的原则，将税种统一划分为中央税、地方税和中央地方共享税，并建立中央税收和地方税收体系，分设中央和地方两套税务机构分别征管；科学核定地方收支数额，逐步实行比较规范的中央财政对地方的税收返还和转移支付制度；建立和健全分级预算制度，硬化各级预算约束。"[2]此次改革的主要内容

---

[1]　1994 年通过的《中华人民共和国预算法》也明确规定国家实行分税制。详见本书 4.5.2。

[2]　《国务院关于实行分税制财政管理体制的决定》[国发（1993）85 号文]。

如下：

（1）中央和地方事权及支出的划分。

根据中央政府和地方政府事权的划分，中央财政主要负责国家安全、外交、中央国家机关的运转，调整国民经济结构，协调地区发展，实施宏观调控以及由中央直接管理的事业发展等事务所需支出；地方财政主要负责本地区政权机关运转及本地区经济及事业发展所需支出。

按照事权的划分，相应地，中央政府支出包括国防费、武警经费、外交和援外支出，中央级行政管理费、中央统管的基本建设投资，中央直属企业的技术改造和新产品试制费，地质勘探费、由中央财政安排的支农支出，由中央负担的国内外债务的还本付息支出以及中央本级负担的公检法支出和文化、教育、卫生、科学等各项事业费支出。地方政府的支出为地方行政管理费、公检法支出、部分武警经费、民兵事业费、地方统筹的基本建设投资、地方企业的技术改造和新产品试制费、支农支出、城市维护和建设经费、地方文化、教育、卫生等各项事业费、价格补贴支出以及其他支出。

（2）中央和地方收入的划分。

本次改革，将维护国家权益、实施宏观调控所必需的税种划为中央税；将同经济发展直接相关的主要税种划为中央与地方共享税；将适合地方征管的税种划为地方税，并充实地方税税种，增加地方税收入。

根据改革方案，中央固定收入包括：关税，海关代征消费税和增值税，消费税，中央企业所得税，地方银行和外资银行及非银行金融企业所得税，铁道部门、各银行总行、各保险总公司等集中交纳的收入（包括营业税、所得税、利润和城市维护建设税），中央企业上缴的利润及外贸企业出口退税等。

地方固定收入包括营业税（不含铁道部门、各银行总行、各保险总公司集中交纳的营业税），地方企业所得税（不含上述地方银行和外资银行及非银行金融企业所得税），地方企业上缴利润，个人所得税，城镇土地使用税，固定资产投资方向调节税，城市维护建设税（不含铁道部门、各银行总行、各保险总公司集中交纳的部分），房产税，车船使用税，印花税，屠宰税，农牧业税，农林特产税，耕地占用税，契税，遗产和赠予税，土地增值税，国有土地有偿使用收入等。

中央、地方共享收入包括增值税、资源税、证券交易税。增值税中央分享 75％，地方分享 25％。资源税按不同的资源品种划分，大部分资源税作为地方收入，海洋石油资源税作为中央收入。证券交易印花税，中央与地方各分享 50％。

1994 年开始分设中央与地方两套税务机构，中央税、共享税及地方税的立法权集中在中央。税收实行分级管理，中央税和共享税由中央税务机构负责征收，共享税中地方分享的部分，由中央税务机构直接划入地方金库，地方税由地方税务机构负责征收。

（3）转移支付体系。

1994 年开始形成的政府转移支付体系是由体制补助与体制上解、中央对地方的税收返还、中央对地方财政的专项补助以及中央与地方财政年终结算补助、其他补助等几种形式构成的。

实行分税制后，财政包干制下实行的体制补助、体制上解、专项补助、专项上解、结算补助及其他补助得到基本保留。同时，增加了中央对地方的税收返还。

税收返还是为了保证地方的既得利益，中央把在 1993 年按新体制计算的净增加的收入全部返还给地方。其基本办法是先核算中央对地方的税收返还基数。1994 年以后，税收返还在此基数上逐年递增，递增率按增值税和消费税的平均增长率的 1∶0.3 系数确定。如果中央净上划收入达不到 1993 年的基数，则相应扣减税收返还数额。

分税制后对原体制中央补助、地方上解以及有关结算事项也作出相应规定。实行分税制以后，原体制中央对地方的补助继续按规定补助。原体制地方上解仍按不同类型执行：实行递增上解的地区，按规定继续递增上解；实行定额上解的地区，按原确定的上解额，继续定额上解；实行总额分成的地区和原分税制试点地区，暂按递增上解办法。原来中央拨给地方的各项专款，该下拨的继续下拨。地方 1993 年承担的 20％部分出口退税及其他年度结算的上解和补助项目相抵后，确定一个数额，作为一般上解或一般补助处理，以后年度按此定额结算。

对于省以下财政体制，1994 年的改革方案规定由各省、自治区以及计划单列市人民政府根据《国务院关于实行分税制财政管理体制的决定》制定所属市、县的财政管理体制，但没有作出统一的规定。

1994 年的财政体制改革适应了市场经济的要求，也注意采取国有企业利润分配制度改革、税收管理体制改革（分设国地税两套征管机构）、改进预算编制办法、国库体系改革等一系列配套改革措施，使得分税制改革方案更具可操作性。1994 年的分税制改革不是采取毕其功于一役的做法，而是选择了能减少改革阻力的尊重地方既得利益的做法。在改革过程中，中央政府采取了和地方政府（主要是利益受损的发达地区政府）进行协商的办法，一一进行沟通，使得最终通过的改革方案更容易得到执行。中央政府对于税收返还基数的确定的让步[1]，表明改革方案的确定更具有灵活性。与财政包干制相比较，1994 年开始实行的分税制在事权和支出的划分上更符合公共财政原则。这次改革基本上确立起市场经济所需要的政府间财政关系的基本框架。分税制财政体制改革促进了地区间财力的均等化，有利于保证各地最低公共服务水平。

2. 1994—2013 年的财政体制改革

（1）财政转移支付制度。

1994 年的财政转移支付是在承认既得利益的基础之上确定的，显得不够规范。1995 年《过渡期转移支付办法》出台，旨在不触动地方既得利益的条件下，通过增量改革的方式，由中央财政安排一部分资金，按照相对规范的办法，解决地方财政运行中的主要矛盾，并体现向民族地区倾斜的政策。过渡期转移支付是按照影响财政支出的因素，核定各地的标准支出数额，并考虑财力水平与收入努力程度，计算各地的财力缺口，作为确定转移支付的依据。标准支出的核定，主要采用分类因素计算的方法，将财政支出分为人员经费、公用经费、专项支出和其他支出四个部分，根据不同类别财政支出的特点、影响因素和相关制度状况，分别采用不同的办法。凡是国家明确规定支出标准和开支范围的，一律按国家制度的有关规定核定各地的标准支出；对国家没有颁布支出标准的项目，运用多元回归方法，建立标准支出模型。为了既贯彻公正、规范的原则，同时又能将有限的财力首先用于解

---

[1]　1994 年改革方案最初是以 1992 年的数字作为基数的，但为了获得发达地区对改革的支持，中央政府最终确定以 1993 年的数字作为基数。

决最紧迫的问题，还针对民族地区的财力状况，建立了对民族地区的政策性转移支付。

1996 年和 1997 年，《过渡期转移支付办法》进一步规范化。中国改进了客观性转移支付的计算办法，以"标准收入"替代"财力"因素。标准收入的测算方法尽可能向"经济税基×平均有效税率"的规范做法靠近。1998年，在保持过渡期转移支付办法总体框架的情况下，标准化收支的测算面进一步扩大，并针对财政数据口径的变化，对部分项目的测算方法进行了改进，标准收支测算结构日趋合理（项怀诚，1999：50—52）。但必须指出的是，转移支付办法的改进所起的作用是有限的，因为它是在不放弃基本的"基数法"前提下进行的。

2002 年开始，原来的过渡期转移支付概念不再沿用，为"一般性转移支付"所取代。一般性转移支付所针对的是转移支付增量部分，没有从根本上改变财政转移支付制度的非规范性。但随着现实中，中央政府将因制度调整的新增收入用于补助中西部地区和财政困难地区的举措经常化，财政转移支付制度的规范化程度正在逐步得到提高。

此外，与各种改革措施相配套以及服务于特殊政策目标的专项转移支付制度也在发挥作用，并在不断地完善当中。

（2）税收分享改革。

① 所得税分享改革。

在收入的划分上主要是进行了所得税分享改革。1999 年 11 月 1 日起对储蓄存款利息所得开征税率为 20％的个人所得税（2007 年 8 月 15 日起，储蓄存款利息所得的个人所得税税率下调为 5％），所得收入作为中央固定财政收入。从 2002 年开始，除铁路运输、国家邮政、中国工商银行、中国农业银行、中国银行、中国建设银行、国家开发银行、中国农业发展银行、中国进出口银行以及海洋石油天然气企业外，对其他企业所得税和个人所得税收入实行中央与地方按比例分享。中央保证各地区 2001 年地方实际的所得税收入基数，实施增量分成。企业所得税和个人所得税成为分成式共享税。2002 年，所得税收入中央与地方各分享 50％；2003 年之后，中央分享 60％，地方分享 40％。按照企业行政隶属关系划分企业所得税带来的弊端随着所得税分享改革也逐渐减少。

② 出口退税中央和地方负担比例的调整。

出口退税本是中央的职责，从 2003 年开始，中央进口环节增值税、消费税收入增量首先用于出口退税。从 2004 年起，以 2003 年出口退税实退指标为基数，对超基数部分的应退税额，由中央和地方按 75：25 的比例分担。2005 年出口退税中央和地方分担比例改为 92.5：7.5。地方负担部分出口退税，减轻了中央财政的负担。

③ 证券交易印花税中央和地方分享比例的调整。

这一比例现已从 1994 年中央和地方（上海市和深圳市）各分享 50% 调整为现在的中央分享 97%，地方分享 3%。证券交易印花税收入的税源从根本上说，来自全国各地，这种调整无疑是合理的，也增加了中央财政的调控能力。

（3）省以下财政体制改革。

1994 年中国对省以下财政体制建设没有统一的规定。各地根据当地的情况，设计适合本地特点的财政体制。这种做法有利于多种财政体制之间的竞争，最终有助于适合中国特点的省以下财政体制的设计。

财政体制的“省直管县”和“乡财县管”改革也在积极的探索之中。这种改革突破了一级政府一级财政的做法，对于减少财政级次，推进财政体制的扁平化，提高财政体制效率，有着积极意义。

4.3.2 税制改革

1. 1994 年税制改革[1]

（1）目标。

1984 年第二步利改税和工商税制（不包括关税和农业税收）改革之后，形成了中国工商税制的基本框架。1985—1993 年，中国又进行了小范围的税制改革。1991 年，随着《中华人民共和国外商投资企业和外国企业所得税法》的颁布实施，外资企业所得税制实现了统一。截至 1993 年，中国的工商税制以流转税和所得税为主体税种，其他辅助税种相配合，共有 32 个

---

[1] 1994 年工商税制改革的主要内容根据国家税务总局的《工商税制改革实施方案》（1993 年 12 月 11 日）。

税种，是一个多税种、多环节、多层次课征的复合税制。这样的工商税制打破了计划经济条件下统收统支的分配格局，强化了税收的财政原则与经济原则，税收在财政收入中的地位得到进一步的加强，税收在经济调节中的作用越来越重要，基本上适应了有计划的商品经济发展的需要。

但是，随着社会主义市场经济体制改革目标的确立，税制与市场经济之间的冲突就表现得更为突出：第一，企业间税负不均，影响公平竞争环境的形成。市场经济条件下的竞争应该是在同一起跑线上的竞争，但企业所得税根据不同所有制分别设置税种，税率不一，优惠各异。不仅内外资企业之间税负差别大，而且内资企业之间税负也各不相同。流转税税制设计不尽合理，内外资适用两套税制，影响公平竞争；流转税税率高低不一，存在重复征税问题，影响社会分工和专业化合作的进行。第二，企业税负偏高，再加上企业实际上还承担着向地方政府和主管部门上缴多种管理费、各种基金和提留，企业总体负担较重，影响了企业的自生能力。第三，不能适应彻底实行分税制的需要。第四，市场经济发展中出现的一些新情况，如生产要素全面进入市场，需要税收调节。土地市场和资金市场等的税收调控就是突出问题。税收征管上存在的一些问题，需要通过税制改革予以解决。

1994 年工商税制改革的目标可以概括为以下四个方面：第一，保证财政收入。通过税制改革，逐步提高税收收入占 GDP 的比重。在税制改革的基础之上，合理划分税种和确定税率，合理确定中央财政收入和地方财政收入的分配比例。提高国家的财政能力，特别是中央政府的财政能力，有利于加强宏观调控。第二，提高经济效率。通过统一企业所得税和完善流转税，使各类企业之间的税负大体公平。税制在实现产业政策目标上也要发挥作用。第三，促进公平。税制应该在调节个人收入差距和缩小地区差距上发挥作用。第四，简化和规范税制。取消与经济发展不相适应的税种，合并那些重复设置的税种，开征一些确有必要开征的税种，实现税制的简化和高效；在处理分配关系的问题上，要重视参照国际惯例，尽量采用较为规范的税制。

（2）所得税制改革。

① 企业所得税。

企业所得税改革的目标是：调整和规范国家与企业的分配关系，促进企业经营机制的转换，实现公平竞争。企业所得税改革的主要内容是：1994年1月1日起统一内资企业所得税，下一步再统一内外资企业所得税；内资企业所得税实行33％的比例税率；用税法规范企业所得税前的列支项目和标准，改变目前应纳税所得额的确定从属于企业财务制度的状况，稳定和拓宽税基，硬化企业所得税；取消"国营企业调节税"和向国有企业征收国家能源交通重点建设基金和国家预算调节基金；建立新的规范化的企业还贷制度（即税后还贷制度）；改变承包企业所得税的做法。

②　个人所得税。

1994年1月1日开始施行新的《中华人民共和国个人所得税法》。个人所得税改革的基本原则是调节个人收入差距，缓解社会分配不公的矛盾。为此，个人所得税主要对收入较高者征收，对中低收入者少征或不征。

个人所得税改革的主要内容是：统一原个人所得税、个人收入调节税、城乡个体工商业户所得税；统一个人所得税的费用扣除标准，按照对基本生活费用不征税的国际惯例，将"工资、薪金所得"的月扣除额定为人民币800元，另对外籍人员规定附加减除标准；调整应税项目，增加了个体工商业户的生产经营所得、财产转让所得和偶然所得；实行分类所得税制，根据我国实际，参照发展中国家和周边国家的情况，确定个人所得税的税率。其中，工资、薪金所得适用5％至45％的超额累进税率，个体工商业户的生产经营所得和对企事业单位的承包经营、承租经营所得适用5％到35％的超额累进税率，税负水平与企业所得税大体相同；稿酬所得适用20％的比例税率，并按应纳税额减征30％；劳务报酬所得，特许权使用费所得，利息、股息、红利所得，财产租赁所得，财产转让所得，偶然所得和其他所得，适用比例税率，税率为20％。

（3）流转税制改革。

原流转税制包括产品税、增值税和营业税三个税种，改革后的流转税制由增值税、消费税和营业税组成。在工业生产领域和批发零售商业普遍征收增值税，对少量消费品征收消费税，对不实行增值税的劳务和不动产销售征收营业税。

新的流转税制统一适用于内资企业、外商投资企业和外国企业（以下简称外资企业），取消对外资企业征收的工商统一税。原来征收产品税的农、林、牧、水产品，改为征收农业特产税和屠宰税。

流转税的改革体现公平、中性、透明、普遍的原则，总体税收负担将基本保持原有水平。

① 增值税。

对商品的生产、批发、零售和进口全面实行增值税，对绝大部分劳务和不动产销售暂不实行增值税。增值税是价外税。增值税税率采取基本税率再加一档低税率和零税率的模式。按照基本保持原税负的原则，并考虑到实行价外税后税基缩小的因素，增值税的基本税率为 17％；低税率为 13％，低税率的适用范围包括基本食品和农业生产资料等，出口商品一般适用零税率。实行根据发票注明税金进行税款抵扣的制度。增值税区分一般纳税人和小规模纳税人，小规模纳税人实行按销售收入全额及规定的征收率计征增值税的简便办法。

② 消费税。

为了保证国家财政收入，体现基本保持原税负的原则，同时考虑对一些消费品进行特殊调节，选择少数消费品在征收增值税的基础上再征收消费税。消费税的征收品目有 11 个，主要包括烟、酒、化妆品、贵重首饰、摩托车、小汽车、汽油、柴油等。消费税采用从量定额和从价定率两种征收办法。

③ 营业税。

改革后营业税的征税范围包括提供劳务、转让无形资产和销售不动产。交通运输业、建筑业、邮电通讯业、文化体育业等，税率为 3％；金融保险业、服务业、转让无形资产、销售不动产等，税率为 5％；娱乐业的税率为 5％至 20％。

1994 年工商税制改革统一了内外资的流转税制。取消工商统一税，对外资企业统一实行增值税、消费税、营业税。部分原有外资企业税收负担提高，凡按改革后税制计算缴纳的税款比改革前增加的部分，经主税务机关审核后，采取年终一次或全年分次返还的办法。照顾时间以合同期为限，但最长不得超过 1998 年。

（4）其他税制改革。

其他税种的改革包括：扩大资源税的征税范围；开征土地增值税；将对

股票交易征收的印花税改为证券交易税；开征城乡维护建设税；适当提高土地使用税的税额，扩大征收范围，适当下放管理权限。

1994年工商税制改革还对其他一些税种作了调整。一是取消集市交易税、牲畜交易税、烧油特别税、奖金税和工资调节税；二是将特别消费税并入起特殊调节作用的消费税，盐税并入资源税；三是取消对外资企业、外籍人员征收的城市房地产税和车船使用牌照税，统一实行房产税和车船使用税，并将现在偏低的税率和税额适当调高；四是将屠宰税、筵席税下放给地方；五是开征遗产税。

根据改革方案，改革后中国工商税制中的税种将由32个减少到18个，税制结构趋于合理，并初步实现高效和简化。

这次税制改革还对税收征管制度的改革作了规定，主要内容是：普遍建立纳税申报制度；积极推行税务代理制度；加速推进税收征管计算机化的进程；建立严格的税务稽查制度；适应实行分税制的需要，组建中央和地方两套税务机构；确立适应社会主义市场经济需要的税收基本规范，依法征纳税收；中央税和全国统一实行的地方税立法权集中在中央；加强税收法制建设等等。根据方案预期，上述措施实施后，中国税务行政管理将形成法规、征收、稽查和复议诉讼四条线并重，相互协调制约的新格局。

受各种因素影响，1994年工商税制改革方案中的部分措施没有到位，如证券交易税、城乡维护建设税和遗产税的开征至今尚未实施。但就整体而言，1994年工商税制改革是建国以来规模最大、范围最广泛、内容最深刻的一次税制改革，基本上确立了与社会主义市场经济体制相适应的税制框架。

2. 1994年以来的中国税制改革

（1）所得税制改革。

① 统一内外资企业所得税制。

1994年，中国统一了内资企业所得税制，进入了内外资企业所得税制分立的时代。2007年，《中华人民共和国企业所得税法》通过，统一的新企业所得税制在2008年开始实施。

新企业所得税制下，企业不分内外资，适用同一套税制，税率统一为25%，内资企业获得了与外资企业公平竞争、共同发展的机会，与市场经济的要求是一致的。新税制统一了税前扣除标准。对内资企业而言，在工资费用扣除上，以前只能相应扣除计税工资部分，而现在执行和外资企业相同的标准，只要是企业发生的合理的工资薪金支出，便可以全额扣除，其他的如职工福利费、工会经费、职工教育经费也实行税前扣除，减轻了企业的纳税负担。新企业所得税制堵住了一些税制漏洞，业务招待费支出按照 60％扣除，且最高不得超过当年销售（营业）收入的 5％；对特别纳税调整方面也作了许多具体规定，企业所面临的税收环境将更加平等。新企业所得税制不是简单的内资企业所得税制向外资企业所得税制靠拢，而是考虑了中国进入改革开放新阶段的具体国情。新企业所得税制鼓励企业的自主创新，符合条件的高新企业适用优惠税率；企业的研究开发费用在据实扣除的基础之上，再加计扣除 50％；因技术进步可缩短折旧年限或选择加速折旧的方法。此外，与之前的所得税优惠政策相比，新企业所得税制更注重产业政策目标的实现，强调与产业政策、技术经济政策相配合，鼓励农、林、牧、渔业，节能环保产业和自主创新企业的发展。新企业所得税制还对小型微利企业实施优惠政策，扩大了小型微利企业的优惠范围，大幅度提高了优惠力度，为小企业的发展创造了更加有利的外部环境，增强其竞争力。对小型微利企业的税收优惠不仅有利于促进就业，而且体现了国家鼓励创业投资的政策导向。新企业所得税制同样考虑了统一税制之后对外资企业的影响，并采取了一些配套过渡措施。这样的税制加上中国经济的发展前景和市场环境，外资不会因新税制而却步，不会因为税率的调整而改变投资。从长远来看，新税法的实施有利于中国引进外资结构的转变和引进外资的质量和水平的提高。

② 个人所得税制改革。

1994 年税制改革之后，个人所得税制没有发生根本性的改革，只是根据生活费用上涨和宏观调控的需要对税制作了适当的调整，同时加强了税收征管工作。

个人所得税制比较重要的改革主要有：（1）提高工资薪金所得费用扣除标准。2006 年 1 月 1 日起，该标准从 800 元调高至 1 600 元，2008 年 3 月 1 日起，再次调高至 2 000 元。工资薪金所得费用扣除标准确定的主要依据是个人的基本生活费。两次调高都是应对个人基本生活费用增加的举措。（2）对储蓄存款利息所得征收个人所得税。自 1999 年 11 月 1 起，对个人储蓄存款利息所得征收 20％的所得税；2007 年 8 月 15 日，税率下调为 5％。对储蓄存款利息所得征税的初衷是通过征税，促进居民消费。随着宏观经济状况的变化，税率相应作了调整。2008 年 10 月 9 日起，储蓄存款利息所得暂免征收个人所得税。（3）开展个人自行纳税申报工作。2007 年首次要求 2006 年所得在 12 万元以上的个人自行纳税申报。个人自行申报纳税有利于加强税收征管，对纳税人来说，税制会更加公平。（4）其他调整。承包承租经营所得必要费用扣除额调整为 2 000 元，外籍人员等纳税人的附加减除费用调整为每人每月 2 800 元。此两项调整主要是和工资薪金所得费用扣除标准调整配套实施的。

（2）流转税制改革。

① 增值税转型试点。

出于对财政收入下降的担心，1994 年税制改革时，中国选择了生产型增值税。在这种增值税制下，企业的固定资产所对应的进项税额不能从销项税额中得到抵扣，增值税的中性作用不能充分发挥。在消费型增值税制下，各种进项税额都能得到抵扣，更能体现增值税的中性特征。中国也在酝酿进行增值税的转型工作。2004 年试点工作在东北启动。东北是老工业基地，入围试点的有八大行业：装备制造业、石油化工业、冶金工业、船舶制造业、汽车制造业、高新技术产业、军品工业和农产品加工业，几乎涵盖了所有东北的 51 家大型生产企业所在的行业领域。这次改革允许企业抵扣当期新增机器设备所含进项税金。2007 年 7 月 1 日起，增值税转型试点扩大到中部 6 个省 26 个城市。2008 年，内蒙古东部 5 盟市适用东北增值税转型试点的政策，汶川地震受灾严重地区〔包括四川、甘肃、陕西 51 个县（市、区）〕也纳入增值税转型试点地区。

对进行增值税转型试点的相关企业而言，试点降低了企业的税收负担，有利于企业的发展。但增值税转型试点实际上是将消费型增值税制作为一种税收优惠政策来使用，显然，从增值税的中性特征来看，这种措施不利于增值税作为中性税种作用的发挥，在一定程度上产生了扭曲效应。只有全国统一实行消费型增值税制，才能真正发挥增值税的中性作用。

② 消费税改革。

消费税制改革是局部的，主要是为了更好地发挥消费税在调节消费行为中的作用。重要的调整有两次，一是 2006 年中国消费税政策的调整，二是 2008 年对汽车消费税所作的调整。

从 2006 年 4 月 1 日起，中国对消费税税目、税率及相关政策进行了调整。[1] 税目的调整主要包括：新增消费税税目包括高尔夫球及球具、高档手表、游艇、木制一次性筷子、实木地板税目；取消汽油、柴油税目，增列成品油税目，另外新增石脑油、溶剂油、润滑油、燃料油、航空煤油五个子目；取消护肤护发品税目，将原属于护肤护发品征税范围的高档护肤类化妆品列入化妆品税目。

税率的调整包括：调整小汽车税目税率；调整摩托车税率，将摩托车税率改为按排量分档设置；调整汽车轮胎税率，将汽车轮胎 10% 的税率下调到 3%；调整白酒税率，粮食白酒、薯类白酒的比例税率统一为 20%，定额税率为 0.5 元/斤（500 克）或 0.5 元/500 毫升。

在这次消费税制的调整中，新设税目"成品油"、"实木地板"以及大排量汽车大幅增税等发挥了税收在促进资源合理配置中的积极作用。与此同时，这些调整措施还能促进环保、资源的节约利用，促进循环经济的形成，落实科学发展观的要求。这次调整还考虑了税收征管因素，否则可能因征管不到位，影响税收经济效率目标的实现。此次白酒消费税税率的统一，就是一例。原税制对粮食白酒和薯类白酒实行差别税率，前者高税率，后者低税率，其目标是要节约粮食，但是这增加了税收征管的难度，企业可能利用差别税率，逃避税收。统一税率堵塞了差别税率设计所带来的税收漏洞。这次改革，对一些仅由富人消费的商品课征消费税，有助于包括公平在内的社会目标的实现。此次新增高尔夫球及球具、高档手表、游艇等税目，则必然会起到调节收入分配的作用。将护肤护发品等已属于大众消费品范畴的商品从税目中剔除，也起到同样的目的。

2008 年 9 月 1 日起，中国对汽车消费税作了调整[2]，以促进节能减排政策目标的实现，主要内容包括：一是提高大排量乘用车的消费税税率，排

---

[1]　参见财政部、国家税务总局《关于调整和完善消费税政策的通知》[财税（2006）33 号]。

[2]　财政部、国家税务总局《关于调整部分乘用车进口环节消费税的通知》[财关税（2008）73 号]。

气量在 3.0 升以上至 4.0 升（含 4.0 升）的乘用车，税率由 15％上调至 25％，排气量在 4.0 升以上的乘用车，税率由 20％上调至 40％；二是降低小排量乘用车的消费税税率，排气量在 1.0 升（含 1.0 升）以下的乘用车，税率由 3％下调至 1％。

③ 出口退税。

1994 年税制改革时所强调的出口退税零税率制度很快就为财政因素和宏观经济政策所打破。1995 年下半年和 1996 年初出口产品增值税退税率连续两次下调，就是财政因素所致。税收退大于征，影响到出口退税的可持续性。在征管条件无法迅速改善的前提下，降低出口退税率就是最直接有效的做法。

1998—2003 年，中国出口综合退税率从 8.29％，提高到 9.24％，后又升至 11.8％。这主要是因为，1997 年 7 月亚洲金融危机爆发后，中国出口形势严峻。在正常情况下，让人民币贬值可以较快地改善出口状况。为了应对亚洲金融危机和周边国家货币贬值给中国宏观经济形势带来的挑战，1998 年中国实行了积极的财政政策，将扩大内需作为稳定经济的重要途径。与此同时，为了稳定出口，出口退税率也作了相应的调高。2000 年之后，出口退税拖欠问题越来越严重。2001 年以来，国家采取了"免、抵、退"政策，内销生产型企业可用当月应退税款抵消当月应纳增值税税款。2004 年，出口退税率的再次下调，同样是应对出口欠退税的举措，也是财政因素导致出口退税政策的演变。2004 年至今，中国出口退税率又作了数次调整。调整内容较以往更为丰富，针对不同的出口产品，升降并存。这说明，出口退税在中国事实上已经成为一种灵活的宏观经济政策工具。

近年来，中国的贸易顺差引起了一些国家的反弹，也带来了流动性过剩问题，给中国宏观调控带来了严峻的挑战。同时，粗放型的外贸增长方式从根本上也不利于中国经济的持续增长。2006 年 1 月 1 日起，中国取消多项皮革类原材料的出口退税政策，并下调了部分产品的出口退税率。2006 年 9 月 15 日起 142 个税号的钢材、部分有色金属材料、纺织品、家具等产品的出口退税率下调；重大技术装备、部分 IT 产品和生物医药产品以及部分国家产业政策鼓励出口的高科技产品、部分以农产品为原料的加工品出口退税率上调。2007 年 4 月 15 日，经国务院批准，财政部、国家税务总局将《海关进出口税则》（2007 年版）第 72 章中的部分特种钢材及不锈钢板、冷轧产品等 76 个税号的产品出口退税率降为 5％；型材、盘条等另外 83 个税号的钢材产品则取消出口退税。

2007 年 7 月 1 日起，中国调整商品的出口退税政策，共涉及 2 831 项商品，约占海关税则中全部商品总数的 37％，主要包括三个方面：一是进一步取消了 553 项"高耗能、高污染、资源性"产品的出口退税；二是降低了 2 268 项容易引起贸易摩擦的商品的出口退税率；三是将 10 项商品的出口退税改为出口免税政策，包括：花生果仁、油画、雕饰板、邮票和印花税票等。

2007 年 12 月 20 日起，中国取消小麦、稻谷、大米、玉米、大豆等 84 类原粮及其制粉的出口退税。从 2008 年 6 月 13 日起，中国又取消部分植物油的出口退税。2008 年 8 月 1 日起，部分纺织品、服装的出口退税率由 11％提高到 13％；将部分竹制品的出口退税率提高到 11％。取消红松子仁、部分农药产品、部分有机砷产品、紫杉醇及其制品、松香、白银、零号锌、部分涂料产品、部分电池产品、碳素阳极的出口退税。

2006 年以来，频繁的出口退税政策调整的宏观调控意味更为浓厚。出口退税政策调整的目的已经不再只是控制外贸出口的过快增长，缓解中国外贸顺差过大带来的突出矛盾，而且更加注意优化出口商品结构，抑制"高耗能、高污染、资源性"产品的出口，促进外贸增长方式的转变，促进经济增长方式转变和经济社会可持续发展。

此外，1998 年，中国开始农村税费改革试点；2000 年，农村税费改革在全国展开；2006 年，中国取消了农业税和农业特产税。这向建立统一的城乡税制迈出了坚实的一步。另外，中国还对金融行业营业税制、资源税制等作了调整。

4.3.3 财政与国有经济改革

1. 税利分流、建立现代企业制度与国有经济战略性改组

（1）税利分流和建立现代企业制度。

1994 年，中国进行了吸收以前改革的经验和教训，同时与国有企业股份制改革相配套，税利分流成为规范国家与国有企业利润分配关系的主要做

法。税利分流是在利改税的基础之上，降低企业所得税率并取消调节税，实行不同形式的税后承包，并改所得税税前还贷为税后还贷。税利分流体现了国家的社会管理者职能与国有资产所有者职能的分离，有利于政府与国有企业分配关系的进一步规范。[1]

中共十四届三中全会 1993 年 11 月 14 日通过的《中共中央关于建立社会主义市场经济体制若干问题的决定》，提出要转换国有企业经营机制，建立现代企业制度；按照现代企业制度的要求，现有全国性行业总公司要逐步改组为控股公司；一般小型国有企业，有的可以实行承包经营、租赁经营，有的可以改组为股份合作制，也可以出售给集体或个人。

1994 年 1 月起，国家全面推行国有企业利润分配制度的改革，实行税利分流、税后还贷、税后承包。企业所得税率统一，逐步建立国有资产收益按资分利、按股分红的分配制度；取消对国有企业征收的能源交通重点建设基金和国家预算调节基金；取消企业对税利的承包制度。1994 年 11 月，国务院选择 100 家国有企业进行公司制改制试点。

（2）国有经济的战略性改组。

国有企业改革问题不能仅从国有企业的角度来探寻解决办法。国有企业问题的形成原因是多方面的[2]，但最直接的原因是"有限的国有资本支撑过于庞大的国有经济盘子"（吴敬琏，2004）。国有经济战略性改组正是在这种看法的支撑下提上了议事日程。在提出国有经济战略性改组之前，据原国家国有资产管理局统计，截至 1995 年年底，中国共有经营性国有资产约 4.5 万亿元，扣除军队、邮电、铁路等特殊单位后，分布于工商领域的国有资产大约为 3.6 万亿元。再考虑到中国工商企业的资产当中约占 20% 左右的非生产性（如住宅、学校、医院等）资产，真正用于生产经营活动的国有资产数量实际上不足 3 万亿元。然而这不足 3 万亿元的国有资产，却遍及从零售商

---

[1] 当然，这种思路也不是什么问题都没有。周小川和杨之刚（1991）就指出，税利分流改革还只是一种缺损型的改革思路，因为这种改革解决了税收分配问题，但没有从根本上解决税后利润的分配问题。

[2] 例如，市场经营环境的变化会给包括国有企业在内的各种各样的企业带来问题。对于市场中存在的非国有企业而言，如果无法经营，它们就好破产倒闭，不在市场中活动。国有企业则不同，在很长一段时间内，经济绩效表现不好的国有企业不能关闭，也导致了国有企业问题的累积。

业到军事工业等几乎所有的工商领域，分布于 29.1 万户工商企业之中，平均每家企业所获得的能够真正用于生产经营的国有资本数量仅有 1 000 万元左右。国有资产这种过分分散的状况，严重损害了现有国有企业竞争能力和国民经济整体效益的提高。国有企业资本金不足，负债率过高，建立现代企业制度的改革举步维艰。这些问题的解决，从单个企业的角度来看，多数需要财政注入资金。显然，这样做的难度很大。因此，需要从总体上进行统筹兼顾，实现国有经济的战略性重组，通过缩小国有经济分布领域，为国有企业改革创造良好的外部环境（吴敬琏、张军扩、刘世锦等，1997；吴敬琏，2004）。

1999 年 9 月 22 日，中共十五届四中全会审议通过了《中共中央关于国有企业改革和发展若干重大问题的决定》，要求大力促进国有企业的体制改革、机制转换、结构调整和技术进步，要尽最大努力实现国有企业改革和脱困的三年目标，要从不同行业和地区的实际出发，根据不平衡发展的客观进程，着力抓好重点行业、重点企业和老工业基地，把解决当前突出问题与长远发展结合起来，为国有企业跨世纪发展创造有利条件。从战略上调整国有经济布局，要同产业结构的优化升级和所有制结构的调整完善结合起来，坚持有进有退，有所为有所不为，提高国有经济的控制力。2003 年 10 月 14 日中共十六届三中全会通过《中共中央关于完善社会主义市场经济体制若干问题的决定》，要求积极推行公有制的多种有效实现形式，加快调整国有经济布局和结构。

近年来，国有经济布局和结构调整取得明显成效。截至 2006 年年底，全国共实施政策性关闭破产项目 4 251 户，安置人员 837 万人，完成政策性关闭破产 80％ 的工作量。其中，煤炭、有色金属和军工三个重点行业的政策性关闭破产工作已进入收尾阶段。目前，国有资本向能源、军工、重大装备制造、交通等重要行业和关键领域集中的态势明显。国有经济整体素质不断提高，实力不断增强。截至 2006 年年底，全国国有企业资产总额为 29 万亿元。2006 年，全国国有企业累计实现销售收入 16.2 万亿元；实现利润 1.2 万亿元，上缴税金 1.4 万亿元。

国有企业在经济效益快速提升的同时，对经济社会发展的贡献进一步显现。石油石化企业在国内成品油与进口成品油价格倒挂较为严重的情况下，通过提负荷、增资源、调结构、压出口、保重点等综合措施，确保了国内成品油市场的稳定供应。电力企业加强电网改造，加快发展农电事业，全面推进"户户通电"工程，保障了电力供应。电信企业在经济社会信息化建设中发挥了重要作用。军工企业深化改革，加快技术创新，为国防现代化建设作出了重要贡献。建筑、建材、商贸等行业的国有企业在承担国家重点建设工程、稳定市场等方面都作出了重要贡献。[1]

国有经济的战略性改组思路，已经跳出就国有企业谈论国有企业问题的窠臼，改革思路更加开阔，与社会主义市场经济体制的建立有着密切联系。国有企业的主导作用不再是提供财政收入，而是对整个国民经济的调控作用。未来国有经济改革仍面临着财政的公共化与确定国有经济布局调整方向的挑战。

4.3.4　政府预算改革

1. 1994 年的《中华人民共和国预算法》

1994 年 3 月 22 日，全国人大八届二次会议通过《中华人民共和国预算法》，决定从 1995 年 1 月 1 日起施行。与此同时，《国家预算管理条例》废除。1995 年 11 月 2 日国务院第三十七次常务会议通过《中华人民共和国预算法实施条例》。《预算法》及其实施条例的颁布实施，表明预算立法已由行政法规上升到法的层面，加强了人大对政府预算行为的监督和制约，是一部规范政府行为的重要法律。《预算法》从总体上看，吸收了《国家预算管理条例》的主要内容，但也作了一些改变。

《国家预算管理条例》规定国家预算包括全民所有制企业单位的预算。《预算法》及其实施条例的规定有所不同，将所涉及的企业界定为本级政府财政部门直接发生预算缴款、拨款关系的企业。显然，这种规定更加符合市场经济条件下企业的实际情况。

《预算法》规定各级政府预算按照复式预算编制。和《国家预算管理条例》不同的是，《预算法实施条例》规定，复式预算的组成包括公共预算、国有资产经营预算、社会保障预算和其他预算，所涵盖的内容更能适应社会

[1]　国资委网站：http://www.sasac.gov.cn/2007rdzt/2007rdzt_0017/200712200102.htm。

主义市场经济体制的要求。

《预算法》摒弃了预算国家中心主义，将预算区分为中央政府预算和地方政府预算。中央政府提交全国人大审查的不再是单一的国家预算，而是中央和地方预算草案和执行情况的报告。《预算法》规定，各级人大可以撤销本级政府和下一级人大及其常委会关于预算、决算的不适当的决定、命令和决议，但是全国人大批准的只是中央政府的预算及其执行情况；地方各级政府的预算草案、预算执行情况的报告，由同级人大审查批准。

《预算法》对中国财政体制作了明确规定。《国家预算管理条例》通过之时，中国尚未决定实行社会主义市场经济体制。1994 年，随着社会主义市场经济体制改革目标的确立，分税制财政体制首次在法律上予以明确，《预算法》规定，国家实行中央和地方分税制。

《预算法》对各级人大及其常委会的预算管理职权的规定更加具体，也更具操作性。《预算法》对全国人大及其常委会和地方各级人大及其常委会、国务院和地方各级政府、国务院财政部门和地方各级财政部门的预算管理职权作了明确规定。人大及其常委会对包括预算的审查、批准、调整、监督等预算管理职权也作了分工。全国人大审查中央和地方预算草案及中央和地方预算执行情况的报告；批准中央预算和中央预算执行情况的报告；改变或者撤销全国人大常委会关于预算、决算的不适当的决议。全国人大常委会监督中央和地方预算的执行；审查和批准中央预算的调整方案；审查和批准中央决算；撤销国务院制定的同宪法、法律相抵触的关于预算、决算的行政法规、决定和命令；撤销省、自治区、直辖市人大及其常委会制定的同宪法、法律和行政法规相抵触的关于预算、决算的地方性法规和决议。

县级以上地方各级人大审查本级总预算草案及本级总预算执行情况的报告；批准本级预算和本级预算执行情况的报告；改变或者撤销本级人民代表大会常务委员会关于预算、决算的不适当的决议；撤销本级政府关于预算、决算的不适当的决定和命令。县级以上地方各级人大常委会监督本级总预算的执行；审查和批准本级预算的调整方案；审查和批准本级政府决算；撤销本级政府和下一级人大及其常委会关于预算、决算的不适当的决定、命令和决议。设立预算的乡、民族乡、镇的人大审查和批准本级预算和本级预算执行情况的报告；监督本级预算的执行；审查和批准本级预算的调整方案；审查和批准本级决算；撤销本级政府关于预算、决算的不适当的决定和命令。

关于预算调整，《国家预算管理条例》和《预算法》的规定有所差异。经批准的预算可以调整，但是对预算调整的规定不同。《国家预算管理条例》规定，遇有重大事件发生、方针政策调整或者经济情况变化，对预算执行产生较大影响时，可以进行预算调整。《预算法》规定，预算执行中因特殊情况需要增加支出或者减少收入，使原批准的收支平衡的预算的总支出超过总收入，或者使原批准的预算中举借债务的数额增加，可以进行预算调整。条例强调了对预算执行产生重大影响，才要进行预算调整，而《预算法》规定增支或减收，破坏原批准的预算平衡或债务增加，才要进行调整。《国家预算管理条例》将追加的支出和收入、追减的收入与支出联系起来，追加支出必须有相应的收入来源弥补，追减收入，必须有相应的压缩支出措施。《预算法》没有类似的规定。

关于预算外资金管理，《国家预算管理条例》和《预算法》都只是作了原则性的规定，即各级人民政府、各部门、各单位应当加强对预算外资金的管理，但《预算法》授权国务院另行规定预算外资金管理办法，且赋予各级人民代表大会监督预算外资金使用的权力。

2. 部门预算改革和政府收支分类改革

（1）部门预算改革。

政府预算制度是国家财政最为核心的内容。相关的改革难度最大。1999年6月，全国人大常委会在审议1998年中央决算和中央财政审计报告时，对改进和规范中央预算编制工作提出了一些意见，要求严格执行《预算法》，及时批复预算，细化报送全国人大审查批准的预算草案内容，增加透明度。财政部提出细化预算、编制部门预算的构想，1999年9月下旬，正式要求中央各部门按照国务院的要求编制部门预算。由此拉开中央部门预算改革的序幕。2000年，中央部门所有的一级预算单位都试编了部门预算，其中教育部、农业部、科技部及劳动和社会保障部4个部门的部门预算提交全国人大审议。部门预算改革提出了大预算原则，将预算内收支、预算外收支、基金预算收支全部纳入部门预算编制范围。预算编制初步细化，预算编制时间得到提前，预算工作的主动性得到加强。2001年中央部门预算的编制，在时间上进一步提前，内容上也进一步细化，并选择 10 个中央部门实行定员定额和项目管理的试点。同时扩大了向全国人大报送部门预算的范围，由上一年的 4 个部门增加到 26 个部门，在细化预算批复内容，统一、规范预算批复格式等方面也做了很大的改进，提前完成了对各中央预算单位的预算批复。近年来，中央和地方的部门预算改革进程加快。

2001 年，中央财政启动国库集中收付制度改革，建立以国库单一账户为基础、资金缴拨以国库集中收付为主要形式的国库管理制度。2006 年 4 月，国库集中支付改革已经扩大到全部中央部门。2005 年底，36 个省、自治区、直辖市和计划单列市也全部实施了改革。政府采购制度从 1996 年开始试点。1998 年，政府采购工作开始全面试点，之后大力推行。政府采购规模逐渐扩大，1998 年为 31 亿元，2002 年达到 1 009.6 亿元，2007 年为 4 000 亿元。[1]

（2）政府收支分类改革。

2007 年开始的政府收支分类改革，是收支分类调整幅度最大的一次改革。改革旨在更好地对政府收入和支出进行分类，提高预算的透明度。主要内容包括三方面：第一，建立新的政府收入分类体系。收入分类反映政府收入的来源和性质。第二，建立支出的功能分类体系。支出功能分类反映政府各项职能活动。第三，建立支出的经济分类体系。支出经济分类反映各项支出的经济性质和具体用途。新的政府收支分类体系可较好地克服原政府预算收支分类"体系不合理、内容不完整、分类不科学、反映不明细"等弊端，对进一步深化其他各项财政改革、提高预算透明度和财政管理水平，起到十分重要的推动作用。与过去相比，收入分类的变化包括：扩大了范围；对收入体系进行调整和完善；层次更加清晰和明细。支出分类是这次政府收支分类改革的核心内容，主要是按照政府的职能活动来设置财政支出的分类科目，就是能够通过财政支出的分类清晰地反映出政府所履行的职能，如教育、文化、体育等各个方面的政府职能活动。支出经济分类主要是反映每一项的具体经济性质，如用于教育的资金，具体用在何处，是用于高等教育，

---

[1]　资料来源：财政部部长助理张通在 2008 年全国政府采购工作会议的讲话，财政部网站：www. mof. gov. cn。

还是用于义务教育；用于中小学的资金，是用于发放工资，还是盖楼。通过这三个分类，再结合部门资金使用情况，能够准确反映财政资金的来龙去脉以及资金走向。政府收支分类涉及整个政府预算的编制和预算的执行以及预算单位会计核算的全过程，是一项非常基础的工作。它直接关系到财政预算管理的透明度，关系到财政预算管理的科学化和规范化，是公共财政体制建设的一个重要环节。

3. 从预算外资金管理到非税收入管理

(1) 1993 年之后的预算外资金管理。

1995 年，《预算法》开始实施。有些地方违反《预算法》和国务院的有关规定，擅自将财政预算资金通过各种非法手段转为预算外资金，有些部门和单位擅自设立基金或收费项目，导致国家财政收入流失，预算外资金不断膨胀。同时，由于管理制度不健全，预算外资金的使用脱离财政管理和各级人大监督，乱支滥用现象十分严重。这些问题不仅使国家财政资金分散和分配秩序混乱，而且加剧了固定资产和消费基金膨胀，助长了不正之风和腐败现象的发生。1996 年《国务院关于加强预算外资金管理的决定》颁布，要求进一步加强预算外资金管理。该《决定》主要的内容包括：禁止将预算资金转移到预算外；将部分预算外资金纳入财政预算管理；加强收费、基金管理；严格控制预算外资金规模；预算外资金要上缴财政专户，实行收支两条线管理；加强预算外资金收支计划管理；严格预算外资金支出管理，严禁违反规定乱支挪用等等。其中最为引人注目的是将部分预算外资金纳入财政预算管理的规定。根据规定，各地区、各部门要将财政部已经规定的 83 项行政性收费项目纳入财政预算。从 1996 年起将养路费、车辆购置附加费、铁路建设基金、电力建设基金、三峡工程建设基金、新菜地开发基金、公路建设基金、民航基础设施建设基金、农村教育事业附加费、邮电附加、港口建设费、市话初装基金、民航机场管理建设费等 13 项数额较大的政府性基金（收费）纳入财政预算管理。地方财政部门按国家规定收取的各项税费附加，从 1996 年起统一纳入地方财政预算，作为地方财政的固定收入，不再作为预算外资金管理。该《决定》还提出今后要积极创造条件，将应当纳入财政预算管理的预算外资金逐步纳入财政预算管理。这说明最终取消"预算外资金"已经成为改革努力的方向。

财政部 1996 年颁布了与《国务院关于加强预算外资金管理的决定》相配套的《预算外资金管理实施办法》，预算外资金的范围作了重新界定。预算外资金，是指国家机关（即国家权力机关、国家行政机关、审判机关和检察机关）、事业单位和社会团体、具有行政管理职能的企业主管部门（集团）和政府委托的其他机构（简称"部门和单位"）为履行或代行政府职能，依据国家法律、法规和具有法律效力的规章而收取、提取和安排使用的未纳入国家预算管理的各种财政性资金。其范围主要包括：法律、法规规定的行政事业性收费、基金和附加收入等；国务院或省级人民政府及其财政、计划（物价）部门审批的行政事业性收费；国务院以及财政部审批建立的基金、附加收入等；主管部门从所属单位集中的上缴资金；用于乡镇政府开支的乡自筹和乡统筹资金；其他未纳入预算管理的财政性资金。对社会保障基金在国家财政建立社会保障预算制度以前，先按预算外资金管理制度进行管理，专款专用，加强财政、审计监督。按照《企业财务通则》和《企业会计准则》的规定，国有企业税后留用资金不再作为预算外资金管理。事业单位和社会团体通过市场取得的不体现政府职能的经营、服务性收入，不作为预算外资金管理，收入可不上缴财政专户，但必须依法纳税，并纳入单位财务收支计划，实行收支统一核算。履行或代行政府职能成为判断资金是否属于预算外资金的一个重要标准。事实上，从 1993 年开始，预算外资金已经不包括国有企业和主管部门收入。1993 年的预算外资金规模从 1992 年的 3 854.92 亿元降到了 1 432.54 亿元（楼继伟，2000：208）。

为了加强预算外资金管理工作，各地区、各部门不断推进和加强政府收费和罚没收入"收支两条线"的管理工作。罚没收入和相当一部分收费收入纳入预算管理，对绝大部分预算外资金实行了财政专户管理。但是，上缴的收费和罚没收入与执收单位的支出安排存在挂钩现象；部门预算未将执收单位预算内外资金统筹安排；中央本级大部分收费仍由单位自收自缴，没有实行收缴分离；执收单位预算外资金使用仍不够规范、合理等，从而导致部门之间行政开支、职工收入水平差距较大，收费和罚没收入中乱收、乱罚、截留、挪用现象比较突出。基于此，2001 年，国务院办公厅转发了财政部《关于深化收支两条线改革进一步加强财政管理的意见》。深化"收支两条线"改革要求有三：第一，将各部门的预算外收入全部纳入财政专户管理，有条件的纳入预算管理，任何部门不得"坐收"、"坐支"。第二，部门预算要全面反映部门及所属单位预算内外资金收支状况，提高各部门支出的透明度。同时，财政部门要合理核定支出标准，并按标准足额供给经费。第三，根据新的情况，修订、完善有关法规和规章制度，使"收支两条线"管理工作法制化、制度化、规范化。这些要求决定了预算外资金存在的空间越来越小。即使某些形式的收入能够保留下来，但也很难在预算外存在。正是在这样的背景下，非税收入管理进入决策者的视野。

（2）非税收入管理。

2004 年《财政部关于加强政府非税收入管理的通知》首次明确提出政府非税收入的概念。所谓政府非税收入，是指除税收以外，由各级政府、国家机关、事业单位、代行政府职能的社会团体及其他组织依法利用政府权力、政府信誉、国家资源、国有资产或提供特定公共服务、准公共服务取得并用于满足社会公共需要或准公共需要的财政资金，是政府财政收入的重要组成部分，是政府参与国民收入分配和再分配的一种形式。按照建立健全公共财政体制的要求，政府非税收入管理范围包括：行政事业性收费、政府性基金、国有资源有偿使用收入、国有资产有偿使用收入、国有资本经营收益、彩票公益金、罚没收入、以政府名义接受的捐赠收入、主管部门集中收入以及政府财政资金产生的利息收入等。社会保障基金、住房公积金不纳入政府非税收入管理范围。

该通知要求对政府非税收入实行分类规范管理：从严审批管理收费基金，合理控制收费基金规模；完善国有资源（资产）有偿使用收入管理政策，防止国有资源（资产）收入流失；加强国有资本经营收益管理，维护国有资本权益，逐步建立国有资本经营预算体系；加强彩票公益金管理，提高彩票公益金使用效益；规范其他政府非税收入管理，确保政府非税收入应收尽收。

该通知还要求完善各级政府间的非税收入分成管理政策；深化政府非税收入收缴管理改革，加强政府非税收入票据管理；强化政府非税收入预算管理；健全政府非税收入监督检查机制；加快政府非税收入管理法制建设步伐。

总之，政府非税收入要分步纳入财政预算，实行"收支两条线"管理，要编制综合财政预算，统筹安排政府税收和非税收入。[1]

4.4　国家治理体系和治理能力现代化背景下深化财税体制改革

4.4.1　财政体制改革

1. 事权和支出责任划分

《国务院关于推进中央与地方财政事权和支出责任划分改革的指导意见》（国发〔2016〕49 号）（下称《意见》）是一份指导事权和支出责任改革方向的框架性文件，于 2016 年 8 月 16 日发布。根据《意见》，中央财政主要负责国家安全、外交、中央国家机关的运转，调整国民经济结构，协调地区发展，实施宏观调控以及由中央直接管理的事业发展等事务所需支出；地方财政主要负责本地区政权机关运转及本地区经济及事业发展所需支出。在财政事权的划分上，国防、外交、国家安全、出入境管理、国防公路、国界河湖治理、全国性重大传染病防治、全国性大通道、全国性战略性自然资源使用和保护等基本公共服务确定或上划为中央的财政事权。直接面向基层、量大面广、与当地居民密切相关、由地方提供更方便有效的基本公共服务确定为地方的财政事权。地方的财政事权由地方行使，中央对地方的财政事权履行提出规范性要求，并通过法律法规的形式予以明确。[2]《意见》还提出建立动态调整机制，以适应客观条件在不断变化的现实。《意见》强调"财政事权"，回应的是财政管理体制改革问题。财政事权和支出责任划分的重点在中央和省一级之间。只要中央和省一级划分清楚，那么省以下的就容易确定。《意见》对省以下财政事权和支出责任的划分作了原则性规定，强调结

---

　　[1]　目前，政府非税收入仍面临一些问题，其中主要是：政府非税收入规模偏大，特别是地方政府非税收入占本级财政收入的规模过大，一些县市的非税收入甚至超过了税收收入；非税收入结构还不合理，行政事业性收费和政府型基金占非税收入的比重约为 60%；非税收入管理政出多门，财政职能被肢解；非税收入尚未完成纳入预算管理；法制建设相对滞后（苑广睿、邱江涛、魏岩，2006）。

　　[2]　《国务院关于推进中央与地方财政事权和支出责任划分改革的指导意见》（国发〔2016〕49 号），2016 年 8 月 16 日。

合当地实际确定事权，避免"一刀切"，有利于各地探索符合实际情况的体制。

2018年2月8日，国务院办公厅印发《基本公共服务领域中央与地方共同财政事权和支出责任划分改革方案》，自2019年1月1日起实施[1]，进一步推动了财政事权和支出责任的划分。国务院办公厅2018年还印发《医疗卫生领域中央与地方财政事权和支出责任划分改革方案》，自2019年1月1日起实施。这些都表明事权与支出责任划分改革已在提速。

2. 收入的划分

"营改增"全面试点之后，再沿用新增增值税收入归地方的做法已不适合现实需要。国务院决定，制定全面推开营改增试点后调整中央与地方增值税收入划分的过渡方案。在保持现有财力格局不变（中央和地方财力大体"五五"格局），注重调动地方积极性，兼顾好东中西部利益关系的原则指导下，确定了以下改革方案：第一，以2014年为基数核定中央返还和地方上缴基数。第二，所有行业企业缴纳的增值税均纳入中央和地方共享范围。第三，中央分享增值税的50%。第四，地方按税收缴纳地分享增值税的50%。第五，中央上划收入通过税收返还方式给地方，确保地方既有财力不变。第六，中央集中的收入增量通过均衡性转移支付分配给地方，主要用于加大对中西部地区的支持力度。这一方案与全面推开营改增试点同步实施，即自2016年5月1日起执行。过渡期暂定2—3年，届时根据中央与地方事权和支出责任划分、地方税体系建设等改革进展情况，研究是否适当调整。[2]此外，自2016年1月1日起，证券交易印花税不再作为共享税，全部作为中央税收入。

3. 转移支付的调整

《基本公共服务领域中央与地方共同财政事权和支出责任划分改革方案》（下称《方案》）也包括转移支付方面的内容。《方案》将涉及人民群众基本

---

[1]《国务院办公厅关于印发基本公共服务领域中央与地方共同财政事权和支出责任划分改革方案的通知》（国办发〔2018〕6号），http://www.gov.cn/zhengce/content/2018-02/08/content_5264904.htm，访问日期：2018年11月30日。

[2]《国务院关于印发全面推开营改增试点后调整中央与地方增值税收入划分过渡方案的通知》（国发〔2016〕26号）。

生活和发展需要、现有管理体制和政策比较清晰、由中央与地方共同承担支出责任、以人员或家庭为补助对象或分配依据、需要优先和重点保障的主要基本公共服务事项，首先纳入中央与地方共同财政事权范围。《方案》提出参照现行财政保障或中央补助标准，制定九项基本公共服务保障的国家基础标准。地方在确保国家基础标准落实到位的前提下，因地制宜制定高于国家基础标准的地区标准，应事先按程序报上级备案后执行，高出部分所需资金自行负担。对不易或暂不具备条件制定国家基础标准的九项事项，地方可结合实际制定地区标准，待具备条件后，由中央制定国家基础标准。法律法规或党中央、国务院另有规定的，从其规定。《方案》要求调整完善转移支付制度。在一般性转移支付下设立共同财政事权分类分档转移支付，原则上将改革前一般性转移支付和专项转移支付安排的基本公共服务领域共同财政事权事项，统一纳入共同财政事权分类分档转移支付，完整反映和切实履行中央承担的基本公共服务领域共同财政事权的支出责任。《方案》还要求推动省以下支出责任划分改革。中央财政要加强对省以下共同财政事权和支出责任划分改革的指导；省级政府要考虑本地区实际，根据各项基本公共服务的重要性、受益范围和均等化程度等因素，结合省以下财政体制，合理划分省以下各级政府的支出责任，加强省级统筹，适当增加和上移省级支出责任；县级政府要将自有财力和上级转移支付优先用于基本公共服务，承担提供基本公共服务的组织落实责任。

4.4.2 税制改革

2013 年以来，中国税制改革在加快，税收的法治化进程在加快。下面主要阐述增值税、个人所得税、企业所得税等若干具体税制的变化。

始于 2012 年 1 月 1 日的营业税改征增值税（"营改增"）试点自 2016 年 5 月 1 日起进入全面试点阶段，营业税退出中国税制舞台。"营改增"试点历经三阶段：一是局部地区少数行业先行试点；二是部分行业试点在全国统一推开；三是增值税全面取代营业税。2018 年确定的增值税税率三档并两档的改革方向，在降低税负的同时，适应增值税中性作用发挥的要求。自 2008 年 5 月 1 日起，增值税 17% 和 11% 两档税率分别下调一个百分点到 16% 和 10%。

2018 年 8 月 31 日，十三届全国人大常委会第五次会议表决通过了关于修改个人所得税法的决定，这是建立现代个人所得税制度的重要一步，意味着从 2019 年 1 月 1 日起，中国的个人所得税制转变为综合与分类相结合的个人所得税制。居民个人的综合所得合并纳税，并引入专项附加扣除制度，中低收入者的税负大幅度下调，个人所得税促进社会公平的作用得到强调。为更好地体现减税政策的要求，让个人所得税减税效果更充分地体现出来，自 2018 年 10 月 1 日至 2018 年 12 月 31 日，先将工资、薪金所得基本减除费用标准提高至 5 000 元/月，并适用新的综合所得税率；个体工商户的生产、经营所得和对企业事业单位的承包经营、承租经营所得，先行适用新的经营所得税率。

2008 年内外资企业所得税制实施之后，企业所得税制进入相对平稳的运行状态，调整多是局部的，有些属于制度完善的政策，有些还有特定的时间限制。企业在 2018 年 1 月 1 日至 2020 年 12 月 31 日期间新购进的设备、器具，单位价值不超过 500 万元的，实行一次性税前扣除政策。[1]此外，还有支持小型微利企业、支持高新技术企业和科技型中小企业发展、激励企业加大研发投入、研发加计扣除等政策。资源税从价计征改革及水资源税改革试点自 2016 年 7 月 1 日起实施。[2]2018 年 1 月 1 日，环境保护税开征。如何处理环境保护部门和税务部门的关系，还需要进一步探索。现行的一些税种如消费税等就有促进环境保护的功能，如何协调这些税种的关系，也需统筹考虑。

此外，2018 年国地税机构合并也是重要事件。国地税合并的意义已超越税务部门自身。国地税合并是要优化税务机构设置，合并后税收征管的规模经济和范围经济，可以进一步提高征税效率，降低公共服务成本，从而真正提高国家治理的现代化水平。

4.4.3 政府预算改革

2013 年 5 月 24 日，国务院批转的国家发改委《关于 2013 年深化经济体

---

[1] 参见《财政部 税务总局关于设备、器具扣除有关企业所得税政策的通知》（财税〔2018〕54 号）。
[2] 《关于全面推进资源税改革的通知》（财税〔2016〕53 号）。

制改革重点工作的意见》要求推动建立公开、透明、规范、完整的预算体制。《中共中央关于全面深化改革若干重大问题的决定》要求实施全面规范、公开透明的预算制度。中共十九大报告更是要求"建立全面规范透明、标准科学、约束有力的预算制度，全面实施绩效管理"。[1]这样，预算管理制度改革的总方向——建立现代预算制度就有了更加明确全面的表述。

2014 年 6 月 30 日，中共中央政治局审议通过《深化财税体制改革总体方案》。2014 年 8 月 31 日，十二届全国人大常委会第十次会议表决通过修改预算法的决定，修改后的预算法于 2015 年 1 月 1 日生效。预算转向结果导向型是大势所趋。中国已全面推行预算的绩效管理，加快建成全方位、全过程、全覆盖的预算绩效管理体系[2]，是绩效预算改革的先声。

预算管理的重点不是收入任务，收入预算旨在科学准确地预测收入。支出安排才是预算管理的重点。预算审核的重点从平衡状态、赤字规模向支出预算和政策拓展。预算支出强调和政策目标的联系，与国家治理目标紧密相联。预算管理要求清理规范重点支出同财政收支增幅或生产总值挂钩事项。建立跨年度预算平衡机制的要求，突破年度平衡的约束，推动了中期财政规划改革。建立权责发生制的政府综合财务报告制度可以进一步提高财政透明度，改善财政决策的信息支持系统。编制政府综合财务报告技术性很强，需要立足国情，刻苦攻关，才可能真正取得成效（杨志勇、张斌，2017）。债务管理风险直接影响财政的可持续性。建立规范合理的中央和地方政府债务管理及风险预警机制，切中要害。

预算应更多地通过互联网公开，方便社会监督，同时也利于社会各界对国家治理贡献更多的才智，从而促进国家治理体系和治理能力的现代化。从2015 年开始，省级政府有了发债权。地方债规模的扩大，愈发凸显地方债规范发展的重要性。地方债风险的防范化解，是防范化解重大风险攻坚战的组成部分。最需要警惕的是地方隐性债务和或有债务。地方政府债务融资的

[1]　习近平：《决胜全面建成小康社会　夺取新时代中国特色社会主义伟大胜利——在中国共产党第十九次全国代表大会上的报告》，2017 年 10 月 18 日，http://cpc.people.com.cn/n1/2017/1028/c64094-29613660.html，访问日期：2018 年 11 月 30 日。
[2]　《中共中央　国务院关于全面实施预算绩效管理的意见》（2018 年 9 月 1 日），http://www.gov.cn/zhengce/2018-09/25/content_5325315.htm，访问日期：2018 年 11 月 29 日。

约束机制的建立最重要，应让地方政府能为自己的举债行为真正负责。

预算管理已演变成为一个社会各界关注的热点问题，是社会进步的体现。未来预算改革应在回应社会的同时，为国家治理现代化任务提供基础支撑。预算改革作为经济、政治、社会问题的交叉点，任务绝不会轻松。国家治理需要良好预算管理。预算管理需要适应现代财政制度动态治理的要求（杨志勇，2015b）。从一定意义上看，预算改革将伴随全面深化改革的全过程。

4.4.4 财政与国有经济改革

财政与国有经济改革的关系可以从十八届三中全会文件通过的《中共中央关于全面深化改革若干重大问题的决定》和十九大报告的有关规定清晰地看出来。

国有经济要发挥主导作用，要积极发展混合所有制经济。国有资本、集体资本、非公有资本等交叉持股、相互融合的混合所有制经济，是基本经济制度的重要实现形式。《决定》要求："划转部分国有资本充实社会保障基金。完善国有资本经营预算制度，提高国有资本收益上缴公共财政比例，2020 年提到 30％，更多用于保障和改善民生。"按此，国有产权的公共属性得到更好的体现。同时，充实社会保障基金，对于人口老龄化的中国来说，意义重大，将有助于养老保险基金的可持续运行。国有经济要发挥主导作用的前提是国有资产管理体制合理，国有资产保值增值目标实现。中共十九大报告要求："推动国有资本做强做优做大，有效防止国有资产流失。深化国有企业改革，发展混合所有制经济，培育具有全球竞争力的世界一流企业。"[1]

4.5　财税改革蓝图

本节将从财政体制、税制、财政与国有经济、政府预算四个方面，初步概括财政改革的蓝图。

---

[1] 习近平：《决胜全面建成小康社会　夺取新时代中国特色社会主义伟大胜利——在中国共产党第十九次全国代表大会上的报告（2017 年 10 月 18 日）》，新华社北京 2018 年 10 月 27 日电。

4.5.1　财政体制改革

财政体制改革的要点包括四个方面：一是各级政府事权的确定问题。只有确定事权，才能找到与之相匹配的财权和财力。否则，泛泛地强调财权与事权的相匹配，或者财力与事权的相匹配，都无济于事。事权的确定不仅仅是一个财政问题，它更应视为政府职能的确定问题，需要结合政府转型作进一步的探讨。二是税种的划分问题。从当前来看，大税种有向中央集中的趋势，地方缺乏稳定税源的税种。各国税种的划分除了关税属于中央税、财产税属于地方税之外，其他税种的归属不尽相同。因此，应立足国情，探讨适合中国实际的分税制度。三是财政转移支付制度。从长远来看，税收返还制度应该废除；一般性转移支付制度应该进一步规范，并扩大转移支付的数量；专项转移支付制度应进一步加强监管。四是省以下财政体制建设问题。省以下财政体制的规范化，特别是建立适合国情的省以下分税制财政体制，在促进全国统一市场的形成和减少政府对企业的干预和保护，都有重要的意义。

4.5.2　税制改革

税制改革的基本走向是构建有效率的、促进公平的且能保证政府支出需要的税制。税制应该是有效率的，尽量减少对纳税人经济行为的扭曲。税制对所有纳税人应一视同仁，不应该有任何的歧视行为。税制应促进公平，在收入再分配中发挥积极的作用，避免对收入再分配的逆调节。有效率的税制还应该是能够在宏观调控中发挥作用的税制，税制自身所具有的内在稳定器作用能够在经济繁荣和萧条之间自动进行调节，增减税收同样能对经济过快发展起到抑制作用，对经济复苏起到推动作用。任何一个国家税制存在的意义是为政府支出进行融资，因此，不管是什么样的税制结构，都应该以一定的财政收入总量为基础。未来税制改革的每一步都应该考虑到是否会对宏观税负带来负面的影响。

4.5.3　政府预算改革

广为市场经济国家接受的现代政府预算编制原则大致有以下五点：第一，公开性原则。政府预算的内容除了少数涉及国家机密的内容外，应该向社会公布，使之处于公众的监督之下。第二，完整性原则。它是指公共部门的所有收支经济活动，都应该在政府预算中得到反映。[1]第三，可靠性原则。它是指政府预算收支数字必须是准确无误的。第四，年度性原则。政府预算应按年度编制。预算年度也称财政年度，它是政府预算收支起止的有效期限，通常为一年。有些国家实行的是与日历年度相一致的预算年度；有些国家实行的则是与日历年度不一致的预算年度。第五，统一性。不同级别政府编制的政府预算应该有统一的计算口径，便于统计全国的预算收支状况。符合以上五个原则的政府预算，必须经立法机构审批，才有法律效力，各级公共部门必须贯彻执行，非经法定程序不得改变预算收支数额与使用方向。

4.5.4　财政与国有经济关系的调整

财政与国有经济关系的调整方向是构建规范化的财政与国有经济关系。其中的难点在于企业税后利润分配上。税后利润的分配既要考虑企业的发展，又要体现国家作为出资人的利益，其中涉及诸多的权衡取舍。

尽可能地减少国有经济涉及的分红问题，不失为一个好办法，即国有经济从可有可无的竞争性领域中退出，避免分红决策的困境。在国家法治化和民主化进程加速的情况下，国有经济最终的走向取决于公共选择的结果。也就是说，我们不必限定国有经济活动的范围，人为地进行诸多"有进有退"的活动。国有经济是否应该存在，是以其是否影响到市场的正常运行和是否破坏了市场秩序为标准的；国有经济是否应该存在，应更多地通过市场来选择，国有企业与其他企业一样，在市场中经受优胜劣汰的考验。从这个角度来看，财政与国有经济的关系应该定位为财政努力为适合发展的国有经济创造良好的外部环境，尽可能避免对企业微观经营行为的干预。

改革蓝图的描绘，既要从具体财政制度改革入手，也要注意发挥财政制度的合力，以更有效地发挥财政政策对经济的调控作用和对社会发展的促进作用。财政改革最终的目标应是实现财政决策的法治化与民主化，财政支出的均等化，财政收入税收化和财政政策调控体系制度化。

---

[1] 不管是什么样的财政收入，都应该列入政府预算。曾在中国引起较多争议的所谓"超收收入"列入政府预算本不应有争议，但事实上不同的政府部门看法不同，这从一个侧面反映了一个问题：即使是取得共识的看法，在现实中要得到贯彻实施，仍然需要外部的推动力量。

第 5 章　财税现代化的成就

　　财税现代化即财税改革的成就，最直接的是建立起与社会主义市场经济体制基本适应的公共财政体制，并正在加快建立现代财政制度，预计在 2020年基本建立起现代财政制度。2013 年中共十八届三中全会召开之后，财税现代化之路更加清晰，特别是"财政是国家治理的基础和重要支柱"的定位，对财税改革的方方面面提出了要求。1978 年以来，财税改革在建立规范化的现代财政制度努力的同时，促进了资源配置效率的提高、社会公平的改进以及现代财政宏观调控机制的形成。

5.1　资源配置效率的提高

5.1.1　财政改革与资源配置效率的提高：企业角度的分析

　　财政改革促进资源配置效率的提高。现代经济是混合经济，资源分别在公共部门（政府部门和非营利性组织）和私人部门（包括各类企业在内的营利性经济部门）进行配置。在中国，财政改革既促进了各类企业的发展，也提高了财政资金的使用效率，促进了公共产品和公共服务水平的提高。资源配置效率提高，最直接的表现是中国经济的快速增长，1979—2017 年，GDP

以平均每年 9.5％ 的速度增长。中国经济奇迹的出现也正是因为包括民营企业在内的各类企业活力释放的结果。

改革伊始，财政就通过对国有企业放权让利，增强了对国有企业的激励。后来在规范政府与企业之间利润分配关系的一系列举措，如利改税、企业承包制、税利分流等等，都致力于减少财政对企业的干预，让企业成为自主经营、自负盈亏的经营主体。

政府努力为各类企业创造公平的竞争环境。特别是社会主义市场经济体制改革目标明确之后，公平竞争的税收环境逐步形成。1994 年的税制改革统一了各类企业的流转税制，统一了内资企业的所得税制，内资企业所得税适用的税率与外资企业所得税制同为 33％。2008 年更进一步统一了内外资企业所得税。2009 年 1 月 1 日，外资企业不再缴纳城市房地产税，而是与内资企业一样缴纳房产税，这标志着中国内外资分设税种历史的结束，意味着统一税制的形成，有利于公平竞争的税收营商环境的形成。

1978 年以来，中国逐渐建立了一套社会保障制度，内容包括养老、医疗、失业保险等等，社会保障制度的覆盖面逐渐扩大。财政还通过支持社会保障制度的建立，努力减少国有企业的政策性负担，让各类企业能在同一起跑线上进行竞争。统收统支的国家和企业分配关系的变化，同时也改变了企业和职工的关系。企业因养老金支付、职工医疗费等负担的增加难以直接得到财政的支持，养老、医疗等负担逐渐转嫁到企业而成为企业的政策性负担。作为自主经营、自负盈亏的国有企业，沿用原有的单位保障制度，就意味着要自己承担职工养老保险的积累和支付。在这样的制度下，不同企业的社会保障负担明显不同。同是国有企业，不同地区不同行业的不同企业负担不一。同时，新旧企业之间因老企业有较多的离退休人员，退休养老保险等社会负担远较新企业为重。国有企业与其他不用承担社会保障职责的非公有制企业相比，养老和医疗保障的负担也较重。市场化改革要求不同企业之间进行竞争，而社会保障的负担会严重地影响到企业的利润水平，进而影响到企业参与市场竞争。[1]在这种背景下，要促进国有企业的自主经营、自负盈亏，要推动各类企业之间的公平竞争，就必须解决养老保障负担畸重畸轻

[1] 医疗费用等其他负担对企业的影响和养老保障基本相同，下文仅分析养老保障。

的问题。从 1984 年开始，各地区为适应经济体制改革的需要，开始陆续进行以退休费用社会统筹为主要内容的改革，并取得积极成效。

包括养老在内的社会保障制度的建立和健全，对于减少企业的政策性负担，塑造企业的自生能力是有帮助的。按照林毅夫（2002）的解释："如果一个企业通过正常的经营管理，预期能够在自由、开放和竞争的市场中赚取社会可接受的正常利润，那么这个企业就是有自生能力的；否则，这个企业就是没有自生能力的。"传统经济体制下所形成的国有企业能否在市场化改革之后生存，很大程度上取决于其是否具有自生能力。显然，财政对企业的扩权让利，对建立社会保障制度的支持，对企业自生能力的形成和增强是有益的。

社会统筹和个人账户相结合的养老保险制度改革目标，兼顾了公平和效率，但是，在现实中，这种改革受制于个人账户的"空账"，也给未来养老保险制度的可持续性带来了严峻的挑战。如果按照这种目标进行改革，那么这势必要求财政增加对个人账户的投入，以做实个人账户。对于养老模式的选择，有多种争论。[1]笔者认为，应该立足既有现实，避免新制度引入带来的新问题，当前着重要做的是做大做实个人账户。但统账结合下，统筹账户收不抵支，挪用个人账户，结果是旧账未算，新账又来。做实个人账户工作进度不够理想。做实个人账户，资金只能来自财政拨款或国有资产转让收入。国有企业所创造的红利上缴财政之后，财政可以将这些红利以拨款的方式，注入个人账户。通过国有股减持所获得的资金，也可以注入个人账户。政府的其他收入如国有土地出让金收入以及一般税收收入，都可能成为做实个人账户的资金来源。但是，通过一般税收收入注资是否有必要，争议很大。机关事业单位养老金个人账户如同步做实，更是要耗费巨额资金。在这样的背景下，名义账户制得到更多的关注。这样的账户不要求账户内是否有资金，只要账户内的名义金额可以作为领取养老金的依据即可。

养老金统筹层次越高，对劳动力在更大范围内的流动越有利。劳动和社会保障部提出 2009 年在全国基本实现养老保险省级统筹的目标，但这一目

---

[1] 有的认为应该回到现收现付制，也有的认为可以实行名义账户制，即保留个人账户，但个人账户起到的作用只是个人支出与最终收益相挂钩，个人最终收益的多少由国家参照市场状况另行确定。

标没有实现。中西部地区省级统筹进展相对较快，东部地区则相对较慢。例如，广东省 2017 年 7 月 1 日起实施企业职工基本养老保险省级统筹。每个人缴纳养老保险之后，都希望能够在退休之后正常领取养老金。人口年龄结构不一样的地区，经济实力不一样的地区，未来养老金支付能力肯定有差异，东部地区（进而包括发达省份的不同地级市）担心统筹之后养老金支付能力下降，因此对统筹不太积极也是可以理解的。中西部地区省以下养老保险问题更加突出，需要更高层面的支持。东部地区省以下多数地方可以自行解决养老保险问题，对省一级的统筹不是那么迫切，再加上各省内部养老保险水平的差距，在一定程度上影响了省级统筹的进程。但是，省级统筹乃至全国统筹是劳动力市场全国统一的内在要求。没有省级统筹，何来全国统筹？如何解决各省之间养老保险待遇的差别问题，实现全国统筹，才是难中之难。2018 年 7 月 1 日，养老保险基金中央调剂制度建立，旨在均衡地区间企业职工基本养老保险基金（养老保险基金）负担，实现基本养老保险制度可持续发展。[1]养老保险全国统筹迈出了坚实的一步。

养老保险制度的完善还需要财政的支持。扩大养老保险覆盖面，特别是将更多的农民工纳入其中，在获得更多养老保险基金收入的同时，也意味着未来要担负养老保险支出责任。随着人口老龄化的加速，养老保障制度正面临人口"未富先老"的严峻挑战。当然，包括农民工在内的流动人口全面纳入养老保险体系，是有利于劳动力的自由流动的，有利于劳动力市场效率提高的。

财政还对非国有经济的发展予以支持，特别是改革以来，长期对外资经济的支持，既促进了外资在中国的发展，在一定程度上带动了国内企业效率的提高。

5.1.2 财政改革与资源配置效率的提高：地方政府角度的分析

中央财政对地方财政分权，增强了对地方政府的激励，促进了地方性公共产品和公共服务的有效提供。另外，在财政激励下，地方政府创造各种条

---

[1]《国务院关于建立企业职工基本养老保险基金中央调剂制度的通知》（国发〔2018〕18 号），2018 年 6 月 13 日发布，http://www.gov.cn/zhengce/content/2018-06/13/content_5298277.htm。

件，招商引资，纷纷展开竞争，也促进了地方经济的发展。

在 20 世纪 80 年代，为了调动地方的积极性，中国财政体制的主要形式可以归纳为财政包干制。财政包干制促进了地方政府之间的竞争，释放出发展经济的巨大能量，中国经济奇迹也因此而出现。地方政府相对独立利益的出现，使得地方政府有充分的激励发展当地经济。在当时，地方政府主要通过举办对当地财政收入贡献最大，利税最多的企业。许多地方政府举办烟酒等类型的高税利企业，但除此之外，地方政府还努力改善当地基础设施，创造条件招商引资。而且，后者应该是最主要的，否则我们很难理解当国家对烟酒行业的税收分享政策改变之后，多数地方的经济没有受到影响。

当然，财政包干制的实行也有许多不规范的地方，诸如：地方政府乱减免税，损害了国家财政的利益；地方政府保护本地企业，出现了"诸侯经济"问题；地方政府藏富于民，藏富于企业等等。其结果是国家财政收入占 GDP 的比重急剧下降，中央财政收入占全国财政总收入比重的同步下滑。

1994 年分税制财政体制改革的直接目的是提高"两个比重"，即提高财政收入占 GDP 的比重，提高中央财政收入占全国财政总收入的比重。但从根本上看，分税制改革是要在提高中央财政的宏观调控能力的基础之上规范中央和地方的财政关系。分税制改革不是对财政分权的否定，虽然财政收入更多地集中到中央，但中央通过财政转移支付，财政支出的大头仍然在地方。分税制改革只是让财政分权制度化和规范化，让地区间的财政竞争更有秩序。而且，由于分税制改革之后，地方政府的事权并没有减少，地方财政压力增加许多。地方政府面对的最为急迫的问题，是如何将经济蛋糕做大，扩大财力。同时，发展经济通常能够提升地方政府官员在上级心目中的地位，带来晋升的收益。两者在很大程度上是相吻合的。其结果是地方政府必然"拼经济"，即通过发展经济，提高经济总量，提高地方政府的地位，以获取更多的财政收入。

在改革的过程中，地方政府经历了自己办企业的教训，越来越不太在乎企业是否是国有企业，是否为本级政府所有，而更在乎企业是否能为本地财政收入作贡献，以及作多大贡献。在财政包干制下，地方政府曾经得到自己办企业的好处，但也吃尽苦头。企业有风险，当市场条件发生变化时，企业可能无法经营，在社会保障制度尚不健全的时候，政府作为国有企业的所有者，只能自己兜底。事实上，在 20 世纪 80 年代风光一时的乡镇企业，其债务后来就成为许多地方政府的负担。地方国有企业同样如此，当企业经营遭遇困境而自身又无法解决的时候，只能期待政府的"输血"。地方政府官员"吃一堑，长一智"，在能提供相同财政收入（无论是税收，还是利润）的国有企业和非国有企业面前，可能更多地偏向非国有企业。许多地方政府在国有企业经营状况尚好时，"靓女先嫁"，将国有企业出售。这种做法虽不无国有资产流失之嫌，但也规避了国有企业给地方政府带来的麻烦。

因此，与 20 世纪 80 年代地方政府更有兴趣自己办企业不同，90 年代之后，地方政府更多地借助于招商引资来发展经济，筹集财政收入，为公共产品和公共服务的提供筹集资金。分税制改革之后，如果没有地方经济的增长，地方政府财力缺乏的问题可能会更加严重，不要说"建设财政"，就是"吃饭财政"的职能都可能受到影响。

"拼经济"的过程，是尽可能多地吸引外来投资，稳住本地资本的过程，这也是保持地方经济高速增长的一种有效途径。从改革开放到 1994 年分税制改革之前，地方政府"拼经济"屡屡表现为侵犯中央政府的统一税权，为了吸引资本而越权减免税。1994 年改革之后，中央税权得到强调，地方的竞争不能再以牺牲中央财政的利益为前提。这样，地方政府之间的竞争更加规范化，更有秩序。

地方政府为了发展经济，纷纷加大投入，改善基础设施建设，并想方设法降低资本在本地生存的成本，以最大限度地吸引资本，促进本地经济的发展。

5.2 收入分配的改进

5.2.1 1978—2017 年的收入分配

改革开放之前，我国居民的收入分配格局呈现出严重的平均主义，影响了经济效率。改革之后，居民收入差距拉大。虽然过分的拉大同样会带来社会问题，但适度的差距能够促进经济效率的提高，可以视为收入分配改进的成果之一。

收入分配的改进还表现在无论是城镇居民家庭的人均可支配收入，还是农村居民家庭的人均纯收入，在 1978—2017 年间都有了较大的提高，以 1978 年指数等于 100 计，2017 年全国居民人均可支配收入指数为 2 378.4，城镇居民人均可支配收入指数达到 1 541.6，农村居民人均可支配收入指数为 1 825.5（国家统计局，2018）。也就是说，城乡居民收入分配上的差距更多的是收入水平大幅度提高之后的差距，显然，这对于城乡居民生活的改善是有帮助的。

最近十多年，全国居民人均可支配收入基尼系数均在 0.4 以上。2003 年为 0.479，2008 年达到 0.491，之后多年持续微降，2016 年之后略回升至 0.465，2017 年为 0.467（图 5.1）。

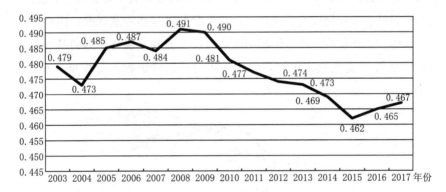

图 5.1　2003—2017 年全国居民人均可支配收入基尼系数

资料来源：2003—2016 年全国居民人均可支配收入基尼系数来自国家统计局网站：http://www. stats. gov. cn/ztjc/zdtjgz/yblh/zysj/201710/t20171010 _ 1540710. html；2017 年来自《中国统计年鉴 2017》。

2017 年，全国居民恩格尔系数为 29.3%，比 1978 年的 63.9% 下降了 34.6 个百分点；城镇居民恩格尔系数为 28.6%，比 1978 年的 57.5% 下降了 28.9 个百分点；农村居民恩格尔系数为 31.2%，比 1978 年的 67.7% 下降了 36.5 个百分点。[1]

---

[1] 国家统计局住户调查办公室：《居民生活水平不断提高　消费质量明显改善——改革开放 40 年经济社会发展成就系列报告之四》，2018 年 8 月 31 日，国家统计局网站：http://www.stats.gov.cn/ztjc/ztfx/ggkf40n/201808/t20180831_1620079.html。

按照我国现行农村贫困标准（2010 年价格水平每人每年 2 300 元）测算，1978 年我国农村贫困人口为 7.7 亿，贫困发生率为 97.5％。2017 年年末农村贫困人口 3 046 万人，比 1978 年减少 7.4 亿人；贫困发生率为 3.1％，比 1978 年下降 94.4 个百分点，平均每年下降 2.4 个百分点。[1]2017 年召开的中共十九大将进准扶贫列入未来三年要坚决打好的三大攻坚战之一。可以预期，减贫将以更快的速度进行。

5.2.2　社会保障制度的建立与收入分配的改进

改革以来，中国逐步建立了与市场经济要求基本相适应的社会保障制度。其基本架构如图 5.2 所示。社会保障制度包括社会保险、社会福利、社会救助、社会优抚、住房保障和农村社会保障制度，其中社会保险、住房保障和农村社会保障制度是新制度。社会保险制度包括养老保险、医疗保险、失业保险和工伤保险。社会保障制度或可以保证各种弱势群体的基本收入，或可以抵御可支配收入下降的风险，因此，它对于收入分配能起到改进作用。

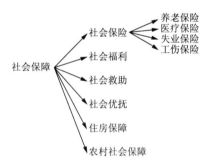

图 5.2　中国社会保障体系架构

2017 年，全国参加基本养老保险人数为 91 548.3 万人，参加失业保险人数为 18 784.2 万人。

1978 年以来，中国社会保障制度的发展过程是社会保障逐步取代单位保障的过程。这一进程尚未结束。近年来，财政在社会保障上的支出绝对规

［1］　国家统计局国际中心：《国际地位显著提高　国际影响力明显增强——改革开放 40 年经济社会发展成就系列报告之十九》，2018 年 9 月 17 日，http://www.stats.gov.cn/tjsj/zxfb/201809/t20180917_1623310.html。

模在逐步扩大。2017 年，一般公共预算中补充全国社会保障基金 200 亿元，行政事业单位离退休支出 7 578.95 亿元，最低生活保障支出 1 475.83 亿元，财政对基本养老保险基金的补助 7 448.66 亿元，财政对基本医疗保险基金的补助 5 024.08 亿元。2017 年全国社会保险基金收入 58 437.57 亿元中，财政补贴收入 12 351.76 亿元。2017 年全国社会保险基金收支结余 9 784.58 亿元。显然，如果没有财政补贴收入，当年收支出现赤字。

近年来，中国城乡普遍建立起最低生活保障制度。统一的城镇最低生活保障制度先于农村建立。1999 年 10 月 1 日开始实施的《城市居民最低生活保障条例》规定：持有非农业户口的城市居民，凡共同生活的家庭成员人均收入低于当地城市居民最低生活保障标准的，均有从当地人民政府获得基本生活物质帮助的权利；财政部门按照规定落实城市居民最低生活保障资金；城市居民最低生活保障所需资金，由地方人民政府列入财政预算，纳入社会救济专项资金支出项目，专项管理，专款专用。随后，各地参照城镇最低生活保障制度，建立起农村居民最低生活保障制度。根据民政部统计，2018 年第三季度，城市最低生活保障人数 1 068.8 万人，639.4 万户；农村最低生活保障人数 3 551.1 万人，1 942.8 万户。表 5.1 显示当前中国的最低生活保障情况。

表 5.1　中国最低生活保障情况

	单　　位	数　　量
城市		
居民最低生活保障人数	万人	1 068.8
居民最低生活保障户数	万户	639.4
居民最低生活保障平均标准	元/人、月	574.7
农村		
最低生活保障人数	万人	3 551.1
最低生活保障户数	万户	1 942.8
最低生活保障平均标准	元/人、年	4 753.6

资料来源：民政部，《民政事业统计季报（2018 年第 3 季度）》，参见民政部网站：http://www.mca.gov.cn/article/sj/tjjb/qgsj/2018/20180910291103.html。

5.2.3　促进公平的税收制度

经过 40 年的改革，中国已经初步建立起促进公平的税收制度。越是有效的市场，越是维持市场最初开始运作的收入分配状况。资源禀赋的差异，决定了市场机制不能在收入分配中发挥有效的作用。政府通过课税，改变资源禀赋分布格局，能够促进社会公平。

相对于商品税而言，个人所得税和财产税更容易达到社会公平的目标。个人所得税和财产税都属于直接税，不容易转嫁，负税人基本上就是纳税人。20 世纪 80 年代，中国建立了个人所得税制，1994 年统一了个人所得税制，实行累进税率的个人所得税，富人税收负担更重，因此能够起到调节收入分配的作用。2018 年个人所得税法修正，2019 年 1 月 1 日，中国正式实施有专项附加扣除的综合与分类相结合的个人所得税制度，个人所得税促进社会公平的目标更加突出。商品税也能在促进社会公平上发挥一定作用。以消费税为例，对富人消费更多的商品（例如奢侈品）课以重税，而对穷人消费更多的商品（例如生活必需品）不征税或适用较低的税率，同样可以起到调节社会收入分配状况的作用。中国消费税的课征在选择税目，确定税率时，考虑了这个因素。在选择性消费税中，不是所有的商品都要负担消费税，而奢侈品不仅要负担消费税，而且税率较高。

2006 年，全国取消农业税（仅保留了烟叶税），这和财政增加农村投入，建设新农村的政策一起，形成了"多予少取"的惠农政策，有利于缩小城乡收入差距，有利于收入水平相对较低的农村居民改善收入状况。

促进就业是改善收入分配的重要途径。从中国现实来看，创业是提高就业水平的一条重要途径，需要降低创业的税收门槛。例如，中国企业所得税制对小微企业实行更加优惠的税收政策，就能起到鼓励创业，提高就业水平的作用。对劳动密集型行业特别是服务业实行税收优惠政策，可以给更多的人带来就业机会。

5.3　现代宏观财政调控机制的形成

5.3.1　现代宏观财政政策的运作

经济稳定是任何社会都要追寻的目标。不同社会在不同经济条件下实现经济稳定的途径不同。人类进入现代社会之初，即资本主义初期，各国多奉行自由竞争的经济政策，这种政策尽可能限制国家和政府的活动范围，政府的经济活动范围偏小。随着资本主义世界经济危机的多次发生，且程度越发严重，政府开始大范围地介入经济活动，适应政府干预经济需要的财政政策理论也就应运而生。特别是，1936 年，凯恩斯的《就业、利息与货币通论》的出版，催生了现代宏观经济学，国家干预主义的财政政策理论也渐渐地深入人心。1929—1933 年，西方世界的经济大萧条，说明当时政府所推行的经济自由主义政策无法解决现实问题。凯恩斯通过剖析经济中存在的问题，得出了有效需求不足导致经济危机的结论。20 世纪五六十年代，是凯恩斯主义的黄金时期，西方多个国家奉行的凯恩斯主义财政政策获得了巨大成功，促进了经济的稳定和增长。当然，所有的理论并不能穷尽真理。理论往往只能是对以前实践经验的总结和抽象，况且无论是总结，还是抽象，也只能注意到实践中存在的最为突出的问题。当经济增长进入一个新阶段之后，由于客观经济环境的变化，问题的突出性也发生了改变。20 世纪 70 年代，经济停滞和通货膨胀并存的"滞胀"现象的出现，推动了一些带有经济自由主义色彩的理论的发展。货币主义、理性预期学派、供给学派等的财政政策理论就是在这样的背景中出现的。所有这些新理论都注意到凯恩斯主义财政政策理论某一方面的缺陷，力图弥补缺陷。但也正因如此，新理论自身不可避免地也会有片面性。无论是 1979 年英国撒切尔夫人上台之后采取货币主义政策主张，还是 1981 年美国里根政府所奉行的供给学派理论观点，都无法避免新理论的片面性。这些新古典主义的政策主张，由于过分强调了政府政策的无效性，与现实存在着极大的脱节，因此它难以得到推行，但这并不是说该理论没有任何价值。新凯恩斯主义的兴起事实上在很大程度上接受了该理论的观点，当然也吸收了其他学派的观点。可以说新凯恩斯主义经济学是集大成的。20 世纪 90 年代，美国的克林顿政府在促进经济增长上获得了较大的成绩，也归因于采取了新凯恩斯主义的政策主张。2008 年国际金融危机爆发之后，财政政策重新得到了重视。

当然，就理论自身而言，财政政策理论还不完善。如何让源于工业经济时代的财政政策理论能够适应新经济时代的需要，如何让本来适用于一国的财政政策适应经济全球化的需要，都是财政政策理论发展中碰到的新问题。

总的来看，多种财政政策理论共存的现实，不能改变多数国家政府奉行积极干预经济的财政政策的现实。市场经济条件下，市场本身不能有效地促进宏观经济稳定的客观事实，决定了多数国家采用财政政策弥补市场失效。

5.3.2   计划经济下经济稳定目标的实现

在计划经济条件下，中国稳定宏观经济的任务主要是通过计划和公有制制度来完成的。传统政治经济学认为，资本主义世界的经济周期和经济危机是由于生产资料的私有制和社会化大生产的矛盾所引起的，要消除这个根本矛盾，唯有改生产资料的私有制为公有制；生产资料的公有制（实践中更多地表现为国有制）可以实现有计划按比例地发展，不会有资本主义条件下的那些经济不稳定的问题。

在计划经济条件下，政府通过生产资料公有制和计划，控制了物价、就业、国际收支平衡问题，促进了经济的增长。传统经济条件下，政府计划控制了物价，多种商品的价格多年来维持不变，但价格不变的背后是"短缺"；政府通过户籍制度，将人口分为城镇户口和农村户口，持有农村户口的人在农村就业，持有城镇户口的人在城镇就业，且有对应的单位，但这种充分就业的背后是"隐性失业"，多个单位"冗员"问题严重，就业量超过了最佳需求量；政府控制进出口贸易活动和严格的外汇管理制度，维持外汇收支平衡。在传统经济体制下，虽然经济能够发展，但后劲不足。传统体制下所蕴含的经济急剧波动性，最终导致经济增长乏力，甚至出现了倒退。这样，宏观经济稳定的目标从根本上看是难以最终实现的。因此，改革传统体制，构建更加有利于经济稳定的体制和政策机制，就成为政府的重要任务。

在计划经济时期，国家计委管综合平衡，财政平衡是财政、信贷、物资平衡（"三平"）或包括外汇平衡在内的"四平"的一个组成部分。从总体上看，这时的财政政策地位是非独立的。根据综合财政信贷计划，计委定盘子，财政和银行拿钱，计划挤财政、财政挤银行、银行发票子，这样的财政政策附属于计划、作为计划一种手段的财政政策（李茂生、柏冬秀，1999：52）。财政在整个国家调控体系中扮演的是会计或者账房先生的角色。

在计划经济条件下，财政赤字常常通过发行货币来弥补。2003 年 10 月 23 日在第十届全国人民代表大会常务委员会第五次会议上，《国务院关于规范处理 1995 年以前中央财政向人民银行借款问题的报告》显示，1995 年

《中国人民银行法》公布前，中央财政向人民银行借款 1 663.57 亿元。这种做法在一定意义上保持了财政制度的正常运行。但由于这种做法必然引致通货膨胀，因此，在市场经济改革目标明确之后，中国就不再通过货币发行的方式弥补财政赤字。

5.3.3　促进宏观经济稳定的财政政策机制的形成

市场化改革必然要发挥微观经济主体的积极性，计划不能再发挥根本性的作用。这就引起政府宏观调控手段的变化。政府宏观调控逐渐从直接干预向间接调控过渡。计划经济条件下，各部门、各地方、各种企业单位等的责权利不对称，存在严重的预算软约束，因此都有内在的扩张冲动，"投资饥渴症"和"消费饥渴症"并行。管住基本建设投资，就意味着管住经济的重要方面；管住社会集团购买力，就意味着管住了社会消费。基本建设投资和社会集团购买力都可以通过计划手段以及相应的财政措施来加以控制。这种直接控制带来了经济的急剧波动性，容易引起经济的大起大落，出现了"一放就乱，一乱就收，一收就死，一死就乱……"的放乱收死循环局面。在 20 世纪 80 年代，政府希望通过间接调控取代直接干预的政策主张。1987 年提出"国家调节市场，市场引导企业"。

在市场体系尚未健全、市场主体尚未真正形成、价格体系尚未理顺的条件下，政府还必须借助计划手段来调控经济。在改革以来的很长一段时间内，甚至直到现在，相对独立的财政政策在一定程度上仍受制于计划。从总体上看，改革开放以来，财政政策机制的形成可以 1994 年为界，分成两个阶段：第一阶段是财政政策基本形成阶段，在这个阶段，计划与财政政策手段混合发挥作用，计划在其中发挥主导作用；第二阶段是社会主义市场经济体制改革目标明确之后。在市场经济大背景下，财政政策已经开始相对独立地发挥作用，虽间或有计划的作用，但基本上是以财政政策为主。

促进宏观经济稳定的财政政策的形成过程，是财政政策的目标体系的构建、财政政策手段的重塑、财政政策环境的形成过程。

1. 财政政策目标的形成

在市场经济条件下，经济政策的目标一般包括充分就业、物价稳定、国际收支平衡和经济增长四个方面。在计划经济条件下，这四个目标主要通过计划手段来加以实现。随着经济改革的深入，城市依靠单位吸收劳动力的局面需要改变，农村劳动力也不再被限制在农村就业。企业改革中必然要释放出"冗员"（剩余劳动力），关停并转的企业有更多的劳动力需要转移，在转移过程中，需要有与之对应的社会保障体系，需要有政府促进就业的措施；农村剩余劳动力的转移同样需要政府相关政策的支持。

在计划经济条件下，政府通过计划，人为地规定了各种产品的价格，且长期保留了稳定的低价格。这种价格无法作为资源配置的价格信号，因此随着市场化改革的深入，改变不合理的价格比例关系，就成为改革的一项重要任务。放开价格，会影响到方方面面的利益关系，需要政府对某些利益受损方进行适当的财政补贴。在市场经济条件下，物价稳定主要是货币政策的目标，但这有一个前提，即中央银行具有独立性，货币政策的执行不受财政的干扰。在1995年中国人民银行独立行使货币政策职能之前，部分财政赤字是通过货币发行来得以弥补的。物价稳定目标的实现需要财政政策的配套，但这种配套是通过财政制度的建设来加以完成的。

在计划经济条件下，国际收支平衡体现为外汇收支平衡，外贸活动以及国际经济往来基本上都是由政府统一垄断的。国家通过统一组织出口，换取外汇。在这个过程中，往往伴随着大量的出口亏损，而亏损是由财政加以补贴的。在市场经济条件下，随着外贸体制改革的深入，进出口自主权逐渐放开，大量外资流入，更多的企业参与国际经济往来，国际收支平衡形势已经发生了很大的变化。国际收支平衡仍然是财政政策所要实现的一个目标。

在计划经济条件下，经济增长主要是通过计划来加以实现的。财政在其中发挥的作用，主要是执行计划。而在市场经济条件下，市场在资源配置过程中发挥基础性作用，计划的主导地位不再，财政政策必须承担起更多的经济增长任务。而且，财政政策在实施过程中，更多的是以间接引导的方式发挥作用。

2. 财政政策手段的重塑

（1）赤字和公债。

赤字和公债，作为调节宏观经济的工具，是适应现实经济的选择。改革以来，政府坚持财政收支平衡的理财观念没有改变，但也采取了一些务实的措施。在财政收入相对水平下降的情况下，由于政府职能未有根本转变，财政原有的支出任务压力未减，为还清历史欠账，财政又增加了新的支出压力，支持改革和发展，导致一定规模的财政赤字成为必然的选择。

在 20 世纪的 50 年代，新中国曾经靠发行公债，促进了国民经济的恢复，也通过举借国内外债务（国外主要是苏联借款），促进了经济建设。1968—1978 年，中国进入了一个既无内债又无外债的时期。而且，当时的中国政府将"既无内债，又无外债"视为社会主义制度优越性的一种表现。这在一定程度上妨碍了将赤字和公债作为经济调控手段的使用。

要突破赤字和公债的已有道德观念约束，中国采取了一种务实的态度。理论界先将财政平衡解读为"财政收支平衡，略有结余"，进而再理解为"财政收支平衡，略有赤字"，有一种说法将财政赤字占财政收支的比例限定在一定范围内（3%），即视为实现了财政平衡（邓子基，1989）；有将财政平衡从年度平衡拓展为周期性平衡的（王绍飞，1989），年度财政赤字从而可以接受。更有区分"赤字财政"和"财政赤字"的，前者被视为政府主动选择的结果，后者则是被动选择的结果，进而将中国所出现的财政赤字区别于资本主义国家，而使得财政赤字在社会主义制度下有了合理性。关于公债，理论界将之区分为赤字性公债和建设性公债，中国公债属于建设性公债。公债的发行从最初甚至不是直接以公债的形式出现，而是以国库券形式出现的。建设性公债改革最初的十多年里甚至也被视为财政收入。但不管怎样，赤字和公债，作为财政政策的工具，渐渐地有了各自的活动空间。不再囿于传统理财观念，而是从实际出发。赤字财政与财政赤字之争从赤字是否有害开始，到赤字与周期性平衡，再到社会总供需平衡。也正因如此，扩张性财政政策、中性财政政策和紧缩性财政政策才有了实施的空间。

（2）税收手段。

税收是财政收入的主要形式，现代国家多借助于税收工具，或通过增税，或通过减税，实现其财政政策目标。自利改税之后，税收一直是中国财政收入的主要形式。这就使得，政府有可能借助税收工具，进行财政政策操作。与西方国家不同的是，中国的税收结构是以流转税（商品税）为主体的。即使是所得税，中国也是以企业所得税为主的，个人所得税所占比重虽有较大增长，但仍不能在税制结构中占据重要地位。因此，税收政策工具的使用，在中国有了特殊性，也就是说，发达国家累进的个人所得税制所能发挥的自动稳定器作用，在中国的作用就极其有限。当然，税收对企业、个人的利益影响已经显现，增税和减税都能对市场主体产生一定的影响。

财政对出口企业亏损补贴为国际贸易惯例所不允许，财政对国际收支平衡的实现应转换方式。各国对出口的支持主要表现在出口退税上。出口退税同时是国际间接税协调的制度，是一国主动以牺牲本国间接税利益为代价，鼓励商品出口的措施。出口退税是否进行以及退多退少体现的是一国主权，也容易为国际社会所接受。在特定时期，出口退税政策可以作为宏观经济政策的一个组成部分，通过出口退税率的调整，对宏观经济进行调控。

（3）利润。

政府的收入形式除了税收之外，还有利润。改革之前，利润收入（企业收入）曾经是中国最为主要的财政收入形式。随着利改税的进行，利润收入在财政收入中的地位下降。1994年之后，为休养生息，多数国有企业的利润不上缴，政府通过减少企业利润上缴，鼓励了国有经济的发展。这也是政府放弃利润的双向调节作用。

（4）财政支出。

在计划经济条件下，压缩基建投资规模，控制社会集团购买力，投资项目要通过计划部门定审批，是有效控制经济过热的手段。但是，这种做法容易导致"收-死-放-乱"的循环，最终损害经济效率。而在市场经济条件下，计划控制投资和消费是不符合市场发展要求的。但是，政府仍然可以使用财政支出的手段，促进宏观经济稳定目标的实现。

政府举办公共工程、财政贴息、政府给居民补贴，等等，都是政府通过财政支出手段，促进宏观经济稳定的可选择项。

3. 财政政策主体的重塑

财政政策要发挥作用，必须有对应的调控对象。具有独立利益的企业和个人都逐步成为财政政策调控的对象。

通过扩权让利，各级政府与其所属国有企业之间的关系逐步规范化，国有企业的行为从原先的"软预算约束"逐步转向"硬预算约束"，对政府的依赖性减少，自主性增强，并逐步成为自主经营、自负盈亏的主体。财政政策或扩张或紧缩，都会对国有企业经营环境产生影响，从而影响企业的行为。国有企业能够对财政政策作出反应，成为财政政策调控的对象之一。包括外资企业、私营企业、股份制企业在内的非国有企业的生产经营自主性更强，更容易直接受到财政调控的影响。

与此同时，个人附属于单位的状况逐步得到改变，个人的经济利益显现的结果是，财政政策的变化同样能对个人的经济行为产生影响。虽然迄今为止，中国的个人所得税占税收收入的比重还较低，但累进的个人所得税制还是可以部分起到"自动稳定器"的作用。

4. 财政政策环境的重塑

要通过财政政策发挥间接调控作用，需要有财政政策的活动空间，即财政政策环境。财政政策活动的空间是市场，因此，需要推动市场体系的建设。改革之后，最先形成的是商品市场。价格的双轨制改革，首先在计划价格体系之外，形成了一个虽然范围较小，但对市场成长有着深远影响的商品市场。指令性价格、指导性价格和市场价格逐渐并轨，商品市场基本形成。但是，包括资本市场、劳动力市场在内的要素市场还有许多不规范的地方，利率市场化问题尚未解决，劳动力的流动还有户口、社会保障等诸多障碍；公共服务、基础产品、资源、能源等等价格尚未理顺。就整体而言，财政政策运作所需要的市场环境还需要进一步构建。

市场体系要求形成全国统一市场。改革过程之中，20 世纪 80 年代出现了"诸侯经济"，市场封锁和地方保护主义现象严重。但随着分税制改革的推进，以及政府向公共服务型政府的转型，地方保护主义的空间越来越小，统一市场形成的障碍也逐步消除。

5.3.4　与计划相结合的促进经济稳定的财政政策

无论如何，不能等到所有财政政策工具、市场环境、市场主体条件都具备，财政政策才能发挥作用。现实之中，财政政策的作用，财政政策与计划手段的配合。经济转型期，"解铃还需系铃人"，市场机制和市场手段往往是通过运用计划手段，才得以逐步形成的。以就业问题为例，由于长期通过计划手段安排劳动力就业，并为之提供相应的计划型的社会保障服务，这就决定了在适应市场经济体制要求的社会保障制度尚未建成之时，财政也就难以通过失业救济金等方式发挥作用，在一定时期内，借助计划手段解决就业问题，"下岗"就是特定时期的一种选择。与计划相结合的促进经济稳定的财政政策是一种以直接调控为主，间接调控为辅的财政政策。行政调控手段包括固定资产投资计划和控制集团购买力。在特定条件下，行政调控手段与其他财政政策工具，共同发挥作用。

财政政策作用的最终结果是经济增长。财政减收和财政增支，都是扩张性财政政策。因此，1996年之前数次紧缩的财政政策实际上是名紧实松的财政政策（李茂生、柏冬秀，1999）。这种财政政策是改革压力作用的结果。可以预期，如果一味地从紧，其结果必然是许多需要财政支持的改革措施无法出台，最终只会贻误改革的良机。宏观紧缩与财政赤字看似一对悖论，但在这种情形中，有了其合理性。宏观紧缩中，甚至财政赤字和公债规模会同时扩大，这是因为改革所形成的新财政支出与刚性支出合力作用的结果。

在经济转型期，财政政策的运用经常碰到财力约束的问题。从理论上说，财政政策的有效运作必须有与之相匹配的财力作为基础。财政持续减收，客观上刺激了经济的持续增长，但是，当财政收入不足以维持财政支出需要，政府的基本功能满足都难以实现的时候，财政制度的基本功能不能实现，更谈不上调控政策的落实。因此，在中央财政层面，赤字和公债、再加上其他预算外财力（"部门创收"）以及搭收费便车的制度外财力在一定程度上为改革提供了支持。而在地方层面，预算外和制度外财力的存在，为地方财政的正常运转提供了补充财力。这也可以理解为什么1978—1995年在财政收入占GDP持续下降的情况下，国家能够保持稳定，不出大的乱子。

改革以来，放权让利，导致财政和金融的宏观配置格局改变，资金配置格局从"大财政、小银行"转为"小财政、大银行"（黄达，1995）。在财政政策实施遇到资金瓶颈的时候，银行在很大程度上帮助了财政，特别是银行对国有企业"输血式"的支持，虽然后来给银行带来了大量不良资产，但对于国有企业暂时保持正常经营起到了积极的作用。[1]

1994年财政体制改革之后，虽然由于财政收入惯性的作用，财政收入占GDP的比重仍然下滑，但1995年之后，这种下滑的势头迅速得到遏制，1998年之后，财政收入占GDP的比重持续上升。财政在满足政府实现基本

---

[1] 改革中，财政和银行的关系实际上是一种互助关系。当其他财源成长起来之后，财政具备实力，就能反哺银行，帮助银行摆脱不良资产的困扰，直至银行具备自生能力。

功能需要的同时，有了调控经济的基本条件。财政收入稳定之后，各级政府依靠非规范途径取得收入的动力下降，政府与企业以及各种市场主体的关系相对规范化，市场主体能够对财政政策措施作出回应。1998 年后适应稳定经济需要的宏观财政政策之所以能取得较为理想的结果，就与此有密切的关系。

计划经济在很大程度上是一种实物经济，财政的统收统支与物资统一调拨体制是一致的。于是，在现实中，实物形态的指令性计划和行政管理为主的管理方式，与财政政策配套使用。

在全国统一市场未形成的情况下，通过市场间接调控的作用就会大打折扣。在很长一段时间内，政府面临的任务是打破诸侯割据局面。政府仍然必须运用在计划经济条件下行之有效的政策手段。

关于宏观经济管理，传统做法是通过国家固定资产投资计划来实现的。在计划经济条件下，直接控制固定资产投资规模，可以迅速起到防止经济过热的作用。但是，随着地方和企业自主权的扩大，固定资产投资计划不能对地方和企业自主权扩大所进行的投资发挥作用。引进税收手段，对国家固定资产投资计划之外的建筑工程投资征收建筑税，就成为当时政府的一种选择。为了解决地方、企业自筹资金及其他预算外资金增长过猛，基本建设投资规模过度膨胀，以及投资结构不合理的问题，适度控制基本建设投资规模，压缩非生产项目的投资，保证重点基本建设的顺利进行，中国于 1983 年开始征收建筑税。1991 年，固定资产投资方向调节税取而代之（固定资产投资方向调节税 2000 年暂停征收，2013 年取消）。1983 年和 1989 年分别对预算外资金征收能源交通重点建设基金和预算调节基金，是从投资资金来源渠道上防止投资过热。

控制社会集团购买力，防止消费膨胀，也是计划经济条件下稳定经济常采取的措施。在 20 世纪 90 年代之前，中国市场基本上是卖方市场，消费的过度扩大无疑会形成物价上涨的压力。在 20 世纪 80 年代，通货膨胀多次出现：在改革开放刚起步的 80 年代初，农产品价格上调，财政赤字突然升高，商品价格上涨率达到 6%。政府为了应对通货膨胀，压缩基本建设投资，收缩银根，并出台了一系列控制物价的办法。物价上涨幅度总体上来看不高。1983—1986 年，固定资产投资规模过大，社会总需求过旺，经济出现过热现象。需求压力明显。1985 年，价格同比上涨 8.8%。全社会价格普遍上涨，为了抑制高通货膨胀，国家控制固定资产投资规模，加强物价管理和监督检查，全面进行信贷检查。1987—1991 年，1988 年底，价格同比上涨达 18.5%，是建国以来最高。当年财政价格补贴高达 319.6 亿元，商品供求差额为 2 731.3 亿元。

国务院多次发出控制集团购买力的通知，如 1985 年 2 月 7 日《关于严格控制社会集团购买力的紧急通知》、1988 年 2 月 24 日《关于严格控制社会集团购买力压缩开支的紧急通知》、1988 年 10 月 6 日国务院《关于从严控制社会集团购买力的决定》、1993 年 8 月 6 日国务院《关于严格控制财政支出和社会集团购买力过快增长的通知》等。

控制社会集团购买力，控制的是机关、团体、企业、事业单位的购买力。这些社会集团在市场上购买当时市场上的高档消费品，如彩色电视机、电冰箱、洗衣机等，增加了财政支出，妨碍了货币回笼，造成市场供应紧张。

控制社会集团购买力，控制的是购买力的数额，并有具体数量指标的要求；确定专项控制商品的范围，其中主要是规定了控制商品的品种数量[1]；对会议费和出国费等加强了管理，适当集中审批专项商品的权限，加强社会集团购买力的监督管理，建立问责制度。

社会集团购买力的控制是政府直接控制支出的表现。在计划经济时期，政府对各种社会集团的财政财务支出有较强的控制能力，这是政府能够动用社会集团购买力来控制社会总需求的重要原因。

社会集团购买力的控制是特定时期的选择。随着企业自主性增强，企业的预算外资金不再视为预算外资金，再加上预算管理制度的完善，一些财政支出可以通过预算管理的加强来加以解决，社会集团购买力控制的地位慢慢地下降，并逐渐退出历史舞台。

1992—1995 年底，投资过热带来通货膨胀。供需矛盾突出。1992—1993 年，国家全面放开对过去发放票证、限额供应的商品的限制，由国家统一定

---

[1]　不同年份不同规定对社会集团购买的商品控制的数量不同，有的时候多，有的时候少，据不完全统计，从 1985 年到 1993 年，商品控制的品种数量经历了 31 种、14 种、17 种、19 种、29 种等的变化。

价和指导价格的几乎所有商品，都根据成本和市场需求重新定价。价格改革引起抢购热潮，商品供不应求。一些地方的开发区建设，房地产大规模开发，大宗生产资料价格上升 40%。1993 年，通货膨胀率达到 13.2%，1994 年的通货膨胀率达到 21.7%。

5.3.5　中国财政政策的成就

自改革以来，随着市场化改革的深入，中国政府多次运用财政政策，保证了经济的稳定。名义上，中国在 1979—1981 年、1985—1986 年、1988—1989 年、1993—1996 年等不同阶段实行了紧缩性财政政策，但就整体而言，财政政策是扩张性的。而且，这种名紧实松的财政政策功不可没（李茂生、柏冬秀，1999），对改革、发展和稳定都起到了良好的促进作用。

经济转型期中，如果税制没有随经济结构的变化作相应的调整，财政收入的增长往往跟不上经济的增长。而与此同时，财政支出任务往往不会减少。不仅改革需要财政支出的支持，而且发展仍然需要财政资金的投入，稳定同样需要财政支出，财政支出事实上存在很强的刚性，不容易削减。因此，即使是在实行所谓"宏观紧缩"的财政政策，实际上内在地隐含着扩张性的政策。

1992 年，固定资产投资高速增长，1992 年增速为 42.6%，1993 年为 58.6%，大大超过以往的增速。投资需求带动了消费需求，投资需求和消费需求的双膨胀，带动了物价的快速上涨。1993 年和 1994 年的居民消费价格指数分别比上年上涨了 14.7% 和 24.1%。为了应对通货膨胀，抑制经济的过热发展，1993 年下半年，中国开始实行适度从紧的财政政策，抑制固定资产投资过快增长的势头。控制财政支出规模，压缩财政赤字，财政支出增长速度从 1993 年和 1994 年的 24.1% 与 24.8% 降到 1995 年的 17.8%、1996 年的 16.3% 和 1997 年的 16.3%（中国财政杂志社，2007）。此外，还对财政信用周转金进行清理整顿，减少财政信用资金对生产企业的投入。这次财政政策的调整贯彻了总量从紧、结构调整的方针，固定资产投资规模控制，加大投资结构调整力度，严控新建项目、加大企业技改力度，保证国家重点建设和基础设施建设。

1994 年财税体制改革与适度从紧财政政策的配合，保证了财政政策目标的实现。分税制财政体制改革的实施，从一定程度上抑制了地方政府的投资冲动。税制改革方案的选择考虑了通货膨胀因素，考虑了投资过热的影响，中国选择了生产型增值税，对抑制过剩的投资与消费需求起到了一定作用，其结果是国民经济成功实现"软着陆"，物价涨幅回落到较低水平，居民消费价格指数持续下降，1995 年、1996 年、1997 年分别比上年上涨 17.1％、8.3％和 2.8％，形成"高增长，低通胀"的良好局面。

原先计划在"九五"时期实现财政收支平衡的目标，随着亚洲金融危机的爆发而转向。1998 年，中国开始实行积极的财政政策（即扩张性财政政策）。积极财政政策的主要内容：通过发行国债，扩大公共支出，拉动内需，以应对外部需求下滑的危险。

1998—2004 年是应对通货紧缩趋势的阶段。面对亚洲金融危机、全球经济的放缓以及国内总需求的不足，中国所采取积极财政政策（即扩张性财政政策），9 100 亿元长期建设国债的持续发行，每年拉动 GDP 增长 1.5—2 个百分点，有效地弥补了国内总需求的不足，推动了经济结构调整，有力促进经济稳定快速发展。

2004 年后，中国经济由相对低迷走向稳定高涨的拐点，通货膨胀势头逐渐成为影响宏观经济发展的压力，继续实施扩张性的财政政策易导致逆向调节，加剧投资与消费比例失调程度，加大经济健康运行的风险和阻力。因此，积极财政政策适时转向。但另一方面，中国经济又非全面过热；长期的国债投资项目仍需后续的资金补给；经济社会发展中还有农业、教育、公共卫生、社会保障等许多薄弱环节亟待加强。因此，积极财政政策不是迅速向紧缩的财政政策转变。稳健的（中性的）财政政策应运而生。

稳健财政政策（也就是经济学意义上的中性财政政策），是指财政政策对总需求既不扩张也不收缩的情形，是介于扩张性和紧缩性财政政策之间的一种中间状态，是在经济总量基本平衡、物价比较稳定、结构性问题相对突出情况下实行的一种财政政策。"控制赤字、调整结构、推进改革、增收节支"是稳健财政政策的核心内容（金人庆，2004）。

第一，控制赤字，反映了财政政策"松紧适度"的增量平衡取向，其主要的特征是"双减"——适度减少财政赤字和减少长期建设国债。第二，调整结构，反映了财政支出结构"有保有控"的结构优化取向。第三，推进改革，反映了财政政策促进"制度创新"，完善市场机制的取向。第四，增收节支，突出效率取向，这是寄希望于改革来解决的长久目标。

　　财政政策从紧到积极再到稳健，财政政策的成功转型标志着市场化进程中中国运用宏观调控手段的日趋成熟。这三个阶段是中国经济发展中三个非常重要的阶段。在此期间，政府采取了包括财政政策在内的一系列宏观调控措施。由于抉择得当，财政政策在熨平经济周期方面发挥了重要作用。

　　2008 年，为应对国际金融危机的挑战，中国又开始实行积极财政政策，出台了 4 万亿经济刺激计划。财政政策手段是"结构性减税"与扩大支出并举。积极财政政策的实施，在很短的时间内起到了稳定经济的作用。2013年，中国继续推行积极财政政策，在调整财政支出结构的同时，强调减税的作用；2018 年大规模减税降费多次得到强调。总之，市场经济改革目标确定以来，中国两次实施积极财政政策，在稳定经济上发挥了重要作用。更重要的是，财政政策机制的形成，为未来宏观经济调控打下了扎实的基础。

第 6 章 财税现代化进程中的问题与难点

本章分析财税现代化进程中的几个问题与难点，包括预算现代化改革、税收现代化、人工智能与税收现代化、中央与地方事权划分、地方债管理等。

6.1 预算现代化

6.1.1 财政透明度

1. 财政透明度概述

关于财政透明度，最常用的 Kopits 和 Craig（1998：1）所给出的定义："财政透明度是指向公众公布政府结构与职能、财政政策意图、公共部门账户和财政计划的公开度。它涉及可以迅速得到可靠的、综合的、及时的、易于理解的、国际间可比较的政府活动，选民和金融市场可以准确评估政府的财务状况、政府活动的真实成本和收益，包括它们现在和未来的经济和社会含义（social implications）"。国际货币基金组织的《财政透明度手册》就采用了这一定义。

国际货币基金组织（IMF）于 1998 年 4 月发布了《财政透明度良好做法

守则——原则宣言》（*The Code of Good Practices on Fiscal Transparency——Declaration on Principles*）（以下简称《守则》）。发布该《守则》旨在提高透明度和善治（good governance）。2007 年 5 月 8 日，该《守则》的修订版已经得到国际货币基金组织执行董事会的批准。已有 86 个成员方据此对财政透明度作出评估。[1]

《守则》（2007）[2] 包括了四个方面的内容：

第一，角色定位与责任的明确（clarity of roles and responsibility）：（1）政府部门应区别于其他公共部门，区别于经济体的其他组成部分，而且，公共部门内部的政策与管理角色应该明确并对公众披露；（2）财政管理应该有一个明确公开的法定的、受规章限制的行政框架。

第二，公开的预算程序（open budget processes）：（1）预算编制应该遵循一个确定的时间表，应该由明确的宏观经济目标和财政政策目标引导；（2）预算执行、监督与报告应该有明确的程序。

第三，信息向公众公开（public availability of information）：（1）公众能够获得过去、现在和未来的财政活动以及主要的财政风险的全部信息；（2）应该以便于政策分析和解释的方式提供财政信息；（3）必须承诺财政信息会及时发布。

第四，完整性的保证（assurance of integrity）：（1）财政数据必须满足所接受的数据质量标准；（2）财政活动应该受到有效的内部监督与安全的约束；（3）财政信息应该经得起外部细察。

财政透明度的提高，是一个国家自身改革和发展的内在要求，更是国家治理体系和治理能力现代化的要求。对一个希望走向更加民主繁荣的国家来说，财政透明度的提高，无论对于政府，还是公众来说，都是有利无害的。第一，公众对财政透明度的需求。财政信息的透明，使得公众容易得到有用的信息，企业、家庭和个人决策有了更为充分的依据。财政信息的透明，避免了政府行为对公众行为选择无谓的扭曲。公共支出规模的扩大，政府可支配财力的扩大，公众内心需要了解向政府交纳的税费的去向。第二，财政透

---

[1] 参见 http://www.imf.org/external/np/fad/trans/index.htm。

[2] 参见 http://www.imf.org/external/np/pp/2007/eng/051507c.pdf。

明度的提高有利于提高政府的治理水平。足够充分的财政透明度帮助公众正确决策，也有利于政府决策。正确决策的企业经营效益的提高，会在税收上得到体现。研究者根据较为准确的财政信息，所取得的研究成果，也可以帮助政府决策。财政透明度的提高，利于公众对政府行为的监督，提高财政资金的使用效率，促进政府治理效率的提高。第三，财政透明度的提高，同时也是一国政治民主的重要内容。中国正处于政府转型的关键时期，财政透明度的提高也会相应地提高社会主义政治的民主程度。

提高财政透明度（fiscal transparency）同时是对外开放的需要。财政透明度的提高，有利于吸引外资，有利于开展对外贸易活动，有利于国际间经济交往活动的开展。国际货币基金组织（IMF）有两级数据公布标准：数据公布通用系统（GDDS）和数据公布特殊标准（SDDS）。前者是 IMF 于 1997 年建立的；后是建立于 1996 年。二者框架基本一致，但 SDDS 对数据覆盖范围、公布频率、公布及时性、数据质量、公众可得性等要求更高，且需按标准公布实体经济、财政、金融、对外和社会人口五个部门的数据。2012 年，SDDS 增强版（SDDS Plus）问世，这是基金组织数据标准倡议的较高一层，旨在帮助解决全球金融危机期间确定的数据缺口问题。2015 年，强化的 GDDS（e-GDDS）取代了 GDDS。超过 97％ 的基金组织成员国参加了 e-GDDS、SDDS 或 SDDS 增强版。[1]IMF 对数据公布的要求促进了各成员国（地区）财政透明度的提高。经济合作与发展组织（OECD）将预算透明度的好处归纳为问责（accountability）、廉正（integrity）、包容（inclusiveness）、信任（trust）和品质（quality）五个方面。于 2001 年发布了《OECD 预算透明度最佳实践》（OECD Best Practices for Budget Transparency）这一各国政府提高预算透明度的参考指南，并于 2015 年融入《预算治理建议》（Recommendation on Budgetary Governance）且得到更新升级。[2]财政透明度提高也是世界贸易组织的透明度原则的要求。2001 年 12 月 11 日，《中国加入WTO 议定书》生效，中国成为 WTO 的第 143 个成员。世界贸易组织的透明度原则是指世界贸易组织成员方应迅速公布和有效实施其现行的或即将施

---

[1] 参见 https://www.imf.org/zh/About/Factsheets/Sheets/2016/07/27/15/45/Standards-for-Data-Dissemination。

[2] 参见 http://www.oecd.org/gov/budgeting/best-practices-budget-transparency.htm。

行的贸易政策、法规。透明度原则是世贸组织的重要原则，它体现在世贸组织的主要协定、协议中。与财政透明度相关的信息包括：海关对进出口货物征收的关税税率和其他费用，有关进出口商品征收的国内税、法规和规章，利用外资的立法及规章制度，有关出口加工区、自由贸易区、边境贸易区、经济特区的法规和规章，有关服务贸易的法规和规章，成员方政府及其机构所签订的有关影响贸易政策的现行双边或多边协定、协议，其他有关影响贸易行为的国内立法或行政规章。另外，1994 年，WTO 成员间达成《政府采购协议》，要求各成员的政府采购制度应尽可能公平、公正，要求各成员充分披露政府采购信息。

2. 中国财政透明度的增强过程

（1）政府预算改革。

改革开放以来，中国财政透明度在不断地增强。其中，最为重要的是政府预算改革。1979 年，中国正式恢复编制并向全国人民代表大会提交国家预算报告和决算报告，由人民代表大会审议批准之后予以执行并对外公开的做法。1995 年，《中华人民共和国预算法》正式实施，原来只有一份人大统一审批的国家预算报告，现在变成各级政府都有各自的预算报告，并要由同级人大审批。全国人大和地方各级人大分别审批中央政府和地方各级政府的预算，政府预算监督的有效性大大增强，财政透明度也相应地得到提高。

部门预算改革是财政透明度提高的一个里程碑事件。改革之前，中国各级政府的预算只是按单位和支出的类别（如基本建设支出、文化教育支出、医疗卫生支出等）设置的一个笼统的资金预算，而不反映每一个职能部门掌握的预算资金情况。各级政府的部门预算由一般预算、基金预算和债务预算三部分组成。一般预算，又称普通预算，其收入没有指定用途的限制，具体包括一般预算收入和一般预算支出两部分。基金预算，又称专款专用预算，其收入有指定用途，因此，基金预算收支科目要一一对应。债务预算用来反映各级政府筹措的国内和国际债务收支状况，包括债务收入预算和债务支出预算。

以中央部门的预算为例，改革之前，中央各部委的预算按功能由财政部内的不同司局和有预算分配权的部委归口管理，部委内部的预算则由不同的职能司局管理。一个政府职能部门没有一本完整的预算，其结果是不仅财政部不知道各部委的财政资金的使用状况，而且各部委也不知道自身的财政资金使用状况。这种状况极其不利于对财政资金使用效率的监督。

部门预算改革旨在扭转这种不利局面。部门预算改革从 1999 年起步。[1] 2001 年，中央 159 个部门全部按照部门预算的要求编报了部门预算，向全国人大报送的部门预算增加了公安部、水利部等部门，增加到 26 个。2003 年报送全国人大的部门预算增加到 29 个，2004 年增加到 34 个，2005 年增加到 35 个，2006 年增加到 40 个，2016 年增加到 100 个。

部门预算编制工作的进步表现在：预算编制时间提前，编制时间更加充分，提高了预算编制的准确度。中央各部门编制预算从 1999 年度之前一般从 11 月份开始进行，2000 年开始改为从 9 月份开始，2002 年又改为从 7 月份开始，2004 年从 5 月份开始着手项目的清理工作。相应地，预算编制时间从 1999 年之前的 4 个月开始，逐步延长到 2000 年的 6 个月，2002 年的 8 个月和 2004 年开始的 10 个月。

预算编制改变了传统基数法，将部门所有支出划分为基本支出和项目支出，分别采取定员定额和项目库管理的方式进行编制；改变了过去层层留机动的做法；改变了预算外资金、各种政府性基金均由单位自行安排的传统预算编制方式，按照综合预算的要求，将预算外资金纳入预算管理或实行收支脱钩管理，2010 年之后，中国更是取消了预算外资金概念。

2007 年，财政部首次运用新的政府收支分类办法编制财政预算报告，以使政府预算真正做到反映全面、公开透明、便于监督。中国原来的政府收支分类，是与计划经济体制下的财政管理体制相适应的，以经费性质分类为主的体系。新的政府收支分类体系改变了过去以经费性质分类为主的情况，以功能分类为主，经济分类为辅，包括收入分类、支出功能分类和支出经济分类三部分。收入分类反映政府收入的来源和性质，支出功能分类反映政府各类职能活动，支出经济分类反映各项支出的经济性质和具体用途。这是新中国成立以来财政收支分类统计体系最为重大的一次调整，也是我国政府预算管理的又一次深刻创新。2007 年开始实行的政府收支分类改革，解决了

---

[1]　中央部门预算改革背景参见第 4 章。

"外行看不懂，内行看不清"的问题。[1]

地方部门预算改革实际上走在了中央政府的前头。从 20 世纪 90 年代开始，一些地区结合本地区实际情况，借鉴国际经验，在细化预算编制、加强预算管理方面率先进行了多种形式的探索。例如，海南省实行的标准收入预算方法，安徽省的预算追加听证制度，四川省的复式预算，以及各地广泛推行的政府采购制度等。最为突出的是河北省。该省编制 2000 年预算时改变原来按财政资金性质和部门交叉管理的方式，以部门为依托，将各类不同性质的财政性资金，包括单位自有收入、预算内拨款、预算外拨款等，统一编制到具体部门；取消中间环节，财政直接将预算编制并批复到省直 116 个一级预算单位。同时，省财政部门调整内部机构设置，将预算编制、执行、监督相对分离，建立起适应部门预算新要求的组织机构。近年来，地方各级财政部门借鉴中央部门预算改革经验，结合本地实际情况，不断研究、探索新的改革思路，在细化预算编制、规范预算管理、强化预算约束等方面，又取得了明显成效。[2]

(2) 中国加入数据公布通用系统（GDDS）和数据公布特殊标准（SDDS）。

2002 年 4 月 15 日，中国正式加入国际货币基金组织的数据公布通用系统（GDDS），实现了"数据入世"，制定了《中国 GDDS 工作规则》，国际货币基金组织为了提高各国宏观统计数据的透明度，防范经济、金融危机，制定了"数据公布通用系统"（General Data Dissemination System，简称 GDDS）。

GDDS 由国际货币基金组织于 1997 年创立。GDDS 作为一种框架，用以帮助基金组织成员国发展统计系统。其目的是生成全面精确的统计数据，以便于政策制定和分析。GDDS 关注三个方面：数据的质量、统计系统的发展计划和数据的公布。GDDS 成员承诺使用此框架开发其统计系统、生成并公布其经济、金融和社会人口统计数据，必须在基金组织公布标准公告栏网页（http://dsbb.imf.org/gddsindex.htm）上向公众发布其当前的统计结果、进一步

---

[1]　详见财政部预算司（2007，第一章）。

[2]　详见张馨、袁星侯、王玮（2001）；上海财经大学公共政策研究中心（2003）；贾康、苏明（2004）。

改进的计划和技术援助的需求。目前，有 92 个国家（地区）参加了 GDDS。

中国加入 GDDS 之后，承诺逐步实现按 GDDS 要求披露财政信息，要结合部门预算制度改革和政府收支分类改革，逐步建立规范合理的政府财政统计体系；要多渠道[1]提供信息，确保财政统计数据的质量、完整性并便于公众获取；要紧密结合社会保障制度改革和预算外资金管理制度改革，改进社会保障基金和预算外资金的统计工作；争取及时公布相关统计数据。在中国参加 GDDS 的时候，中国财政统计距离 GDDS 的要求还有四大差距（财政部综合司，2002）：一是统计范围。当时中国的财政统计主要是预算内收支统计，对预算外资金和社会保障基金主要是总额统计，没有按资金性质和功能的分类统计，不能做到全面反映政府的财政收支活动，而且没有全面统计一些行政事业单位和社会团体等公共部门掌握的准财政性收支。二是数据指标。GDDS 要求公布的财政统计指标包括中央政府财政统计和中央政府债务统计两大类。差距主要在债务统计上，当时中国已定期公布财政收支、政府融资和债务余额等指标，但尚未按币种、期限、债务持有人对政府融资和债务余额做进一步细分后公布。第三，政府收支分类。GDDS 所建议的 IMF 政府财政统计分类方法要求，政府收入按收入性质分类，政府支出按经济性质和功能进行分类。但是，当时中国的预算收入分类不够规范，未按收入性质分为经常性收入、资本性收入、转移和赠与收入。预算支出分类标准也不统一，部分支出按功能分类，如行政管理费、公检法司支出、外交外事支出等；部分支出按经济性质分类，如社会保障补助支出、国内外债券付息支出等。同时采用这两种分类标准，既不利于细化预算编制和强化预算约束，也不利于国际比较研究。第四，数据公布的频率和及时性。当时中国预算内收支公布频率和及时性基本上达到了 GDDS 要求，但预算外收支、社会保障收支与 GDDS 要求还存在一定差距。随着改革的深入，中国预算透明度逐步提高。2015 年，中国正式加入数据公布特殊标准（SDDS），这意味着中国的预算透明度正在向发达国家靠拢，也是财税现代化在预算透明度上的表现。

《中华人民共和国政府信息公开条例》已经 2007 年 1 月 17 日国务院第

---

[1]　这些渠道主要包括财政部网页（http://www.mof.gov.cn）、国际货币基金组织的 GDDS 网页（http://dsbb.imf.org/gddsindex.htm）和《中国财政年鉴》。

165 次常务会议通过，自 2008 年 5 月 1 日起施行。该《条例》规定，县级以上各级人民政府及其部门应当在各自职责范围内确定主动公开的政府信息的具体内容，并重点公开包括财政预算、决算报告在内的政府信息；乡（镇）人民政府应当在其职责范围内确定主动公开的政府信息的具体内容，并重点公开包括财政收支、各类专项资金的管理和使用在内的政府信息。2017 年 6 月 6 日至 7 月 6 日，《中华人民共和国政府信息公开条例》（修订草案征求意见稿）公开征求意见。"以公开为常态、不公开为例外"原则明确写入，这为财政透明度的进一步提高提供了保证。

3. 中国财政透明度问题：技术障碍与体制障碍

经过改革，中国财政透明度明显提高，中央部门预算改革已经初步建立起与国家宏观政策及部门履行职能紧密结合的预算分配机制；强化了预算约束，增强了预算的计划性和严肃性；预算编制时间与编制方式发生重大改变，预算编制的准确性进一步提高；预算编制的责任主体更为明确，预算真正成为部门自己的预算；提高了预算透明度，强化全国人大对预算的监督（财政部预算司，2007：17—19）。

提高财政透明度的障碍主要有两个：一是技术性的；二是体制性的。前者可以通过技术的改善得到解决，后者则需要体制机制的进一步完善。

提高财政透明度，需要进一步提高政府预算的编制和管理水平，定员定额的准确度提高，预算编细编准，势必对一些有二次预算分配权的部门利益产生不利的影响，会遭到这些部门或积极或消极的抵抗。部分政府收支纳入预算管理工作的推进，同样会受到地方政府及其部分组成部门的反对。中央政府超收预算支配权的归属，虽然已采取了建立中央预算稳定调节基金的做法，但距离规范仍有一定的差距。

提高财政透明度，特别是让公众能够及时方便得到政府财政活动的全部信息，还需要行政管理体制的进一步改革，甚至需要政治体制改革的推进，才能真正做到。财政透明度是要预算改革先行，还是公共支出管理改革先行，值得探讨。有的主张公共支出管理改革先行，从最基础的能够实现的事情做起，尔后转向预算改革，这是因为缺乏现代预算理念、预算技术与经验的国家，预算改革受政治和法律影响，要精心制订大范围、系统、周密且连贯的预算改革方案难度很大（王雍君，2008）。其实，在全面提高财政透明

度难度很大的情况下，可以通过建立最低标准信息披露制度，为更大范围的
预算改革做好准备工作。财政透明度问题，说到底是一个政府转型问题，但
这可以通过技术改革，逐步实现政府的转型。

6.1.2 政府预算体系的衔接

中国已经形成包括一般公共预算、政府性基金预算、国有资本经营预
算、社会保险基金预算四本子预算在内的政府预算体系。四本子预算构成了
全口径预算的主体。

从理论上看，一般公共预算、政府性基金预算和社会保险预算都是公共
预算体系的组成内容，国有资本经营预算是国有资本预算体系的组成内容。
四本子预算应该如何衔接，难度较大。政府性基金预算应逐步融入一般公共
预算。社会保险基金预算与一般公共预算和国有资本经营预算之间的联系，
应尽早找到办法。社会保险基金预算的正常运行，除了社会保险基金收入作
为保障之外，一般公共预算拨款也至关重要，这是由社会保险所承担的保障
功能决定的。为了保证预算的统一，四本子预算之间的联系应通过一般公共
预算进行，以充分体现一般公共预算的主导性地位。下面将着重分析国有资
本经营预算运行中的难题。

1. 国企分红与国有资本经营预算编制中的难题

国企分红是国有资本经营预算编制的第一步。其中有许多难题需要处
理：第一，怎么征缴？税后利润的提取比例怎么确定？对于国有控股和国家
独资企业来说，都有一个提取比例的确定问题。从短期来看，提取比例应
"适度、从低"，要有利于企业平稳发展，要有利于企业自生能力的增强。从
长期来看，提取比例的确定应该服务于国有经济总体布局的要求。属于国家
要退出的行业，可以适当提高提取比例。从根本上说，国企分红应有制度化
的规定。但是，过于严格的税后利润提取比例无异于企业所得税，可能对企
业的自主经营带来不利的影响。有一种说法是，让更多的民间资本进入国
企，将国企改造成股份制企业，尔后以所持股份的多少为依据进行分红。但
这种设想在实际操作中难免会遇到以下问题：

第一，到底由谁决定分红比例的问题。如果国家所持有企业的股份是少
数，那么股东大会决定的分红方案国家只能接受，这里可能会遇到如何保护

作为少数股东的国家的权益问题。如果国家所持有企业的股份是多数，那么归根到底，企业分红的多少是由履行国家出资人职责的代表说了算的。这里难免会遇到履行国家出资人职责的代表是为政府说话，还是为企业说话的问题。如果是前者，那么政企不分可能干预企业的正常经营；如果是后者，国家作为出资人的权益又无法得到充分的保证。

第二，分红规则与政企不分问题。为避免政企不分问题，可以尝试通过确立分红规则来加以避免。[1]国企分红比例不宜采取统一划定的办法，而应该根据国企在国有经济中的地位，参照企业的财务指标加以确定。企业分红比例应与企业发展战略、国家对国有经济的定位加以综合考虑。分红规则不是直接确定企业税后利润的分红比例，而是通过一套可为多方所接受的规则，来计算分红比例。

第三，国企分红的去向问题。国企分红是应该"取之于企，用之于企"，还是用于民生？不同类别的国有企业存在不同的问题。目前国有企业改革仍有许多难题待解，而且这些难题，越到最后，难度越大。不少问题牵涉多方利益冲突，在某种程度上需要通过资金赎买的方式才可能得到解决。政府充分利用国企分红，在国有经济大战略的框架内"以强扶弱，整体推进"，可以减轻国家在国企改革过程中的财政负担，提升国有经济的整体质量，从根本上服务于广大人民。国企分红从短期来看，可以用于调整国有经济布局，弥补国企改革的成本。但国企分红不属于某个国企，它应该体现"国有"，应该直接为所有公民作出贡献。从这个角度来说，国企分红完全可以作为社会保障基金的来源，通过社会保障支出，造福全体人民。国企分红还可以直接作为公共预算的资金来源，作为政府经常性支出的资金来源，用于公共产品和公共服务的提供，服务于民生改善之大局。

第四，国有资本经营预算的收入来源，除了国企红利之外，还应该包括国有企业变现收入。国有经济布局可能随着市场经济的发展和技术进步而进行调整。在一些领域，在某个阶段，私人市场主体可能不愿意投资，但这些

---

[1]　2006 年初崔之元教授提出成立"中国人民永久信托基金"的建议。该基金由中央国企利润的 50% 作为本金组建，再将"中国人民永久信托基金"投资收益的 50% 作为社会分红发给每个公民个人。具体方案详见郭宇宽（2008）访问崔之元的报道。这是一个很好的还利于民的设想，但如何操作，特别是如何启动该方案，是一个难题。

领域对于一个国家长期发展可能很有帮助，这就需要政府的投资。随着时间的流逝，这些领域可能又成为市场各主体愿意介入的领域，这时，国有经济布局就可能作相应的调整。只要国家从某些国有经济领域退出，就会有国有企业变现收入。编制国有资本经营预算需要考虑到这部分变现收入。国有企业什么时候变现，以何种方式变现，则是一个很难处理的问题。

第五，国有资本经营预算由谁编制的问题。有一种看法认为，国资委应是国有资本经营预算的编制者。的确，国资委直接监管中央企业，在编制国有资本经营预算上有许多便利之处。但问题是，国资委监管的中央企业不是所有中央企业，中央金融企业就不归其所监管。还有，国有资本经营预算是政府预算的一个组成部分，对政府预算的编制权不应该肢解。国有资本经营预算有其相对独立的内容，但这已经通过编制复式预算的方式得到解决。显然，这个问题还会随着国资委的定位而不断地得到讨论。从目前国资委的定位来看，国资委是国务院特设机构，不是直属部门；国资委既是出资人，又是监管人，两个角色之间经常会发生冲突。将国资委明确为监管人，可以避免国有资本经营预算编制权的争夺问题，还可以避免国资委身份不清所带来的行为混乱甚至对企业自主经营造成过度干预的问题。

2. 国有资本经营预算背后的财政模式问题

国有资本经营预算与公共预算衔接问题的背后是中国财政模式的选择问题。财政模式的选择是当前中国改革面临的一个重要问题。社会主义市场经济体制目标的实现，要求有与之相适应的财政模式。社会主义市场经济不可能完全脱离政府干预而存在，政府的干预在很大程度上要通过财政。因此，探究与社会主义市场经济相适应的财政模式就有着深远的现实意义。财政模式的选择并不是凭空的，它需要实践的推动和检验。中国财政模式的选择也正是中国经济体制变迁的一个反映。

与西方国家相比，中国的公共财政模式路径的选择有着特殊性。现实中大量国有经济存在，且在经济社会中发挥较大作用，中国财政模式应该是"双元财政模式"（叶振鹏、张馨，1995）。"双元财政模式"论者将社会主义市场经济下的财政模式概括为"公共财政＋国有资产（资本）财政"，这就必然要求有与之相适应的公共预算与国有资本预算。1993 年 11 月召开的中共十四届三中全会通过《中共中央关于建立社会主义市场经济体制的若干问题的决定》，提出要改进和规范复式预算制度，要建立公共预算和国有资产经营预算，并可以根据需要建立社会保障预算和其他预算。1995 年开始实施的《预算法》及其实施条例明确了各级政府预算要编制复式预算，复式预算由政府公共预算、国有资产经营预算、社会保障预算和其他预算所组成。2014 年修改后的预算法将复式预算的子预算界定为一般公共预算、政府性基金预算、国有资本经营预算和社会保险基金预算。

　　编制国有资本经营预算，既涉及国有资本经营预算的编制技术问题，还涉及国有资本经营预算与一般公共预算、社会保险预算的衔接问题。从理论上看，公共财政所要解决的问题是与一般市场经济国家相似的问题，即致力于纠正市场失灵，由此，一般公共预算的目标相对容易确定。而且，各国政府所推行的公共预算已形成一整套可供借鉴的技术。难点在于国有资本财政。国有资本财政首先面对的是营利性国有资本的保值增值问题。从理论上看，将财政区分为公共财政和国有资本财政，能够适应转轨中加强国有资产管理，促进国有资本增值的要求，因为它在一定程度上实现了国有资产的人格化，解决了委托人虚位的问题。但如何处理公共财政与国有资本财政的关系就成为一大难题。营利性国有资本的盈利或亏损该怎么处理？是由公共财政拿走或补贴？如由公共财政拿走，该以什么标准拿走？营利性国有资本处在市场中，而市场活动的复杂性，就决定了公共财政无法以统一标准取走利润，此时若以不同标准取走，显然会留下许多漏洞：标准由公共财政确定，难免会出现"一刀切"，这不适应企业活动复杂性的要求；若由公共财政和国有资本财政协商解决，则可能出现两者就盈利的分割进行讨价还价，难以确定合理标准，而无助于问题的解决。标准由企业确定，虽能适应企业在市场活动中独立性的要求，但公共财政乃至国有资本财政的权益可能因此受到损害，出现"内部人控制"问题。再如，让营利性国有资本大规模活动，也难以解决市场经济中可能出现的国有经济在市场有效领域中的垄断问题。可见国企分红问题，实质上是一个财政模式的选择问题。

　　基于双元财政模式在运作中所遇到的困难，中国有必要加快财税现代化的步伐，建立现代财政制度。在双元财政模式下，政府既要提供公共产品，又要组织私人产品的生产，很容易导致财政活动的"缺位"与"越位"。

　　财政模式的转换将更好地适应经济体制的要求。原先的财政模式所赖以生存的经济环境已发生了深刻的变化。改革以来，财力从政府向企业和个人倾斜。社会财力分配格局的变化使得财政同时承担公共产品的提供和私人产品的生产职责显得力不从心。这典型地体现在财政支出的"越位"和"缺位"上。"越位"是指相对于公共财政的要求来说，财政的活动范围太大了；"缺位"是指相对于公共财政的要求来说，财政在一些该活动的地方却没有活动。就财政的活动范围来看，中国财政的覆盖面极广，国有经济遍及从远程导弹到饮食店等大大小小的各种行业，而这些行业当中有许多本来应让市场机制发挥调节作用而财政是不用涉足的行业，这也就造成了国有经济战线拉得过长，有限的国有资本难以支撑的局面。同时，财政也是因此困难重重，国有企业有较大的亏损面，削弱了财政基础。这说明中国的财政模式的选择与现实还存在着较大的不适应性，也因此造成整个经济活动的低效率。

财政存在"越位"现象，并不意味着中国财政可支配财力的充裕性。事实上，"越位"是以"缺位"为前提的，是以财政放弃某些公共产品和公共服务的提供为代价的。因此，重新选择适应经济体制要求的财政模式，是客观经济环境的要求。

如何按照经济体制的要求，选择适合中国国情的财政模式，是当前迫切需要解决的问题。现代财政制度的具体形式在很大程度上取决于全面深化改革。国有经济活动范围的界定决定着国有经济布局，决定着国有资本经营预算的未来前途，而这将视未来的改革而定。

中国财政改革的起点却是与计划经济相适应的大一统的财政模式。这样，改革中最为重要的是政府的"退出"问题，即政府从原先的提供私人产品的领域退出，而不再提供私人产品。而在西方国家，公共财政模式的形成过程主要是政府进入私人部门不愿意介入的领域。这种路径的不同，也必然导致公共财政模式形成过程存在着极大的差异。在西方国家，由于政府增加干预的领域是私人部门不愿意进入的领域，这样，政府的进入，就意味着私人部门将普遍地获得公共部门提供的益处，因此，这样的过程也必然是利益冲突较少的过程。但是在中国，公共部门内部的利益受损在相当大程度上会构成公共财政模式形成的阻力。怎样才能顺利地建立现代财政制度呢？笔者认为，建立健全公共选择机制是减少阻力的措施，也就是说，让公众在现代财政制度的形成过程中发挥积极作用，并将之置于公众的监督之下。由于这样做，公众的选择主要是出于自身利益的选择，公众没有反对自己的选择行为的动力，而基本上没有人反对的选择是较易推行的。另外，增加公众的监督还能有效地阻止财政模式变迁过程中的腐败行为，从而降低改革成本。

总之，通过财政模式的转换，是可以从根本上解决当前国有资本经营预算编制中所遇到的一系列难题的。

6.1.3　预算绩效管理[1]

1. 财政资金绩效评价难度很大

资金的使用应该有效率。一个高效的社会都应该做到这一点。在市场上，投资无效可能会让投资者付出血本无归的代价。对于公共部门来说，资金的使用同样应该有效率，财政支出有效是公共服务型政府的内在要求，是国家治理现代化对财政支出的必然要求。

财政资金低效率使用，是任何一个现代政府所不能容忍的。财政资金来自社会，财政资金效率低下，即意味着做同样的事，社会就要投入更多的资源；意味着社会投入的资源本来可以获得更多的回报，但结果没有实现。财政资金使用效率如何，在很大程度上需要依靠预算管理。

现代预算管理的重点有二：一是合规；二是绩效。合规是预算管理的基本要求。合规也是为了追求预算的绩效，由此来看，二者是一致的。在实际操作中，合规与否的判断相对简单，只要观察财政支出是不是按照规定去执行即可，而绩效的判断就要困难得多。我们甚至可以说，合规的要求是在绩效管理未达到一定水平之前所不得不做出的选择，因为其对预算管理的水平要求相对较低。

财政资金的使用和个人资金的使用有很大的不同。个人花自己的钱，肯定要追求效益，资金使用上的激励没有任何问题，但就是这样，也不是所有的个人都能做到钱尽其用，并实现效益的最大化。财政资金在一般情况下，是用众人之财办众人之事，追求效益上的激励肯定不如个人花自己的钱。提高财政资金的使用效益，肯定要在其中作出安排，让资金的具体使用者有用好钱的激励。激励包括正反两方面。金钱激励（奖金）、精神奖励（荣誉）、

---

[1]　参见杨志勇（2018a）。

晋升等都属于正面激励。扣工资、通报批评、降级等都属于负面激励。无论什么样的激励，都需要对绩效作出评价。众人之事复杂程度不同，有的要作出评价易如反掌，有的则比上青天还难。

现代社会公共事务日趋复杂。在这种背景下，仅仅依靠个人或个别小团体的力量，就想对某种财政支出的绩效作出准确的评价几无可能。公共事务评价难度大，这与公共事务往往是政府独家事务有内在关系。是独家事务，就意味着除政府之外就没有可资利用的参照系。这和市场组织的行为有很大不同。企业做事，往往不是独家的，而且企业绩效不好，市场本身就可以直接给它以惩罚，如破产清算。企业所具有的这些绩效评价的有利条件，使得企业绩效评价要比政府事务简单得多。但是，财政支出评价即预算绩效评价还是必须实施。

2. 预算绩效评价早已起步，但难题仍在

预算绩效评价在中国不是什么新鲜事，有的地方在十几年前就已开始预算绩效作评价。它们的试点，为中国全面做好预算绩效管理工作提供了经验，同时也有一些教训可以吸收。十八届三中全会之后，中国加快了预算改革的步伐。十九大在"全面规范、公开透明"预算理念的基础之上有了新的突破，即建立全面规范透明、标准科学、约束有力的预算制度，全面实施绩效管理。预算绩效管理得到了强调。这是应对预算管理的现实难题所提出来的。2018 年 9 月 25 日，《中共中央国务院关于全面实施预算绩效管理的意见》为预算绩效工作的改进提供了全方位的支持，有利于加快建成全方位、全过程、全覆盖的预算绩效管理体系。

现实中的预算管理难题有些甚至够不上预算绩效管理的边，它们连合规性都做不到。克扣挪用、截留私分、虚报冒领财政资金、资金损失浪费等都是属于这样的问题。这类问题即使不谈绩效管理，也是属于严重的违法违规行为，也需要加以整治。当然，这类问题整治好，也会促进预算的绩效的提高。

时至今日，预算绩效激励约束作用仍然不强，绩效评价结果与预算安排和政策调整的挂钩机制尚未建立。对于预算绩效管理，我们应该有更高的目标。国家治理的现代化要求财政资金管理使用的现代化，是要在合规的基础之上努力提高预算的绩效。财政资金低效使用、闲置沉淀等表面上看不违反任何制度规定，也存在问题，最直接的是编制好的预算不能得到有效执行。对于这类问题，可能需要拷问的是公共部门的财务管理制度。这部分财政资金在现实中确实需要支出，而且本来可以支出更有效，但受制于不能适应新时代发展需要的财务管理制度而不能支出或支出到本不应支出的地方。解决这类问题需要公共部门财务管理制度的创新。财务管理的根本目标不是让资金使用者按部就班办事，而是有效率地使用财政资金，实现公共政策的目标。

财政资金重投入轻管理、重支出轻绩效是个老问题。在改革开放初期，为了提高财政支出绩效，曾有过基本建设投资拨款改贷款（"拨改贷"）的实践。这是当时的决策者借鉴银行贷款可以回收本金和利息的做法所进行的尝试。很可惜，财政资金投入和银行贷款有很大的不同，在许多时候并不能收回本息，这样的实践无法持续下去。财政资金绩效的提高需要有自己的路径。

3. 预算绩效管理的重点是做好绩效评估工作

目前，政府预算包括一般公共预算、政府性基金预算、国有资本经营预算和社会保险基金预算四部分。一般公共预算的绩效管理改革进展较快，项目支出预算绩效管理体系已初步建立起来。为全面实施预算绩效管理奠定了基础。但是，预算绩效管理尚未实现政府预算体系的全覆盖。预算绩效管理无死角，可以最大限度地提高财政资金使用效率。预算绩效管理有共性，但同时应注意不同的子预算支出有各自的特点，应有针对性地构建起预算绩效管理体系。

预算绩效管理包括事前、事中和事后三种。编制预算就体现绩效管理的理念，不能通过绩效评估的支出就不宜在预算中安排。预算执行中的绩效管理应注意调动资金使用者的积极性，管理不能干扰预算的正常执行。事后绩效管理应该做好绩效评估工作。评估结果应该成为下一步预算安排的重要依据。绩效评估体系的构建和完善非常重要。支出与政策的关联度如何，政策目标实现如何，都需要合理的评估。

预算绩效管理是促进国家治理现代化的重要举措。要将好事办好，建立良好的绩效评估机制至关重要。预算绩效评估需要构建各类评估数据库，包括历史数据和地区数据、国际数据，以方便预算绩效比较，解决评估参照系不足的难题。

　　不同人、不同机构对同样的支出绩效可能有不同的意见。谁来评估？谁来组织评估？谁来对评估进行评估？做好预算绩效管理工作，必须对这些问题作出回答。预算绩效管理不应该在某个特定的圈子里封闭进行，这会有很大的局限性。预算绩效评估涉及面广。让预算尽可能公开透明，让更多的个人可以参与评估，让更多的社会组织可以对预算支出评头论足，预算绩效管理工作肯定会做得更好，财政资金效率也肯定会更加符合国家治理现代化的要求。按照预算现代化的要求，最终中国需要推行的是绩效预算，而这只能在预算绩效管理取得突出成果基础之上才可能做到。

6.2　中国税收现代化之路的选择[1]

6.2.1　税收现代化的不同道路

　　税收现代化所包括的内容非常丰富。当今社会背景下的税收现代化，注定与工业社会初期的现代化是不一样的。从传统计划经济走过来的税收现代化之路肯定不同于自然成长的市场经济国家。同是市场经济国家，所选择的的税收现代化之路也有很大差别。中国现代化建设道路具有自己的特色，这就决定了中国的税收现代化之路也将充满中国特色。与此同时，"现代化"应该在不同国家具有共性[2]，这是中国税收现代化过程中可以借鉴其他国家的前提。税收与经济、社会、政治、文化、生态文明建设都有着密切关系，是众多问题的交汇点，这就决定了只要与税收制度和税收政策选择有关的制度安排，不同群体都可能有不同看法，税收现代化之路需要避免因此可能带来的国家治理风险。税收现代化不仅仅是简单的现代税收制度的模仿，更有治税理念的现代化，这就决定了税收现代化之路将是漫长的。关于中国

---

　　[1]　参见杨志勇(2018b)。

　　[2]　现代化和工业化关系非常密切。工业化在很大程度上是现代化的代名词。随着社会的发展，现代化的内涵越发丰富，工业化得到重新定义。陈争平（2016）就将经济现代化理论包括工业现代化和市场化两方面内容。

税制的未来，马国强（2016）认为，中国进入后工业化时期后，应继续实行商品税为主的税制结构；朱青（2016）也注意到发达国家税制结构向间接税倾斜的动态并指出对中国的启示意义；张守文（2015）认为，落实税收法定原则是对税改最基本的法治期待，应推进税收法治和国家整体治理体系的现代化；杨志勇（2018c）主要从大国轻税理念入手，对中国税制的未来提出看法。本节拟结合税收现代化的评判指标选择，对中国税收现代化之路谈些基本看法。

税收现代化的评判指标选择可以从税制结构、宏观税负、税收法治化、税收征管的现代化、税收现代化的动态特征入手进行分析。税制结构、宏观税负与税收现代化有关，但不能作为现代化水平的直接评判标准。税收法治化是税收现代化的重要指标。税收征管现代化本来就是税收现代化的内容之一。税收现代化会表现出动态特征。改革开放 40 年以来，中国的税制改革道路就是一条税收现代化之路。中国的税收现代化尚未完成，判断中国税收现代化标准有不同的维度，但不应局限于某个维度，更不能简单地参照某个国家，而应以是否促进中国的现代化进程为最主要的评判标准，这是中国税收现代化的一条务实之路。

6.2.2　税收现代化的评判指标选择

1. 税制结构

发达国家的税收制度是现代税收制度。多数发达国家的税制结构以直接税为主，因此中国的税制结构调整的目标也应该是以直接税为主。发达国家的个人所得税和社会保障税（社会保险税）收入占比较高，此外还有财产税（房地产税、财富税等），直接税收入占比确实较高。但是，发达国家的情况也不尽相同。法国的增值税收入占比较高，占税收收入的 40％以上。2008 年国际金融危机爆发之后，欧洲国家更加重视增值税在税收收入中的作用，增值税收入占比得到不同程度的提高。增值税的出现在很大程度上改变了税制结构，改变人们过去对流转税（货物和劳务税或商品和劳务税）的认识。流转税过去常常被视为落后的税种，是为了保证税收收入的发展中国家所不可或缺的。理由不外乎是发展中国家税收征管水平较低，对征管水平要求较高的所得税缺乏征管能力，且由于收入水平低，企业缺乏竞争力，发展中国家很难通过所得税筹集到足够多的税收收入。相比之下，流转税只要有交易，就有税收收入，征管相对方便，天然地与发展中国家联系在一起。

如果说没有增值税，那么上述说法还有一定道理。自从 1954 年法国开始征收增值税之后，增值税风靡全球，大国除了美国，几乎都征收了增值税。世界上已有 170 多个国家和地区征收增值税。增值税不同于传统流转税，对税收征管也有较高的要求，但是随着信息化程度的加深，随着互联网的普及，发展中国家也能征管好对征管要求较高的增值税。此时，再以税收征管水平来区分税收的现代化，已经不能适应社会的实际情况。

从增值税在全球的发展状况来看，增值税这一新税种的出现，已经对税制结构产生了根本性的影响。未来如果再有类似的潜力大的税种出现，那么税制结构也可能沿着向这样的税种倾斜的方向发展。用直接税和间接税来区分税收的现代化，已经难以做到。

2. 宏观税负

宏观税负的轻重一直是争论不休的问题。在工业革命之后，西班牙、葡萄牙的税负比英国轻，但反而被抱怨。现实中，同是发达国家，宏观税负差别较大。北欧国家宏观税负重，但这不妨碍它们是发达国家。美国税负较轻，同样是发达国家。中国狭义税负在世界上处于中等偏低的水平，是不是宏观税负上升了，中国就是发达国家？显然不是这样的。宏观税负的轻重和公共服务的提供直接相关。北欧国家和其他福利国家高宏观税负对应的是高水平的社会福利。一国选择什么样的社会福利水平受到多种因素的影响，如人口构成、文化传统、制度移植等。一国人口构成中民族越单一，越有助于该国选择高水平的社会福利。一个重视社会福利，希望国家（政府）能更多帮助个人（家庭）的国家，也会倾向于选择高水平的社会福利。现代世界的形成在很大程度上是各国互相借鉴的产物，就制度移植而言，有的国家是主动选择的结果，有的是被动的，后者常常是某一强国模式的复制。很难说清宏观税负高低的优劣。一国的宏观税负水平只要该国人民满意，就应该视为合理的。

从历史上看，宏观税负水平是动态变化的。财政学中的"瓦格纳法则"主要论述的是 20 世纪之前的财政支出不断增长的规律，但也在很大程度上反映了 20 世纪 80 年代之前的财政支出状况。1929—1933 年大萧条和第二次世界大战结束之后，各主要国家财政支出增长趋势更加明显，而这又主要是社会福利水平抬高的直接结果。20世纪80年代之后，西方发达国家重新思考政府的作用，财政治理的结果是财政支出相对水平不再像以前那样增长；传统计划经济国家向市场经济转轨，也意味着财政支出范围的缩小和支出相对水平的下降。经济社会的发展会催生更高水平的社会福利，但这会不会成为现实，还要看一国人民的选择。因此，我们很难以宏观税负水平的高低来判断一国的税收是否实现了现代化。但是，宏观税负应该与公共支出水平基本匹配，税收水平从整体上看，应该能够满足各级政府支出的需要。

3. 税收法治化

现代国家重视税收的法治化，与市场经济的兴起有着密切关系。英国在市场经济兴起初期，为了保全资本，维护新兴资产阶级的利益，议会获得了限制国王课税的权力。未经议会同意，国王不能征税，这在很大程度上促进了议会制度的形成，从而将税收立法权牢牢掌握在议会手中。税收法治化不仅仅是立法机构对征税权的约束，而且还表现在税收立法精神上。对财产权利的尊重，是市场经济发展的基础。税收立法所立之法应该是良法。所谓"依法治税"所依靠的"法"也只能是良法。

税收立法的精神体现在法律的实质上。"税法"是形式，是否体现法治精神，还应该视具体内容而定。对某种行为不满，就想利用税法来加以调节，就想通过剥夺本来合法的收入和财产的方式来加以"纠正"，显然不符合税收法治化的要求。税收法治化与一国的法治化建设是高度相关的。很难相信一个还够不上法治国家标准的国家能够实现税收法治化。中国已经在建设社会主义法治国家，并已决定在2020年之前基本实现税收法定。税收法定是税收法治化的重要内容，是税收文明的重要标志之一。

如果没有税收的法治化，那么现代税收制度就不可能建立起来。税收法治化与经济、政治、社会、文化、生态文明建设都有着密切关系。税收法定既是政治和社会问题，又是经济问题。没有经济效率，就不会有现代化，不会有现代社会，不会有税收的现代化。税收法定是解决政治和社会问题之不可或缺的要素。没有税收法定，税收事务的处理就可能引发各种各样的政治问题和社会问题。通过立法过程中的讨论，税收事务在达成共识的前提下处理，各种政治风险和社会风险就可以得到化解。在税收法治化下，社会所希望通过税收所实现的目标无论能否实现，都可以在法治化的框架下得到较为妥善的处理。

4. 税收征管的现代化

税收征管的现代化包括征管制度的现代化与征管技术的现代化。在传统社会中，税收征管水平较低，甚至出现了"包税制"，即政府将征税权外包，以确保政府能够筹集到一定水平的税收收入，结果是包税者为了实现自己利益的最大化，不管不顾，横征暴敛，征税秩序混乱，税收制度不能发挥出应有的作用。税收征管是国家（政府）与纳税人之间规范化的重要环节。征税人与国家（政府）之间有一层委托—代理关系，征税人与纳税人之间是另一层委托—代理关系。国家（政府）、征税人、纳税人应该各司其职，就能让规范化的税收制度得到严格的执行。无论何种具体的税收征管制度，都应该沿着这个方向设计。税收征管制度自身有演变的过程，不同经济社会条件下有不同的税收征管制度需求。农业社会、自然经济条件下的税收征管制度选择肯定不同于工业社会、市场经济下的制度选择。一般认为农业社会属于传统社会，那时的税收制度不是现代税收制度，税收征管也同样不属于现代税收征管。进入工业社会之后，工业化作为现代化的代名词，能够适应工业化进程的税收征管制度就是现代税收征管制度。

在工业社会中，为了维护市场经济的正常运转，税收制度往往是按照税收法治化的要求设计和制定的。税收征管不到位，就是税收制度执行不到位，税收法治化的目标就不会实现。因此，税收征管制度首先要做到的是征税人能够不折不扣地落实税收制度。税收征收、管理、稽查等不同征税和监管程序的分工配置，最终都指向税收制度的落实。税收征管的现代化一方面表现为作为公共服务的纳税服务效率的最大化，另一方面，纳税人在一定意义上变成了客户。税收征管的现代化还表现在涉税信息的处理上。纳税人所提供的涉税信息，征税人有保密的责任。涉税信息的开发与利用也必须建立在必要的保密机制之上。在不同技术条件下，税收征管可以有不同的具体制度安排。随着科技进步和经济社会的发展，税收征管的具体制度安排也会发生相应的变化，实现征管的便利和成本的最小化。

5. 税收现代化的动态特征

现代化水平不是稳定不变的。人类刚进入工业社会，所实现的是较低层次的现代化。所对应的税收现代化，只要能够适应工业社会发展的需要即可。随着工业化程度的加深，企业组织和产业结构都会发生相应的变化，税收制度必须作相应的改变。新税种的发明，也会改变税收现代化的形式。无论是所得税，还是增值税，都是如此。20 世纪 90 年代美国关于支出税的大讨论，虽然最终未能转化为现实，但是这并不意味着未来类似税制不会落实。人类对良好税制设计梦想的探寻从来都没有停止过。复杂的税制常常是为了公平目标所选择。倘若公平目标有更合适的公共政策工具予以实现，更简单的税制为什么不能是更合理的选择？具体税制的运行环境也会随着经济社会的变化而变化。经济全球化程度的加深，令全球税收治理格局有进一步变化的要求[1]，国际税收竞争与协调变得前所未有的重要，而这又会反过来要求各国具体税制的改变。互联网时代的到来，数字经济的兴起，人工智能技术的发展，已经改变并正在继续改变人类生产组织方式和生活方式，税收制度有内在改变的必要性，税收征管也势必要作相应的改变。这样，税收现代化的动态特征可能比过去任何时候都要更加明显，税制的稳定性可能要有新的变现形式。动态的税收现代化，涉及税收原则的落实，涉及不同税收功能和作用的发挥问题。由于税收事务的复杂性，税收的现代化需要税务部门与政府其他部门配合，与社会各界配合，税收现代化甚至仅靠税务部门是做不到的。从根本上看，就是与经济社会发展水平相适应的现代化，是与国家治理水平相适应且相互促进的现代化。

6.2.3 中国的税收现代化之路

1. 改革开放中的中国税收现代化

1978 年召开的十一届三中全会要求把全党工作的着重点和全国人民的注意力转移到社会主义现代化建设上来。改革开放 40 年来的中国税制改革历程也是中国的税收现代化之路。税收现代化从重新重视税收的作用开始，否定了"非税论"，突破了一系列税收禁区，特别是对国有企业课税的禁区，这是税收现代化的改革之路。税收现代化还表现在对外开放上。1980 年个人所得税制的确立，就是为适应对外开放的需要，维护国家税收主权。中国税收现代化之路既注意立足国情，又注意借鉴海外有益的经验。40 年的中

---

[1] 郝昭成（2016）对百年国际税收体系的思考富有启发意义。

国税制改革，几乎每一个税种的设置和改革，都或多或少参考了海外做法。立足国情的具体税制改革方案的设计，最终需要经过实践的检验，但检验需要假以时日，借鉴其他国家和地区的做法，在一定程度上是在对方案进行验证，这么做只要得法，就可以大大降低具体税收制度运行的难度，从而保证税收现代化的顺利推进。

2. 税制结构

改革开放 40 年来，中国财政收入结构和税制结构都发生了根本性的变化。在改革之前和改革之初，企业收入在财政收入中占据至关重要的地位，一直等到 1983 年和 1984 年两步"利改税"之后，税收收入在财政收入中的绝对优势地位才得以形成。增值税从改革开放之初就开始引进试点，1984 年增值税得到较大规模的推广，1994 年之后，增值税更是成为提供税收收入最多的税种。

改革开放 40 年来，税制结构发生了重要的变化，但是自 20 世纪 80 年代以来，以间接税为主的税制结构没有发生根本性的变化。间接税和直接税双主体税制结构只是停留在一些研究者的目标方案之中。2013 年召开的十八届三中全会要求"逐步提高直接税比重"，看到了直接税收入与现代税收制度的相关性，但税制结构的转变不会一蹴而就。"逐步提高"的提法是务实的。2017 年，直接税收入占税收收入之比已经超过 30%，但其中主要是企业所得税收入。中国企业所得税收入占税收收入之比约为 20%，而美国一般不超过 10%。发达国家最重要的直接税——个人所得税，在中国占比不到 10%。这说明中国的直接税收入结构与发达国家也有不小的差异。直接税比重如何"逐步提高"，无非有两条路可以选择，一是进一步降低间接税比重；二是提高直接税比重。就前者而言，增值税税率的进一步简并和税率的下降，都有助于达到目标；消费税征税范围的缩小和税率的下降，也有助于降低间接税比重。就后者而言，改革开放 40 年的经济快速增长，让个人所得税收入确实有不小的增长空间，但综合与分类相结合的个人所得税制度改革之后，专项扣除可能会让个税收入有较大幅度的下降；不少人因此将目光转向房地产税。但是，房地产税是否会提供较多税收收入，一直存在争议。总之，中国税收的现代化不太可能建立在形成以直接税收入为主的税制结构的基础之上。事实上，这也不是税收现代化的衡量指标。务实的税制结构选择，更重要的是考量是否有助于国家的现代化。只要有利于国家现代化的税制结构，都是值得肯定的。

3. 宏观税负

每个人喜欢政府多支出，特别是增加对自己有利的支出，但又天然地排斥多纳税。这样，宏观税负水平的提高得到强有力的约束。但是，天下没有免费的午餐。现实中的税收就是为满足公共支出而存在的。税收的财政原则在任何时候都不会过时。宏观税负的轻重，在很大程度上取决于人民自身的需要。公共支出用于人民身上，税收收入来自人民。中国的宏观税负与西方国家可能有一较大差异，那就是营利性国有经济的存在，决定了国有资本可以为公共支出提供一部分资金。国有资本提供的资金越多，公共支出需要借助于税收收入的部分就可以减少，这是宏观税负可能减轻的一个特殊因素。中国未富先老，与一般国家富了变老有很大的不同，发展中国家应对老龄化的挑战可能需要更多的财政资金支持，这是宏观税负可能加重的特殊因素。

宏观税负问题不仅仅表现在国家层面上。地方各级政府的财政支出与税收收入水平也应该大致对应。作为一个统一的国家，各地的税收收入不足以弥补支出的缺口，需要上级政府乃至中央政府的财政转移支付予以弥补。十九大报告将深化税收制度改革和健全地方税体系结合起来，这提出了一个如何健全地方税体系的难题。地方税需要重新认识。不能将只提供地方税收入的税种当做地方税。只要为地方提供税收收入的税种都是地方税，包括共享税。从短期来看，要为地方"制造出"能够提供充分收入的只归属于地方的税种几无可能，包括个人住房房地产税。务实的选择，可以让地方不必在独立的地方税收入上兜圈，而有助于形成更加规范的中央和地方税收划分关系。

4. 税收法治化

中国税收法治化的现状不太令人满意，这不仅表现在超过一半的税收征收依据不是"法"，而是"条例"和"暂行条例"。严重依赖行政法规征税有历史的因素，改革所带来的具体制度频繁变化，导致税收的人大授权立法。这在改革初期有其合理性，适应了现实灵活多变的需要。但随着社会主义市场经济体制改革目标的确立，税制的稳定性需求超过了灵活性，税收法治化就成为税收现代化的重要内容。

　　这首先表现在税法的制定上。除作为税收程序法的税收征管法外，税收实体法只有企业所得税法、个人所得税法、车船税法、环境保护税法、烟叶税法、船舶吨税法，现行 18 个税种中多数的征管不是根据"法"。税收立法任务仍然非常繁重。税收立法不是简单地将"条例"和"暂行条例"改为"法"，而是在对行政法规作必要的充分修改之后，才能加以立法。这不容易做到。就以增值税为例做简单说明。增值税立法需要建立在增值税制度稳定的基础之上，目前的三档税率决定了增值税立法条件不够成熟。增值税实际征管中 3％、5％和 1.5％三种征收率同样增加了增值税制度完善的难度。

　　税收立法如何体现法治精神也是中国税收法治化之路的难点。税收专业知识的普及比任何时候都要重要。一般人根据自身有限的生活体验，很容易忽视对税收专业人士来说已经是常识的知识，从而提出一些似是而非的观点。在税收立法中，这样的观点可能会形成舆情而对现实的税收立法产生不利的影响，甚至会让某些税收立法违背税收的逻辑。在计划经济基础之上建立市场经济，客观上，市场经济的实质不太容易为公众所理解，市场在资源配置中的决定性作用在落实中，经常遇到各种挑战。税收扭曲市场很容易做到，因此经常被当做限制市场作用的工具，这样税收法治化的落实就会特别困难。市场经济理念的普及，税收作用范围及效果常识的普及，都非常重要。物权法已经生效，但物权法和税收立法之间的关系，还要深入理解，才能让物权得到真正的尊重，让社会主义市场经济的繁荣有更加坚实的基础。

　　中国已经确定在 2020 年之前完成税收法定的改革目标。这一目标的落实并不容易，但已在有条不紊地落实之中。回顾历史，之所以多数税种征收的依据是条例和暂行条例，是有现实原因的。改革开放初期，"摸着石头过河"的改革战略，决定了具体制度的变化可能较为频繁，这样，征税依据如果都是不太容易修改的"法"的话，很可能会导致具体税收制度与经济社会发展不相适应的问题。这就有了人大授权税收立法。为此，我们应该客观评价人大授权税收立法在中国税收制度建设中的积极贡献。中国目前正在征收的税种中，根据"法"征收的只有企业所得税、个人所得税、车船税等寥寥数种。这与税收法治梦的要求相比是远远不够的，与社会主义现代化强国的要求更是有很大的差距。新的税种开征需要通过立法。2018 年 1 月 1 日即将开征的环境保护税依据的就是环境保护税法。随着社会主义市场经济体制改革及现代财政制度改革目标的确定，税收法定已是大势所趋。

对于既有的税种，没有必要存在的无疑需要废除；有必要存在的，需要在进一步完善税收制度的基础之上加快立法的步伐。增值税就属于后者。营业税暂行条例的废止与增值税暂行条例的修改更是凸显增值税在未来中国税收制度中的地位。从税制改革的方向来看，现代增值税是大的发展方向。当下营改增的全面试点，不是营业税有没有必要改为增值税的试点，而是增值税具体制度运行的试点。试点是为了获得增值税立法的经验。增值税税率和征收率数量偏多的问题已经影响增值税中性作用的发挥，这种状况无疑需要改变，进一步简并税率也应该是增值税立法的重要内容。当前，税率简并条件以及其他立法条件还需要积极创造。在立法之前，增值税征收依据的行政法规需要反映营改增的实际。这是增值税暂行条例修改的理由。

中共十九大报告指出："深化税收制度改革，健全地方税体系。"实现税收的法治化，建立税收法治国家，是深化税收制度改革的重要内容。税收的法治化，不是简单地将"条例"或"暂行条例"替代为"法"，而是税收制度具体内容按照法治精神的要求作相应的修改。增值税暂行条例的修改是增值税立法进程的一部分。可以预期，随着具体增值税制度设计中的一些难题得到解决，增值税改革步伐必将加快，增值税立法的工作将更快完成，到时，增值税法就将替代增值税暂行条例，增值税征收的依据将转为更体现现代增值税制度精神要求的增值税法！

5. 税收征管的现代化

有什么样的税收制度，就有什么样的税收征管制度。人们常常将税收制度和税收征管制度区别对待。"不是税收制度不好，而是征管没到位"这样的说法不时可见，事实上，合适的税收制度必须充分考虑税收征管因素，脱离税收征管现实的税收制度本来就不容易落实。因此，需要拷问的是税收制度本身。有些税收制度是可以通过税收征管的改进而得以落实的，这凸显税收征管的重要性。

改革开放以来，中国对税收制度的依赖基本上是从 1983 年第一步"利改税"开始的，税收征管的现代化起步较晚。税收征管模式的创新，税收征管法的制定与修改，都为改善税收征管作出了贡献。税收秩序已经越来越规范，减免税权限的集中就在很大程度上促进了税收征管的现代化。如今，税收征管又遇到了新难题。过去税收征管主要是面向企业和单位的，即使是个人所得税，多数也是通过代扣代缴实现的。随着年所得 12 万元以上个人所得税自行申报制度的建立，自然人税收征管制度的建立与完善比任何时候都显得更加迫切。个人所得税的征管建立在代扣代缴的基础之上，即使在征管中犯错对税收收入和公平的影响也较小。但对于房地产税等更多依赖纳税人自行申报的税种来说，税收征管的现代化需要有相应的自然人税收征管制度。这是前所未有的事。个人住房房地产税的税收征管难度超过其他各个税种。[1]它是对不产生现金流收入的课税对象进行课税，如果没有对应的公共服务作为参照，没有相应的税感公平机制，那么作为纳税人的个人就有天然的抵触心理，这会给税收征管带来严峻的挑战。个人住房房地产税的征管难度不在税基评估上，而在个人是否愿意接受这样的一个税种上。个人是否愿意接受，与许多因素有关。有人因为自身能力不足，承担不起税款而不愿意接受；有人因为对具体税制的设立理由不赞同而不愿意接受。不同因素对具体税制的设计有不同的影响。自然人税收征管需要建立在掌握全面信息的基础之上，同时，具体税制设计也要充分考虑征管因素，否则，征管的现代化无法实现，税收制度的现代化更是无源之水。

金税工程在税收征管现代化中扮演了重要的角色。未来，税收征管的现代化，还需要进一步用好信息技术和互联网。中国从涉外税收到国际税收管理的演变[2]，是税收征管现代化在对外开放领域中的表现。

6. 税收现代化的动态特征

作为发展中国家，中国必须向发达国家学习，包括税收现代化的做法。建立现代税收制度，学习借鉴时必须对哪些国家已经建成现代税收制度作出判断。显然，发达国家的税收现代化进程已经完成。它们的现代税收制度建立与完善过程有不少地方值得中国借鉴的地方。发达国家成为发达国家的时间段不同，税收的现代化进程不同，分析它们税收现代化所遇到的挑战，可以为中国税收现代化作更好的准备。发达国家所形成的具体税收制度不同，

---

[1] 任强（2016）研究了英国、美国、韩国的房地产税，并阐述了对中国改革的启示；张斌（2016）估算了中国来自房地产行业的税收收入。从他们的研究可以看出，房地产税立法只有在处理好一系列难题的基础之上才可能顺利推进。

[2] 王力（2014）对中国国际税收管理作了较深入的阐述。

分析具体制度，可以为中国选择合适的税收制度提供借鉴。

中国的税收现代化也是动态的。不同发展阶段要求有不同的税收现代化。改革开放初期所要求的税收现代化与中国特色社会主义进入新时代就有天壤之别。前者所要求的税收现代化，更多地是适应经济建设的需要，适应工业化的需要；后者所要求的税收现代化则有更丰富的内涵。新时代需要的是高质量发展和可持续发展，需要经济效率、社会公平和经济稳定的协调。新时代满足人民日益增长的美好生活需要，需要消费的升级。税收的现代化自然应该与此相适应。就汽车消费升级来说，中高端汽车消费主要依靠进口汽车，关税下降有助于消费升级，消费税、增值税、车辆购置税、车船税的下降同样有助于消费升级。在新时代，生态文明建设变得更加重要，有助于生态保护的环境保护税如何进一步优化也应该是税收现代化所应包含的内容。

税收现代化不仅要考虑选择合适的税收制度，而且还要考虑新税制建立可能带来的国家治理风险。特别是与自然人利益关系密切的新税种，更不能掉以轻心。在不同时期，税收现代化所要解决的问题不同，所面临的挑战不同。

改革开放 40 年以来，税制改革的中国道路就是一条税收现代化之路。鉴于税制改革的难度，中国的税收现代化还需要国人更长时间的努力。税收专业知识的普及，可以让现代税收制度的建立更加稳步进行；目标明确的税收现代化可以缩短现代化所耗用的时间，让中国税收可以在国家治理现代化中扮演更加积极的角色。判断中国税收现代化标准有不同的维度，但不应局限于某个维度，更不能简单地参照某个国家，而应以是否促进中国国家的现代化进程为最主要的评判标准，这是中国税收现代化的一条务实之路。

6.3　人工智能与税收现代化[1]

6.3.1　人工智能对税收现代化的要求

人工智能已进入高速发展阶段，人工智能技术的应用领域越来越广。无

---

[1]　参见杨志勇(2018d)。

论人们的日常生活，还是生产经营活动，都或多或少地受到人工智能技术的影响。迄今，人工智能技术更多扮演的是助力美好生活和提高经济效率的角色。人工智能会对税收活动产生什么样的影响？它会对税收制度和税收征管提出什么样的要求？税收制度会不会因为人工智能而发生根本性变化？现在，一切都还未知。

当前，税收征管信息化进程已经在加快，金税工程建设和"互联网＋"更是让纳税服务效率大幅提高。电子税务局建设、"互联网＋大数据算法"、纳税评估中大数据思维的应用、智慧税务以及人工智能技术在税务工作中的应用已有初步的研究成果（柏鹏、唐跃等，2017；刘尚希、孙静等，2015；刘若鸿、王应科，2009；卢晓晨、屈震等，2017；重庆市国家税务局课题组，2017）。这些成果无疑在推动人工智能技术在税务工作中的应用上发挥了积极作用。同时，我们还应看到人工智能的发展与税收工作之间的诸多问题尚未得到深入研究。一方面，人工智能发展存在诸多争议；另一方面，税收理论尚未对人工智能在税收的应用上予以足够的重视，对人工智能可能在税收领域产生的影响也关注不够。本节拟在回顾人工智能发展简史及阐述人工智能发展存在的争议的基础上，分析税收政策可能在人工智能领域产生的作用，研究人工智能技术的应用可能对税收政策选择和税收理论造成的影响。

6.3.2　人工智能发展的方向与需要的条件

1950 年，图灵发表文章"计算机器与智能"，文中提出的后来被称为"图灵测试"的命题至今还在为人工智能界提供灵感（Turing，1950）。1956年，只有 10 个人参加的达特茅斯人工智能夏季研讨会，标志着人工智能作为一门学科的正式起步。

1. 人工智能的发展方向

人工智能技术的发展方向一直有争议，是弱人工智能（Artificial Narrow Intelligence，ANI），还是强人工智能（Artificial General Intelligence，AGI）？弱人工智能只关注特定任务的完成，不会有自主意识；强人工智能是人类级别的人工智能，人脑能干的，它都能胜任。当前，弱人工智能得到更多重视。强人工智能技术的发展因可能的安全隐患而在一定程度上受到限制。人工智能技术的选择自然要考虑其对人类安全的影响。但是，有安全隐患不等于不能发展。重要的是对风险加以防范，而不是一味地放弃。技术方向的不确定性，不能阻碍人工智能技术的发展。[1] 当弱人工智能技术发展到一定程度时，就可能直接过渡到强人工智能，不同方向最终殊途同归，而再进一步，就是超人工智能。超人工智能超出了人类认知的范围，人类或因此永生或灭亡？人工智能采用启发式算法可能会带来人类不愿意接受的风险（Parnas，2017）。

机器会思考吗？对这一根本性问题的回答代表着人工智能技术发展的不同方向。"图灵测试"所提出的命题是：如果一台机器能与人类展开对话（通过电传设备）而其机器身份无法被识别，那么这台机器就具有智能（Turing，1950）。机器能够像人类一样地思考吗？机器不一定真得去思考，而是只要所给出的答案被认为是人类给出的就可以。实际上，就是人类的思考过程，也会有许多不确定性因素，错误的答案并不代表人类不能思考，那么有什么理由要求机器就一定要正确回答问题呢？人类的思考方式以及思考过程甚至连人类自己都不能理解，结果是怎么出来的也常常不得而知。[2]可是，这有什么关系呢？

2. 人工智能发展需要的条件

（1）人工智能技术的应用已经并将继续大大提高劳动生产率，带来更快的经济增长。这是就总体而言的。人工智能技术的开发需要资金投入，但研发可能成功也可能失败，靠技术来支撑经济增长，最重要的是要让相关技术得到更充分的发展。同时，人工智能技术的商业应用也很重要。没有商业应用，人工智能技术的发展最终将难以持续。仅停留在研发阶段、无法商业应用的人工智能技术终将不会走远。

---

[1] 除了人工智能（AI）之外，智能增强（IA）也得到重视。所谓智能增强，强调的是以智能科技、脑神经提升技术与微生物科技等技术，增强人体自身的智能与能力，以实现让人类更强的目的，其重点是以增强人身为核心。IA 领域的发展需要多学科共同推进。关于 IA 的定位，现实中仍有争议。

[2] 印度数学家斯里尼瓦瑟·拉马努金（Srinivāsa Rāmānujan Aiyaṅkār，1887—1920）是一位传奇人物。他未受过正规的高等数学教育，却沉迷数论，惯以直觉（或者是跳步）导出公式，不喜作证明，事后却往往证明他是对的。他留下的这些未证明的公式，引发了后来的大量研究。1997 年，《拉马努金期刊》（*Ramanujan Journal*）创刊，用以发表有关"受到拉马努金影响的数学领域"的研究论文。关于拉马努金的一生，可参见：罗伯特·卡尼格尔，《知无涯者：拉马努金传》，胡乐士、齐民友译，上海科技教育出版社 2002 年版。

（2）人工智能技术的发展离不开硬件支持。芯片以及其他核心元器件在很大程度上构成人工智能技术发展的基础。人工智能技术的发展涉及大数据、生物识别、物联网、安防等众多领域，各主要国家都在不同程度地参与人工智能技术的竞争，一些过去不怎么重视产业政策的国家甚至也出台鼓励人工智能技术发展的产业政策。

（3）人工智能技术的发展需要更多的高水平人才。税收政策的优化不仅是营商环境改善的需要，而且是吸引包括人工智能在内各领域高端人才的需要。构筑人才高地需要多方着力，个人所得税税负的下降，可以大大增强国家对人工智能高端人才的吸引力。事实上，美国税制改革曾经讨论过对研究生学费征税，人们担心这会导致美国人工智能人才储备不足，美国人工智能技术的优势不保。

（4）人工智能技术发展面临基础理论薄弱的问题，人工智能原理尚未得到透彻理解，这会成为人工智能技术发展的瓶颈。[1]人才储备不足，是人工智能技术发展的瓶颈，是基础理论难以取得重大突破的主要因素。支持人工智能基础理论研究，需要加强人才培养和人才引进工作。当前，一些高水平大学设立人工智能学院，势必为人工智能人才的储备提供强有力的支持。

6.3.3 人工智能发展的政策及税收政策的定位

1. 国际社会对人工智能发展的政策

无论是自上而下的符号主义，还是自下而上的联结主义，都属于弱人工智能技术路线，都没有让机器本身具有自主意识。李国杰（2018）指出，弱人工智能规划思路在现实中仍然是主流，2017年国务院颁布的《新一代人工智能发展规划》本质上是弱人工智能规划的发展思路，这只是人工智能发展的一条路径。黄铁军（2018）提出，基于脑科学的人工智能研究正在改变着一切，有关超越经典计算机的机器——神经形态机的研究越来越得到重视。不可否认的是，人工智能技术的发展关系到一个国家在未来社会能否占领科技制高点，各国之间竞争激烈，各国政府都不会放弃对人工智能技术发

---

[1] 丘成桐（2017）指出，当前人工智能的基础理论薄弱问题，涉及人工智能算法的不可解释性等。参见丘成桐，《现代几何学与计算机科学》，《中国计算机学会通讯》2017年第12期。

展的支持。综观国际社会对人工智能发展的政策支持，美国白宫 2016 年 10 月发布了《为人工智能的未来做好准备》（*Preparing for the Future of Artificial Intelligence*）和《国家人工智能研究与发展战略规划》（*National Artificial Intelligence Research and Development Strategic Plan*），将人工智能研发提升到国家战略层面。[1]同时，人工智能技术的发展与信息技术发展紧密联系在一起，在欧洲"人类大脑计划"支持下，第一台在神经信息处理能力上超越人脑的神经形态机将在 2022 年研制出来。[2]这些都表明，人工智能研究的重大突破离不开国家的支持。

2. 中国人工智能发展的政策

近年来，人工智能技术在中国发展迅速，政府的推动功不可没。2016 年 11 月，国务院印发的《"十三五"国家战略性新兴产业发展规划》，将发展人工智能作为推动信息技术产业跨越发展的基础之一。2017 年，"人工智能"写进政府工作报告。同时，为抢抓人工智能发展的重大战略机遇，构筑人工智能发展的先发优势，加快建设创新型国家和世界科技强国，中国确定了 2020 年、2025 年和 2030 年三步走的目标：第一步，到 2020 年，人工智能总体技术和应用与世界先进水平同步；第二步，到 2025 年，人工智能基础理论实现重大突破，部分技术与应用达到世界领先水平；第三步，到 2030 年，人工智能理论、技术与应用总体达到世界领先水平，成为世界主要人工智能创新中心。[3]

诚然，三步走目标中的每一步都不易实现。现在，距离第一步目标的实现只有不到三年时间，而后两步目标的规划实现也仅间隔五年。虽然这一轮人工智能的发展在世界上只是处于起始阶段，中国的部分技术应用已处于有利地位，但是人工智能总体技术的发展基于科技总体实力，科技总体实力还不够强大。当前，中国经济新动能正在转换，人工智能产业要成为新的重要经济增长点，对人工智能产业在经济结构中的地位提出了要求。人工智能产业化不仅要求技术进步，而且要求技术的商业应用，否则不可能有产业的发

---

[1]　美国国家科技委员会的机器学习与人工智能分委会：《美国白宫报告：为人工智能的未来做好准备》，《信息安全与通信保密》2016 年第 12 期。

[2]　黄铁军：《也谈强人工智能》，《中国计算机学会通讯》2018 年第 2 期。

[3]　详见国务院 2017 年 7 月 8 日印发的《新一代人工智能发展规划》。

展。人工智能已经在教育、医疗、治安等多个领域应用，提高了公共服务效率，但应用的范围还有待进一步扩大，应用的程度也有待加深，技术应用的安全与隐私保护等问题也浮出水面。要让人工智能成为带动产业升级和经济转型的主要动力，不仅人工智能技术要发展，基础理论也需要重大突破，而且人工智能技术的发展不仅是技术自身的发展，还要体现在应用上，应用越广泛，与其他行业和领域结合越紧密，人工智能产业才能真正成为新的重要经济增长点，才有能力支撑进入创新型国家行列和社会主义现代化强国的奋斗目标。人工智能理论、技术与应用总体达到世界领先水平的目标所设定的期限虽然是2030年，但是我国要成为世界主要人工智能创新中心，智能经济、智能社会建设就要取得明显成效，并为跻身创新型国家前列和经济强国奠定重要基础，这需要包括公共政策在内的全方位支持。

3. 人工智能发展中的税收政策

税收政策是公共政策的重要组成部分。政府对人工智能发展的支持，税收是重要手段之一。为此，税收政策的选择乃至税收制度的设计，都需要充分考虑到人工智能发展的因素。中国现行的税收制度和税收政策都为人工智能发展提供了支持，特别是研发费用加计扣除，更是直接支持了人工智能技术初始阶段的发展。但是，与国家人工智能发展规划的总体定位相比，税收政策和税收制度仍有进一步完善的空间。历史上可能没有一次技术革命像人工智能发展那样，对税收造成全方位的影响。这种影响随着技术进步而逐步扩大和加深，税收制度的设计、税收征管手段的优化、税收政策的进一步完善，都需要及时作出反应。同时，迎接人工智能时代更需要未雨绸缪，做好相应的准备工作，包括税收理论研究工作，而所有这一切准备工作，需要建立在密切跟踪人工智能发展的前沿基础之上，包括技术前沿和理论前沿。

人类发展人工智能的初衷肯定不是要自取灭亡，那么相关的公共政策又将如何作出反应呢？税收政策能在此发挥什么作用？基于技术发展的不确定性，同时又由于技术影响的不确定性，税收政策该如何支持人工智能的发展，是一个前所未有的大难题。税收政策不能限制人类需要的技术的发展，但这里遇到的难题是人类可能都不清楚自己真正需要什么样的技术。

6.3.4　人工智能发展与税收政策

1. 人工智能技术影响的评估与税收政策

人工智能技术之于人类的优势是明显的：机器重复计算，不容易像人类那样算错；机器不容易像人类那样受情绪影响；机器的寿命和人类不同，可能的持续运算足以将从事某一方面技能的人类击败。同时，机器相对于人类的劣势也是明显的：机器对运算环境有要求，人类的干预也可能让机器处于不利之地，人类还完全可以凭借自身的力量限制人工智能技术的发展和运用。但是，不同的人工智能技术有不同的主导者，不同的主导者对人工智能技术发展的风险认识可能不一致，部分风险可能因此释放。显然，风险防范主要应该依靠科技界的力量，并辅以合理的技术发展的公共政策。相关的公共政策应该评估人工智能技术发展的全方位影响，包括正面、负面、安全甚至伦理方面，等等。因此，就税收政策而言，即使是对弱人工智能，也面临如何选择的难题。

2. 人工智能发展的产业化之路和传统行业升级之路的税收政策

人工智能技术的发展既可能走一条独立产业发展之路，又可能走传统行业的升级版之路。前者会形成独立的人工智能产业，后者则会助力传统产业升级。人工智能行业的独立发展可以更好地发挥专业分工优势。人工智能技术的发展，是依靠行业自身的力量，还是外部力量？人工智能产业是否需要税收政策额外扶持才能加以发展？如果各类企业的研发费用都能加计扣除，还有必要单列吗？问题是，如果要对企业进行分类，那么界限越来越模糊的行业又该如何辨别？这不是一个贴标签加概念的问题，不是企业自称是什么行业就是什么行业的问题，而是一个必然会对分行业支持的税收政策选择造成困难的问题。

人工智能产业的发展和传统行业有着密切联系，人工智能技术的发展最终也要走应用之路，而这需要与传统行业对接。传统行业在对接中可能会有根本性的变化，行业可能分化，有的行业甚至会因此消失，但基于传统业务的新行业可能随之出现，技术推动下的行业大整合可能进一步改变经济结构。人工智能技术支持下的行业升级，既可能是浅层次的人工智能应用，也可能涉及深层次的行业整合，不同的融合程度代表着人工智能技术的不同影响。

3. 人工智能技术应用的税收政策

机器人的使用，将人类从一些劳动密集型行业中解放出来，这些行业由于使用机器人而大大提高了资本的密集度，资本密集型行业的特征愈发明显。这类行业从外部看大致保留了传统行业的特征，行业定位、产品和服务的提供形式都没有太多的变化，但行业的实质已经有了不同程度的改变。在劳动力短缺的条件下，机器人的运用是资本替代劳动的一种形式。对于行业中的企业而言，是否使用机器人是企业的决策行为，是企业节约成本的一种决策。不同企业的优势不同，在新的条件下，行业竞争格局也会发生改变，资本密集型特征可能导致大企业越来越大，小企业或倒闭或被大企业所吸纳。显然，当下机器人的使用只是新技术引进的一小步，更高级的人工智能技术的应用能够甚至可能改变机器人的有形存在，新的算法演进、新的计算机处理能力和运算速度，可能让新技术的应用渗透到企业生产经营的各个环节。这样，所谓的人工智能技术，可能只是一种新的通用技术，不同层次、不同发展阶段的技术应用，对不同企业来说，所需时间长短不同，所耗资金多少不同，谁能在新技术的运用中赢得优势，谁就可能在下一轮的竞争中处于不败之地。

但不可忽略的是，既然应用人工智能技术的行业和企业已经赢得优势，那么税收政策是否还有必要额外支持这类行业和企业，让它们的优势更加突出？如果这样，这是否意味着税收政策的选择应该干预企业之间的竞争？市场经济条件下，税收政策作用的发挥不应破坏市场在资源配置中的决定性作用。这里至少提出了一个人工智能技术发展的税收支持政策的阶段性选择问题。

4. 人工智能发展相关领域的税收政策

当前，人工智能正在很多领域改变着人类的生活方式，为各类服务提供数据支持。例如，人工智能基于病例数据和医疗技术，在一定程度上甚至可以替代全科医生，人工智能技术在医疗领域的应用前景看好。人工智能技术同样可以在教育领域得到广泛应用，并促进学生的学习。甚至连法官审理案件，都可以采用人工智能技术，减少案例分析中的重复工作。人工智能技术在各行各业的应用是一个特殊性问题，但人工智能技术自身的发展是一般性问题。目前的人工智能技术更多地表现为"深度学习＋大数据"，数据是基础，没有充分的数据作支撑，就不会有人工智能技术的发展。支持深度学习技术的进步，支持大数据的开发和利用，就是在支持人工智能的发展。计算机技术的发展，云计算技术的开发，使得海量数据的处理成为可能，这也是大数据技术发展的基础。这就意味着数据安全变得特别重要，需要有相关的技术保障和政策支持。税收政策应鼓励这些类型技术的发展。同时，人工智能的新发展离不开脑科学和心理学的发展。机器学习已经发挥了重要作用，但同样面临更新换代的问题。人工智能技术在改造传统行业的同时，也在催生新行业。人类社会的演进过程，在很大程度上是经济结构的变化过程，是新行业不断出现而旧行业不断消亡的过程。人工智能和区块链技术的结合，是发展方向不确定的新技术之间的结合，更是前所未有的事。新行业的增进式发展，可能让新行业实现飞跃。技术进步的过程，税收政策至少不应该阻挡。

　　另外，不得不提的是，人工智能的发展经常会遭遇产学研结合不够的困难。市场是检验技术实用性的最佳场所，但并非所有新开发的技术都能得到商业应用，而占有市场的企业也不见得就有先进的人工智能技术。业界因市场而动，带动的人工智能热和学术界完全不一样。发挥企业在技术自主创新中的积极性，通过市场引导技术的发展，可以更快地实现产学研的有机结合。随着计算机处理能力和运算速度的提高，互联网技术的改进，联机可以处理更多的海量数据，这是人工智能技术发展的新条件。人工智能技术的发展在起步阶段离不开税收政策的支持。技术发展方向的不确定性，研发失败可能大大增加企业的负担。税收优惠政策应面向人工智能企业，面向所有研发人工智能技术的企业。至于人工智能技术应用企业（行业），则应视市场情况作出回应。人工智能在业务重复性比较强的行业，如医疗、律师、会计师等可以充分利用数据库的常规业务的应用上，具有人类所不可比拟的优势，这样的技术应用更多的是市场行为，实际上不需要税收政策的支持，除非这还是很不够成熟的市场。[1]研发费用加计扣除是最常用的税收优惠政

---

　　[1]　一些新业务是否需要税收政策的支持则要根据实际情况作出。例如，会计师事务所新开发的区块链审计业务就是前所未有的业务，就应按此方法处理。

策，费用加计的倍数大小代表着税收政策的支持力度，这应根据不同阶段发展的需要给予相应的税收优惠。人工智能技术的应用正在塑造新业态，打造强业态，这可能会引发就业和再就业问题。因此，税收政策应帮助更多的人再就业。[1]目前，有的地方已在打造以人工智能为核心的生态产业集群，人工智能技术的应用已涉及各行业。税收政策的支持应视情况选择针对行业，或直接针对人工智能技术应用。

6.3.5 人工智能发展对税收征管的影响

1. 人工智能对税收征管效率的影响

当前，人工智能技术在办税服务大厅的应用探索，还只是人工智能技术在税收征管中应用的初级版。[2]如果基础数据都能搬到网络上，那么这样的办税服务大厅完全可以是虚拟的，一些简单重复的业务咨询问题可以在网络上通过人工智能技术解决，"互联网＋纳税服务"将发展得更快更好。比如，个性化的纳税业务可以在网络上进行，这样征纳双方的成本都会下降。征税业务嫁接人工智能技术能让纳税服务升级，并加快税收征管现代化的进程。就纳税人而言，一些重复性的工作可以由人工智能技术替代，从而提高纳税效率。同时，当下一些企业的企业资源计划（ERP）对接税收征管系统，可以实现数据的自动交换，也会大大提高纳税效率。随着征税方对纳税方信用的判断成本的大幅度下降，纳税评估成本同步下降，信息收集将更加方便，税收风险也会随之下降。征纳双方成本下降的同时，也可能直接冲击某些行业，如各类中介机构所提供的简单的税务代理业务可能失去存在的基础，这些行业必须要加快业务升级转型，否则将可能被淘汰。

2. 人工智能发展对税收制度优化的要求

人工智能发展对税收征管的影响是直接的和渐进的。当税收征管有了根

[1] 人工智能会影响多少就业机会，一直有争议。有人认为，三分之一的工作岗位可能会失去。这就不能不未雨绸缪，通过培训促进再就业。短期内，通过建立全民基本收入制度（universal basic income）也可以应对此难题。Standing（2017）对此也作了较深入的分析，并反驳了反对者的意见。参见 Guy Standing, 2017, *Basic Income：And How We Can Make it Happen*, Penguin Random House UK。

[2] 湖南省长沙市国家税务局率先在全国试点首个人工智能办税厅，不仅节约了办税时间，还大大提高了办税效率。

本性的改变后，税制结构也需要有内在变化。人工智能技术发展对经济结构的冲击，对社会秩序的影响，甚至可能要求政府融资分摊方式的改变。现代社会中，税收是为公共服务融资而存在的。税制结构的选择是税收收入的分摊问题。社会更需要的是间接税，还是直接税？传统税种是否能适应人工智能发展新时代，还是需要设计新税种？人工智能的充分发展可能会带来物质的极大丰富，服务的更加充分，从而将人类从诸多劳动中解放出来。这种场景很可能是前所未有的，政府配置社会资源的规模和方式也应该作出相应的改变。关于是否应该对机器人征税，背后就是新技术发展对税制设计思路的冲击。主张对机器人课税的理由不一而足，如比尔·盖茨主张，人类劳动创造价值取得收入需要纳税，机器人一样创造价值，收入没有理由不纳税；又如罗伯特·席勒认为，看到机器人取代人类劳动越来越成功就意味着对机器人课税的呼声越来越大。反对者如萨默斯则认为对机器人课税有操作问题，而且还阻碍创新。是否对机器人课税，只是未来社会税收难题在当前的一种表现（杨志勇，2018）。人工智能技术的突破以及更广泛的应用，对现实的改变可能更多，而这可能要求税收制度的重塑。

税收制度基本上是与经济结构对应的。农业社会有对应的税收制度；工业革命之后有了新的税收制度。人工智能所带来的工业革命和对社会的影响同样会要求有相应的税收制度。同时，人工智能技术的快速发展势必让会计处理方法发生质的变化，会计报表这一反映企业财务信息的载体也可能发生质的变化，税收征管所依据的信息基础也随之发生变化。实际上，会计领域所发生的变化在高科技发展之初就已经开始了（余绪缨，1992），权责发生制受到挑战，现金流动信息比收益信息更重要的观点早就流行（李心合，1997）。但是，无论怎么发展，会计信息提供的必要性在任何时候都会存在，只是企业和税务机关之间的联系有了变化。人工智能所带来的产业革命之后，税收制度是否还有必要沿袭工业化社会的做法？税收为公共服务融资的功能不会改变，税收的效率和公平作用如何发挥则可能作相应的调整。市场主体应该如何分摊税负？所得课税会不会是未来征税的主旋律？商品税是否更切合未来智能社会发展的大方向？在市场经济条件下，效率经由市场、公平经由政府的原则仍将维持，但税收制度的设计应该更适合智能社会发展的需要。根本性问题值得进一步讨论。例如，征税是否还有必要通过具体的企业和个人进行？再进一步，有没有比税收制度更好的政府融资制度？

人工智能方兴未艾，不确定性依然在前头。发展人工智能，是不是与狼共舞？我们在收获便利的同时，是否也意味着风险可能相伴而来？税收政策应该如何选择？税收理论应该如何创新？我们已经有了一些思考，但还很不够。让我们以图灵文章的最后一句作为本文的结束语吧："我们只能看到前头一点点，但我们确信前头有需要去做的事。"（We can only see a short distance ahead，but we can see plenty there that needs to be done.）

6.4 中央和地方事权的划分[1]

6.4.1 事权划分问题的意义

中央和地方收入的划分需要在明确的事权划分的基础之上进行。事权划分甚至可以视为收入划分的前提条件。在事权几乎未作变化的背景下，缺钱的地方政府努力通过多种办法来改变财力困境。政府和社会资本合作（PPP）可以借助社会资本的力量，促进公共服务的有效提供。新增地方债和置换债，也保证了地方政府的正常运行和相关公共服务的提供。事权划分自 1994 年财政体制改革以来就一直是关注的重点问题，但改革进展缓慢。这在很大程度上与改革思路的选择有关。事权划分常常被理解为必须明确划分中央和地方的事权归属。这个目标设定不能说不对，但事权划分误区多多，关于事权的划分甚至有不少误解。只要跳出这些认识的误区（杨志勇，2015a），事权划分的思路就会打开。

中国是一个大国，有中央、省、市、县、乡五级政府。不同级别政府之间事权的划分历来是个难题。事权的划分从实质上看不是财政问题，而是行政体制改革问题，甚至可以说是政治体制问题。因此，事权的划分更需要的是全面深化改革的推进。但是，事权的划分同时又是一个与财政关系非常密切的问题。规范的政府间财政关系的形成，离不开规范的事权划分。事权划

---

[1] 参见杨志勇（2016）。

分不清，势必影响中央和地方的财政关系。

中央和地方财政关系的规范，所涉内容包括财政支出的划分、财税收入的划分以及财政转移支付的确定。大国财政体制需要处理好各级政府财政之间的关系。其中，中央和省级财政关系又是重中之重。通常我们用中央和省级财政关系问题的处理来指代中央和地方财政关系问题，本文也是如此。事权划分，简单说来，就是要解决政府职责在中央和地方的配置问题。从公共服务型政府建设来看，这是一个中央和地方如何合作以有效提供公共服务的问题。哪级政府承担哪些职责，在财政体制上就会直接表现为该级政府的支出责任。[1]财政支出责任的划分从而与事权的划分密切相关。

中央和地方财政收入的划分问题从来就不能单独处理。一级政府得到的收入多，但所承担的支出责任更多，该级政府不见得就能自主运行。一级政府所得的收入不多，但只要承担少量支出责任，该级政府同样可以过得不错。因此，财政收入的划分必须与支出划分结合起来考虑。[2]这也进一步凸显事权划分问题的重要性。事权的划分也不是能够随意确定的。不同时期不同国家的不同做法，都有一定的合理性，其中的经验需要借鉴，教训需要吸取，唯此，中国才能避免在事权的划分上走弯路。

6.4.2　事权划分思路的转变：历史视角

1949 年以来，新中国中央和地方事权的划分思路基本上选择了经验法或试错法。这种方法就是在不断地总结历史经验的基础之上，选择适合的事权划分方案。

新中国中央和地方之间事权的划分思路历经多次演变。中国曾经实行的计划经济是集权中有分权，集权多了之后就会有一定的分权，收权和放权循环进行。早在 1956 年 4 月 25 日，毛泽东在中央政治局扩大会议上的讲话——《论十大关系》就涉及中央和地方关系（毛泽东，1999）。在那次讲话中，毛泽东指出：“应当在巩固中央统一领导的前提下，扩大一点地方的

---

[1] 不是所有政府所承担的职责都需要花钱，公共规制就可以做到让市场和社会主体按照政府的目标要求做事而政府不必承担相应的支出。

[2] 2016 年“营改增”全面试点后，中央和地方增值税收入选择 5：5 共享的做法，是临时举措，未来势必与整个财政体制改革结合作进一步调整。

权力，给地方更多的独立性，让地方办更多的事"，"我们的国家这样大，人口这样多，情况这样复杂，有中央和地方两个积极性，比只有一个积极性好得多。"毛泽东还指出中国不能学苏联，把地方卡死，什么都集中到中央。这是针对当时的中央集权过多的弊病而言的。他更是提倡同地方商量办事。在计划经济条件下，中央和地方两个积极性都得到强调，殊为不易。这无意中为后来的地方在改革开放中发挥重要作用提供了支持。

改革开放以来，中国财政体制的选择一直注意发挥中央和地方两个积极性。在改革开放的前 15 年，地方积极性更是得到充分的强调。20 世纪 80 年代和 90 年代初期，中央和地方财政实行"分灶吃饭"。地方"藏富于民""藏富于企业"，最终结果是经济虽然快速增长，但财政困难，中央财政尤其困难，甚至有过中央两次向地方借钱的经历。这样财政体制严重影响政府正常运行，不可持续。

1992 年社会主义市场经济体制改革目标的确定，给财政体制改革提供了一个契机。1994 年，中国初步确立起分税制财政管理体制。这一体制确定了中央和地方的事权，但是，事权的划分是描述性的。不仅职责同构条件下的中央和地方事权无法分清，就是明确划分给中央或地方的事权，在实际运行中也出现了交叉重叠问题。这种交叉重叠从好的方面可以理解为中央和地方的相互支持，从不好的方面来看可以视为中央和地方事权划分在现实中的混乱。不少人甚至认为，1994 年分税制改革只是针对收入划分，而没有触及支出划分问题。确实如此。所谓中央和地方事权的划分，更多的是对既往做法的总结，更多体现的是路径依赖，而不是改革创新。这种事权的划分是粗线条的。不仅中央和地方的事权划分存在问题。同级政府不同部门之间的事权划分基本上不涉及[1]，这么做可以让分税制改革得到更多人的支持，但也留下了既得利益难题，意味着未来的改革可能更加困难。

1994 年的分税制改革基本上是按照财权与事权相匹配的原则进行的。强调财权与事权的相匹配，与发挥中央和地方两个积极性的要求是一致的。一些现实问题影响了事权划分思路的选择。县乡基层财政困难以及一些财力

---

[1] 这次改革主要解决地方财政问题，即所谓"诸侯经济"问题，而基本上不涉及部门间权力配置问题，即所谓"王爷经济"问题。

相对不足地区的财政困难，使得这些地方更加重视实际可支配财力，而不是财权因素。财力与事权相匹配的提法逐渐占了上风。这种提法的逻辑思路是，给财权但是收不到钱，还不如直接给钱，即只要有钱（财力）就好。这种提法也一直有争议。无论是理论界，还是实际部门，或者地方，都有所体现。强调"财权"对于地方来说，容易激发积极性，对发达地区来说更是如此，但是对于财源不足的地方来说，这种积极性不能有效地转化为财力，在"非此即彼"的选择中，它们更愿意接受给财力的思路。

财力与事权相匹配的思路蕴含着财政体制的内在矛盾。"鞭打快牛"问题不能有效解决，地方政府的积极性容易受到影响。中央和地方财政关系自1994年以来也经历了一些变化。1998年积极财政政策的实施，由于中央支出急剧增加，在一定程度上促进了财政集权程度的提高。2008年新一轮积极财政政策的实施，也有财政集权的客观效果。2002年所得税分享改革，是向规范的分税制迈出了重要的一步。现实中，中央本级支出占比较低，仅占全部财政支出的15％左右，这意味着大量的支出需要中央通过转移支付的形式给地方，地方财力才能得到保证。转移支付规模过大，容易带来效率损失。这是事权与财权不够匹配的结果。诚然无论是选择财权，还是财力，都涉及中央和地方"算账"问题，这在一般性转移支付的确定中表现得尤其明显。从理论上看，财政体制的确定完全可以选择财权、财力与事权相匹配的思路，从而兼顾地方积极性和可支配财力问题。

无论是财权，还是财力，都必须解决与事权相匹配的问题，但是，事权的划分一直是没有解决好的问题。在很大程度上，这是事权划分思路的转变未得到足够重视的结果。事权与支出责任相匹配改革思路的确定，实际上只是说了财政收支划分的支出一侧问题，而不涉及收入，更与收支匹配没有直接联系。这种思路强调的是办多少事，得看有多少钱。按此，事权不会在各级政府之间随意配置，承担事权往往意味着更多的支出责任。这当然很重要，但还不够。

6.4.3　事权划分思路的转变：比较视角

1. 总体看法

事权划分思路的转变需要有比较的视角。他山之石，可以攻玉。1994

年，中国选择分税制财政管理体制，可以理解为立足国情并学习市场经济国家做法的结果。分税制是对应于市场经济条件下的分级财政管理体制。按此，地方财政就是相对独立的一级财政。但是，1994 年的分税制改革并没有完全实现建立规范的分税制财政管理体制的目标。分税制改革一直受制于一些传统观念。不少人纠缠于单一制国家对财政体制的约束。实际上，这种观点忽略了国际上单一制国家和联邦制国家的动态变化。单一制国家放权、联邦制国家集权的变化，要求我们在借鉴时用实事求是的眼光来观察。[1]不少人都注意到分级财政的做法。大国普遍实行联邦主义财政，而不分单一制和联邦制（楼继伟，2013）。无论是单一制国家，还是联邦制国家，只要不是城市国家，实行市场经济就会选择分税制（张馨，1997）。以凝固的思路地理解单一制和联邦制，对事权划分的思路选择是极其有害的。无论是什么样的事权划分思路，都应该以最有利于各级政府有效提供公共服务为目标。中央和地方事权的划分只要在坚持主权由中央政府统一行使即不改变单一制政体的前提下，完全可以采取更加灵活的做法，以适应不同地区差异较大的国情。

　　2. 事权划分的稳定与变化

　　美国作为大国，在事权划分思路的选择上有诸多可供借鉴之处。回顾美国建国历程，我们可以更清晰地了解到美国当年是如何从邦联制过渡到联邦制。这里有一个漫长而艰难的说服过程。联邦为什么比邦联更有利，是当时联邦党人需要说清的事。联邦肯定比邦联更加集权。联邦所具有的规模经济优势，联邦的力量大于分散的邦联，一个联邦优于几个联邦，都是美国需要联邦制的原因（汉密尔顿、杰伊、麦迪逊，1980）。有意思的是，不少人认为联邦制就是在强调分权。事实可不都是这样。在美国建国初期，联邦党人强调的更多是集权。即使到了今天，仍有人简单地以单一制和联邦制来区分不同国家，并将单一制等同于集权，将联邦制等同于分权，这不符合实际情况。坊间所谈的单一制国家在变化，联邦制国家也在变化，单一制国家变得更加分权，联邦制国家变得更加集权。这是我们在学习和借鉴他国经验时要特别注意的，即需要注意他国经验中动态变化的部分。

---

　　[1]　相关论述可参见杨志勇（2015a，2015b）。

联邦制国家没有明确规定属于联邦的权力属于州。这是美国和中国国情的不同，需要注意。美国在联邦制形成之后，事权的划分具有高度的稳定性，这是我们需要着重借鉴的。事权的稳定性是通过宪法予以保证的。美国宪法虽经过多次修正，但变化极少，而且即使是变化，也历经很长时间的讨论。在讨论中，事权变化的不确定性预期基本上也会消失。这种状况在很大程度上应归功于宪法。美国宪法具有"超稳定性"，又有能保证做到"与时俱进"的体制和思想动力，美国宪法史是一部"有原则的妥协史"（history of principled compromise）（王希，2014）。不同利益群体和利益诉求通过各种各样的渠道达成"妥协"。1873 年美国新奥尔良市屠宰场主控告州政府一案，虽然失败了，但是"实质性正当法律程序权利"概念的提出影响了后续的制度安排。[1]从中我们也可以体会到权力、权利及权力和权利的互动关系。美国 1996 年的社会福利改革赋予州政府更多的责任，但有相应的转移支付作为保障。事权不是不能变，而是变化要有财权和财力的配套措施，还要经过必要的法律程序。而在德国、法国、日本、英国等国，不同级别政府事权的变化都有相当的难度。这是因为事权的划分是以宪法（基本法）等为依据的。

以上说法并不代表联邦制国家就一定是好的选择。事实上，失败的联邦要比成功的多得多（芬纳，2014）。芬纳所列举的例证除了苏联和南斯拉夫外，还包括 1861—1865 年南北战争时处于毁灭的边缘的美国。当时的美国摇摇欲坠，虽最后避免了崩溃，但联邦要取得成功也不容易。在政治强人铁托的统治下，南斯拉夫是稳定的多民族联邦国家，但铁托逝世后，民族宗教

[1]　1969 年，路易斯安那州政府以改善城市的卫生条件为名，决定对新奥尔良市的屠宰行业实施统一管理。州政府先将两个私人屠宰场改为由州政府管理，同时要求新奥尔良市所有的屠宰场主必须到指定的屠宰场去开业。不少个体屠宰场主因此感到不便，而且在新地方开业还须缴纳摊位场地费，构成了额外经济损失。于是，受损的屠宰场主们联合起来向州法院起诉，控告州政府这项管理屠宰行业的法律剥夺了他们的财产权，违背了州宪法中平等保护公民财产权的原则。路易斯安那州的法院都判决他们败诉。屠宰场主们又以其他理由将此案上诉到联邦最高法院，但还是败诉。菲尔德和布拉德利大法官在 1873 年屠宰场案对多数派判决的异见中确立了"实质性正当法律程序权利"的概念。它指的是公民（或任何人）拥有的至关重要的、不能为政府的任何法律轻易或任意剥夺的权利，如生命权、自由权和财产权。他们的目的是阻止州政府对市场经济的过分干预。虽然当时他们没有成功，但是后来，这成为工业化后期大资本企业反对联邦政府和州政府进行经济管制的最具杀伤力的法律武器（王希，2014）。

矛盾爆发，内战激烈，终于分裂。事情还没有结束。20 年后，从前的南斯拉夫似乎又以一种不一样的方式回归了，名字是"巴尔干自由贸易区"。早知如此，何必当初？问题的解决方案是不一样的。过去倾向于在单一国家内保持多民族的民主团结，现在有了新视野，国境线数量增加，但开放度加深（康纳，2016）。

6.4.4 残缺的分税制：中国现实的概述

与规范的分税制相比，中国现行的分税制只能说是"残缺的"。这样的分税制自然不能发挥分税制本应有的作用。分级财政是大国政府间财政关系所不可或缺的。事权的稳定性和确定性是一大问题。1994 年分税制改革方案对中央和地方事权的划分，更多是现实的描述和概括。当时财政体制改革的重点在收入侧，而不是支出侧。这么做也是可以理解的。但就是这样的不规范的事权划分，在现实中也没有得到充分的遵守。

明确归属中央的事权，地方承担部分支出责任，这在国防、外交等事务上都有所体现。明确属于地方的事权，中央也可能给予支持。例如，地方公务员的工资支出。当中央出台公务员调资政策时，往往要求经济发达地区自行解决支出的资金来源问题，而对西部地区，采取全额补助的做法。至于同时归属中央和地方的事权，相应的支出责任安排就更具有不确定性。

在具体事权的确定上，地方相对于中央处于更为不利的地位。中央出于统一领导的需要，在事权的确定上具有权威是应当的，但是"统一领导"应该与"分税制"所要求的分级财政管理一致。"统一领导"不是损害"分级管理"的借口。"统一领导"同样需要在一定规则内进行。这种现象的发生，与事权划分相关法律的缺失是有关联的。事权不够稳定，特别是当财力增加可能会带来更多的支出责任时，地方的积极性肯定会受到影响。这样事权划分制度就有内在的调整必要。

事权的划分不可能单独来看待。事权必须和财权、财力的划分联系起来。分级财政意味着每一级财政的相对独立。市场经济条件下，收入和支出都具有不确定性，收不抵支就会出现赤字。赤字只能通过公债来弥补。但是，地方政府长期以来几乎没有发债权，而又有发债的需要。结果是地方政府通过各种各样的方式，绕过发债限制，筹集资金。最后，由于债务融资多渠道多形式，债务资金的去向也五花八门，地方政府连准确的债务融资数据也不掌握。这肯定不利于地方财政治理，同时也不利于国家治理的现代化。新预算法赋予省级财政发债权限，这是很大的进步。但从目前来看，这还不够。分级财政不是只分到省一级。而且，省级发债规模还直接受到中央的约束。短期这么规定有利于债务风险的规避，但从制度的规范和完善来看，这里仍有一定的优化空间。

　　地方缺少税权是事实，但就现有税种而言，要划出单独属于地方而且能够保证地方支出基本需要的税种是不可能做到的。税收划分需要有新思路。少数几乎可以忽略的税种划给地方，于事无补。筵席税与屠宰税曾划归地方并让地方自行决定是否开征，但最终都敌不过历史发展规律，这样的税种还是消失了。个人所得税和拟议中的房地产税，所能筹集的税收收入也是很有限的，这样在没有新的税种发明出来之前，共享税将在一段时期内成为税收划分的主流。让地方有独享的税种的分税思路需要转变，只要比例的划分是事前给定的，事后不能随意调整，那么共享税同样具有很强的激励功能。

　　财政转移支付的确定也是难题。目前，中央对地方的税收返还和转移支付占地方财政支出比例平均在 35％以上。地方事权的落实离不开这笔资金。就专项转移支付而言，地方承担中央委托事权可以获得转移支付，承担中央和地方的共同事权也可以获得转移支付，承担中央鼓励的部分地方事权，同样可以得到部分转移支付。这样的制度是合理的，但事权划分的根源问题还有待解决。没有明确划分的中央和地方事权，就不可能有对应的合理的转移支付。一般性转移支付同样如此。标准支出的确定就离不开事权的具体安排。税收返还自 1994 年以来长期存在，脱离了改革设定的轨道，而且事权划分的前提是政府事权的确定。

6.4.5　事权划分思路的选择

1. 政府职能界定与事权划分

　　事权与支出责任的相匹配，强调的是各级政府事权的确定与支出责任有着密切关系。事权都要转化为支出责任。没有资金，没有财力支持，支出责任就到不了位，事权的落实就会是一句空话。

　　事权确定问题实质是政府职能的界定。政府职能的界定本来就不容易。

就是成熟的市场经济国家，政府职能也不见得就界定清楚。例如，国际金融危机爆发时，美国政府同样为是否挽救美国国际集团（AIG）而争论不休。经过艰难的选择之后，美国政府才选择了拯救，美联储也同样为此伤尽脑筋。[1]从计划经济大政府走来的中国，政府职能尚处于转变之中。复杂的政府职能，即使能够分清，所面临的挑战也远远大于政府职能较少的政府。有些政府职能，实际上没有定论，这更增加事权划分的复杂性。国有企业问题就是其中突出的一个。其中涉及的问题很多，例如国有经济应该覆盖哪些领域，国有经济在经济中的作用应如何得到恰当的发挥，国有经济运作如何才能避免市场在资源配置中决定性作用不受到侵害？事实上，各国政府职能也在不断地演变。各级政府应该做什么，各国也在不断地变化，不停地探索。这样，想找到一种放之四海而皆准的事权划分方案是不可能的。这也进一步提出了一个问题：复杂的事权能够在中央和地方之间划分清楚吗？

大国事权的划分，原则性的安排思路容易给出，如全国性事务归中央，地方性事务归地方，有外部性的地方性事务可以由地方联合处理，也可以由更高一级的政府直至中央政府来处理。现实中，国防、外交等事务可以明确归中央，其他诸多事务各国做法可能有较大差异。现实中没有放之四海而皆准的事权划分方案。无论是历史的视角，还是比较的视角，我们都找不到这样的方案。

2. 事权的划分思路的选择

事权的划分应该具有确定性和稳定性，不能随意调整。[2]这一原则应该有强有力的法律保障，特别是宪法的保障。事权划分的稳定性表现为事权安排的均衡，相关各方都没有调整的意愿。一级政府所承担的事权脱离实际财力，就意味着事权有内在的调整动力。政府所承担的事权需要动态的视角来分析。工业化和城镇化进程的加快，全球化的到来，意味着有更多的公共事务需要政府去做。政府职能不只是转变的问题，甚至还可能要适应新形势变化而重塑。财政支出结构安排上会有对应的变化。全球化的到来，各国政

---

[1] 相关决策过程可以参见 Bernanke（2015）。
[2] 刘尚希（2012）将不确定性视为财政改革最大的挑战。这在与财政体制密切相关的事权划分上也清楚地表现出来。

府公共服务的提供存在竞争，公共服务效率越高的国家在国际资本和人才的竞争上赢得优势。全球化的到来，意味着一国政府所提供的公共服务不能只是考虑国内因素，在海外的公民和输出的资本，都需要强有力的保护。原先不是特别重要的事权，现在变得更加重要。这对央地事权划分的影响也是显而易见的。这种保护多数属于中央事权。没有对应的财力支持，中央就不可能做好相应的服务工作。其他因素不变，仅考虑这一因素，财政支出安排上就要向中央靠拢。

事权划分的起点应该是财权、财力与事权相匹配的原则。之所以在这里强调财权，是因为财权的配置和各级政府的积极性密切相关，财权的激励功能远大于财力。事权的划分还会因为地域的大小、信息的传递、观念等发生相应的变化。[1]

事权的划分需要有比较视角。比较视角看问题，一定要考虑比较对象的可比性。一个面积超大的国家和一个城市国家，至少在事权的纵向划分上没有什么可比性，后者甚至不需要多层级政府。同是单一制国家，面积有大有小，行为方式有很大差别。法国是单一制国家，但是中国和法国比事权的划分，可能会陷入一种误区，毕竟面积差距大，管理半径相差太多。与中国更具有可比性的对象可能是欧盟，而不是欧盟的成员国。面积小的单一制国家行之有效的事权划分之制度安排，不见得就能适应面积大的单一制国家。义务教育就是一例。义务教育这种公共服务，具有很强的正外部性，理应由中央政府来提供。但是，现实中，小国的义务教育多由中央政府负责提供，大国则由地方政府提供。这应主要归因于国土面积大小对公共服务提供效率的影响。由于技术进步，信息传递时间大幅度下降，原先快马加鞭数日才能抵达的信息如今瞬间可到，政府管理半径也随之延长。从理论上看，过去可能需要的中间层级政府，现在不一定有存在的必要性。科层制度设计可以选择合适的优化做法。但是，各级政府的形成，往往是历史的产物。路径依赖决定了取消这样的中间层级政府很难做到。现实的选择只能是事权的相应调整。在法治国家，即使是事权的细微调整也不容易。一些国家宪法的稳定性就说明了这一点。宪法不是不能修订，但是修订要启动很复杂的程序。当

---

[1] 相关内容参加 Stasavage (2011)。

然，宪法只是原则性的规定，避免具体事务的规定。事权划分的稳定性也意味着各级政府行为有着较为确定的预期。

观念的改变会影响事权的划分，观念的改变不会自然到来。传统的力量是强大的，没有内外因素影响，改变是不可能的。[1]观念的改变可能是一国人民主动学习的结果。经济转型国家则更多由于观念的改变，选择了新的制度，即在计划经济时代多倾向于强调中央集权，在市场经济条件下则转向地方分权，地方事权会相应增加。理由不外乎地方政府接近当地人民，了解当地人民的公共服务偏好。事权的改变也可能是制度移植所致。第二次世界大战以后日本的事权划分，在很大程度上就是移植美国制度的结果。日本不是联邦制国家，但是战后的制度选择更多是美国主导的结果，向地方分权成为制度移植中最为引人注目的内容。这种移植无法全面复制美国做法，中央政府仍然可以向地方政府派遣官员，从而体现中央的意志。

有学者将中国的中央和地方关系称为"行为联邦制"（郑永年、翁翠芬，2012；郑永年，2013）。他们注意到中国不是一个联邦制国家，但具有联邦制国家的某些特征。事实上中国不是如此。如果是联邦制国家，那么省级官员，就不可能由中央政府来任命，也不会有大批的跨省干部交流。这种概括的意义在于，重视地方在央地关系处理中的重要作用。中国是一个大国，中央不可能包揽一切事务，就是在计划经济时期也是如此。中国的计划经济不同于苏联，中央有限的集权，给后来市场化改革下地方积极性的发挥提供了更多机会。现在，我们需要进一步思考中国的分税制改革是怎么开始的（杨志勇，2013；2015），回到财政体制改革的最初设定目标上来。大国国情决定了中国只能选择分级财政管理体制。事权的划分是收入划分和转移支付制度确定的前提。基于大国实际，释放地方活力可能比其他事务更加重要，当然，前提是不妨碍中央统一领导的进行。大国事权的划分只是给地方提供了一个更好的环境。地方事权确定之后，地方政府行为仍然需要加强监督，特别是要防止不能发出政绩信号的公共事务[2]不去做的问题的出现。

---

[1] 传统之所以是传统，是因为具有内在的稳定性，但当某些条件具备之后，传统也会变化。希尔斯（2009）分析了内部因素和外部因素是如何导致传统变迁的。

[2] 黄韬（2015）认为，不能发出政绩信号的事权可能不会受到重视。

6.5　地方债管理[1]

在市场经济条件下，地方债是分税制财政管理体制的必然产物。分级财政中的各级地方财政在中央统一领导下相对独立。地方财政运行或收大于支有结余，或收不抵支出现赤字。弥补赤字要靠地方债。不允许地方政府发债，结果就会是各种或明或暗的地方政府性债务的存在和地方债管理的失序。2015 年新预算法生效之后，地方债正式启动，在很大程度上适应了现实发展的需要，为地方债的规范发展提供了法律支持。当前全国各地的地方债风险不一，需要在认识地方债的不同风险的基础之上，解决债务统计难题，制定更接地气的规范发展地方债的制度，让地方债务限额能适应地方发展的需要，并建立一种有效约束地方债务需求无限扩张的机制。

6.5.1　认识地方债的不同风险

1. 地方债的总体概况

随着新预算法的实施，地方债管理越来越规范。地方直接债务存在的形式包括一般债务和专项债务。2017 年全国地方政府债务余额 164 706.59 亿元，包括一般债务余额 103 322.35 亿元、专项债务余额 61 384.24 亿元。2018 年地方财政预算赤字 8 300 亿元，通过发行地方政府一般债券弥补；地方政府一般债务余额限额 123 789.22 亿元，计划发行专项债券 13 500 亿元。地方债规模的扩大，愈发凸显地方债规范发展的重要性。

地方债风险的防范化解，是防范化解重大风险攻坚战的组成部分。其重要性不言而喻。地方债风险不宜低估，也不能高估。从全国层面来看，地方债风险的防范和化解没有问题，风险总体可控，但总体可控不等于各地都能轻松应对地方债风险。地方债风险不仅要关注直接债务，还需要高度重视或有债务、隐性债务等其他地方债风险。地方债问题是一个全国性问题，但各地的债务风险不一，认识地方债风险需要对不同地方加以区别对待。

---

[1]　参见杨志勇(2018e)。

2. 发达地区和欠发达地区的地方债风险

发达地区的地方债风险与经济欠发达地区的就有很大差别。发达地区的地方政府财力较为丰富，但资金需求量也较大，债务规模较大；欠发达地区的地方政府财力较为不足，资金需求量通常较小，债务规模较小。债务规模大的不见得风险就更大。财力较丰富的地方政府通常有更强的融资能力。而财力薄弱地方融资渠道少，可动用的财力少，较小的债务规模反而可能意味着更大的风险。这是就地方自身而言的。就全国来说，只要能够统筹全国的财力，那么这样的地方债风险应对也不会有什么问题。

3. 不同形式的地方债的不同风险

不同时期地方债的形成方式不同，蕴含着不一样的债务风险。在 2015 年地方债正式启动之前，各地财政不能安排赤字，地方政府直接负债的数量很小，且有较严格的限制。地方债多是间接形成的。为了落实积极财政政策所推动的地方融资平台建设，让融资平台债务和地方政府有了密切联系。同时，地方政府出于各种目的所举借的债务，其中主要是用于基础设施建设和基本公共服务的债务。由于长期以来地方债发行的限制，地方政府的这些债务多数没有得到强有力的程序约束。只要有机会，地方政府就可能通过各种企业或中介进行债务融资。商业银行和地方政府做生意，通常不用担心贷款的安全性问题。商业银行有很强的激励行为实际上代表着地方政府对地方企业提供融资支持。在缺乏问责机制的情况下，地方企业对于送来的钱的态度是"不要白不要"，至于融资之后的绩效如何则是另一问题。也正是得到这样的资金支持，地方的这类企业才能正常运作。

2015 年之后，虽然地方政府获得了发债权，但是一方面这一权限授予的是省级政府，另一方面发债规模还是受到严格控制，地方政府的资金需求仍然不能得到有效的满足。地方政府仍有动力通过其他方式融资。政府和社会资本合作（PPP）就是其中之一。PPP 的本义是公私合作伙伴关系，是要借助于民间资本（市场）的效率来实现政府的公益性目标，实现公益性目标与市场效率的有机结合。但在中国，国有企业、国有商业银行、政策性银行、开发性金融机构等也常常是与政府合作的 PPP 的市场主体。这类市场主体的市场化运作，是它们得以参与 PPP 项目的基础。这类市场主体不是不能参加公益性项目，关键是它们扮演的是能够按照市场方式进行运作的主体，而不是纯粹的政府代理人或无利润诉求的所谓市场主体。PPP 的成功需要民间资本的充分参与。PPP 项目应该能够给参与的市场主体以与风险相匹配的回报。这样的回报本来应该是市场决定的。但是，相当数量的 PPP 项目为了吸引市场主体参与，设定了种种特殊的政策，承诺给参与的市场主体确定性的回报。显然，这么做已经背离了 PPP 项目引入的初衷。每年必须给予的确定性回报承诺实际上就意味着债务负担的形成。

PPP 是提高公共服务效率的一种方式，PPP 项目的运作应该体现政府和社会资本的平等合作。任何一方希冀通过合作占据另一方的便宜都是不合适的，都会破坏这一平等契约关系，都会从根本上影响 PPP 目标的实现。PPP 项目启动对财政资金投入的要求是保证项目顺利进行的重要前提条件。社会资本同样需要有相应的资金投入。否则，PPP 项目就可能成为吸金平台，相关各方通过这一平台融资，地方政府也会因此背上隐性债务负担。考虑到现实中，部分欠发达地区 PPP 项目的数量和规模甚至超过发达地区，这样的 PPP 项目是否规范亟待理清，要采取有效措施找到地方政府应该承担的责任。

6.5.2　地方债务统计困难影响决策

地方债问题的争议主要是因统计口径而生。地方政府直接负债的风险没有什么争议。问题出在间接负债、隐性债和或有负债上。

1. 多数地方国有企业债务不会转化为地方债

地方国有企业债务是个大问题。按照中国的法律，地方国有企业作为独立法人，应该自负盈亏，自行承担债务责任。无论如何，国有企业的债都不应该算到政府头上。特别是这几年，随着地方债务管理越来越规范、越来越严格，这样的说法本不是什么问题，但社会各界并没有完全接受这样的观点。国际社会则主要基于传统方式的市场经济国家的实践，不可理解中国式国有企业的实际情况，也分不清地方国有企业债务和地方债之间有什么区别。于是，不同人根据不同的口径，算出不同的地方债规模。将地方国企债务全面列为地方债，自然就会得到所谓的天量地方债数据。这样算也不是什么依据都没有。在地方债尚未正式启动之前，地方政府的债务绝大多数都是通过地方国有企业形成的，甚至相当部分的地方国有企业是为了地方政府融资而建立起来的。这样的地方国有企业债务中的相当部分最后被确认为地方债。情况已经发生变化。但是，外界不见得清楚这种变化。

2.地方债务统计困难影响决策

地方债的风险表现在多个方面。它不同于中央政府的国债风险。债务统计就是一个大问题。没有准确的债务统计信息，相关决策就不会那么容易。这里需要对债务性质进行认定。之前，审计署对地方政府性债务的审计、财政部对地方债的规范管理措施，为地方债务统计提供了重要的支持。但是，还有其他形式的地方债吗？

现在的困惑是，地方国有企业新形成的债务最后会不会转化为地方债？理论上这样的债务不会转化为地方债。但是，不要说地方国有企业，就是非国有企业，如果遇到了严重的债务危机，债权人如果涉及太多自然人，债务清算如果没有地方政府的救助，就可能转化为社会问题，这样的债务至少会部分转化为地方债，那么国有企业这种转化就更是可能。当然，作为独立法人，国有企业的资产本来可以用于抵债，但是，如果这样的国有企业本身就承担着地方公共服务提供的职责呢？这意味这样的企业不能破产清算，但债务清偿必须进行。通常情况下，这样的企业债务转化为地方债的可能性很大。

地方债的统计是对以往遗漏的债务进行重新统计。不同于逐年形成的债务规模的累积。现在所遇到的地方债风险是没有赤字的债务风险，即在债务形成当年没有列入赤字。债务统计中的诸多困难在一定程度上导致决策的困难。

6.5.3 地方债规范发展的对策思路

1.制定更接地气的规范发展地方债的制度

从短期来看，规范发展地方债的直接目标是防范化解地方债风险。但需要谨防防范化解风险中引发新风险！对现有地方债问题的围追堵截常用的措施是限期纠正，但是，限期纠正的前提是能够在规定期限内有完成纠正任务的可能。如果地方政府即使很努力，也完成不了，那么这样的规定也无济于事。例如，偿还地方债理论上可以通过变现部分政府资产筹集资金，但是，直接负责地方债事务的财政部门可能没有变现的权限。只有在财政部门获得权限之后，这样的规定才能落地。

地方债的规范和发展要与宏观杠杆率的下降联系起来。这主要是从总体上把握地方债的风险。从当前降低宏观杠杆率的大目标出发，宏观经济管理部门要求地方规范债务管理很有必要。同时，各相关部门关于地方债规范发展的各类相关要求只有足够接地气，才可能真正得到落实。否则，问题就会一直摆在那里。例如，一些与地方债有关的过渡性制度安排，最终有多少真正落地，亟待加以评估，并在此基础之上进一步完善。需要测试和判断这类不规范的债务形成的真正原因，是不是换了其他官员就不会有这类债务？需要判断这样做是不是最有利于地方公共服务的有效提供？在公共服务有效提供上，地方政府是不是没有其他路径可以选择？要端正对地方举债行为的认识。地方举债，哪怕是不够规范的举债，在某种程度上都是地方政府官员愿意做事的表现。当然，乱为还不如不为。现在的问题是需要对这样的或明或暗的债务融资行为进行评估，才可能出台更接地气的地方债规范发展的制度。

2. 地方债务限额应能适应地方发展的需要

规范地方债既要保护地方政府的积极性，又不能因此带来地方债风险问题，这只能通过"开前门，堵后门"的办法来解决。省级政府已经获得发债权，前门已经打开，但后门尚未彻底堵住。堵后门在任何时候都很重要。地方债可以存在，但应该规范。不够规范的地方债甚至导致债务统计信息都难以准确获取，这给地方债的规范发展带来了极其严峻的挑战。

在现有债务限额制度下，前门要开得足够大，才能适应地方发展的需要。现实中，地方政府之所以需要借助多种方式融资，与债务限额不够有着密切关系。一般债务和有专门用途的专项债务，都应该有足够大的规模，否则，地方债就有以非规范的形式存在的可能。

3. 建立一种有效约束地方债务需求无限扩张的机制

地方债管理的关键很可能不在于中央给地方多少债务限额，而在地方自身。上级政府乃至中央政府所给的地方债限额可以让全国的公债管理更容易协调，但是作为一级政府的地方政府，通常情况下更了解当地人民的需求，如果地方政府能够对自己的举债行为负责，那么地方债管理问题就会有正解。

地方国有企业和地方债关系很密切。有些国有企业本身就是为了地方政府融资而成立的。只是现实中这些国有企业后来的命运各有不同。有的甚至发展成上市公司，这样的企业债务无论如何都不应该算地方债。有的则一直承担着地方政府的特定公共服务职能，企业债务只是地方政府债务的一种表现形式。规范发展地方债，需要规范国有企业行为，要从源头上防止地方政府通过国企进行融资。地方政府原则上不能新建国有企业，但现有的地方国有企业数量已经不少，不新建国有企业也已足够。只要有地方国有企业存在，地方债就可能以各种合法的方式存在，地方债无解吗？

地方政府债务融资的约束机制的建立比什么都重要。赋予地方政府举债权，地方政府可以多借债，但是地方政府不敢多借债。能够建立起这样的机制，那么地方债问题从政府内部来看就不是问题。这应该是地方债管理制度改革的终极目标，即让地方政府能为自己的举债行为真正负责。实际上这并不是什么新鲜事。不少国家都有类似的事发生。给了地方发债权，赋予的地方债债务限额也一定会全部用掉，因为立法机构能对本级政府的行为进行约束。中国规范发展地方债应该在此下功夫，强化人大监督，让地方债的规范发展更加切合实际。

另外，地方债务融资决策的终身问责机制如何构建是个难题。地方债是地方公债，与银行信贷决策不一样。在债务限额内的公开发债，基本上不存在具体的个人问责机制。因此，这里可能更重要的是日常问责，是某个人或某些人的具体债务决策的问责，甚至可能是债务资金使用的绩效考核问题。同时，项目最初决策与具体执行之间的责任需要区分清楚。例如，高速公路专项债收入在使用中是否按照设定的目标进行，可以启动问责机制，但对于资金运用效率如何，现金流收入如何等等，则更合理的是问责与绩效考核并行的机制。

第 7 章　财税现代化与内外部环境

财税现代化——财税改革是在特定的环境下进行的。财税改革与经济体制改革是配套，支持了农村改革、价格改革、金融改革和企业改革。财税改革与现代化经济体系和国家的法治化、民主化进程是一致的。

7.1　财税改革与经济体制改革的整体配套性

在城市经济体制改革之初，财税体制改革被视为改革的突破口，财税对企业的扩权让利，中央财税对地方财税的分权，财税对农村改革、价格改革、金融体系的改革与发展、企业的改革与发展等的配合和支持，表明财税改革既是经济体制改革的一部分，同时也是经济体制改革的整体配套措施的一个重要组成部分。

7.1.1　财税改革与农村改革

1. 农村改革与财税支持

中国经济改革从农村起步。"三农"问题（农业、农村、农民问题）历来是中国政府高层关注的问题。改革之初的 1982—1986 年，中共中央连续五年的"一号文件"的内容是关于农村问题的。2004 年以来，中共中央"一号文件"又是连续十五年关注"三农"问题（见表7.1）。

表7.1　中共中央十个关于"三农"问题的"一号文件"

年份	文 件 名 称	内 容 要 点
1982	《全国农村工作会议纪要》	认可联产承包责任制，包干到户
1983	《当前农村经济政策的若干问题》	农业经济结构改革，发展多种多样的合作经济，改革人民公社体制，在农村允许资金、技术、劳动力一定程度的流动和多种方式的结合，搞活商品流通，促进商品生产的发展，要打破城乡分割和地区封锁，广辟流通渠道，加快农村建设等
1984	《关于一九八四年农村工作的通知》	在稳定和完善生产责任制的基础上，提高生产水平，梳理流通渠道，发展商品生产
1985	《关于进一步活跃农村经济的十项政策》	取消农副产品统购派购的制度
1986	《关于一九八六年农村工作的部署》	肯定农村改革的方针政策
2004	《中共中央　国务院关于促进农民增加收入若干政策的意见》	促进农民增加收入
2005	《中共中央　国务院关于进一步加强农村工作提高农业综合生产能力若干政策的意见》	提高农业综合生产能力
2006	《中共中央　国务院关于推进社会主义新农村建设的若干意见》	社会主义新农村建设
2007	《中共中央　国务院关于积极发展现代农业扎实推进社会主义新农村建设的若干意见》	发展现代农业
2008	《中共中央　国务院关于切实加强农业基础建设进一步促进农业发展农民增收的若干意见》	农业基础设施建设
2009	《中共中央　国务院关于2009年促进农业稳定发展农民持续增收的若干意见》	农业稳定发展
2010	《中共中央　国务院关于加大统筹城乡发展力度进一步夯实农业农村发展基础的若干意见》	统筹城乡发展
2011	《中共中央　国务院关于加快水利改革发展的决定》	水利改革发展
2012	《中共中央　国务院关于加快推进农业科技创新持续增强农产品供给保障能力的若干意见》	农业科技创新
2013	《中共中央　国务院关于加快发展现代农业进一步增强农村发展活力的若干意见》	发展现代农业
2014	《中共中央　国务院关于全面深化农村改革加快推进农业现代化的若干意见》	农业现代化
2015	《中共中央　国务院关于加大改革创新力度加快农业现代化建设的若干意见》	农业现代化

年份	文件名称	内容要点
2016	《中共中央　国务院关于落实发展新理念加快农业现代化实现全面小康目标的若干意见》	农业现代化
2017	《中共中央　国务院关于深入推进农业供给侧结构性改革　加快培育农业农村发展新动能的若干意见》	农业供给侧结构性改革
2018	《中共中央　国务院关于实施乡村振兴战略的意见》	乡村振兴战略

资料来源：根据中央人民政府网站（www. gov.cn）、人民网（www. people. com.cn）、新华网（www. news.cn）等网站资料整理。

改革一开始，为了支持农产品价格调整，财税增加了补贴。国家财税用于农业的支出自 1978 年以来持续增加，1978 年为 150.66 亿元，2006 年达到 3 172.97 亿元（见表 7.2）。财税对农村改革的支持一开始主要是通过支持改革粮食统购统销体制进行的。国家决定改革农产品统购、派购制度，实行按计划价格订购和按市场价格议购双轨并行的办法。1992 年初，各地纷纷放开粮食购销市场。到 1993 年末，全国 98% 以上的县市的粮食销售价格已经放开。建立高效率的全国统一粮食市场，最终是有利于农民，有利于农村改革的进行，有利于农村经济的发展。财政通过支持粮食流通体制改革，构建合理的粮食储备体系，为农业生产和国家粮食安全构筑保障底线。

表 7.2　国家财政用于农业的支出

单位：亿元

年份	合计	支农支出	农业基本建设支出	农业科技三项费用	农村救济费	其他	用于农业支出占总支出的比重（%）
1978	150.66	76.95	51.14	1.06	6.88	14.63	13.43
1980	149.95	82.12	48.59	1.31	7.26	10.67	12.20
1985	153.62	101.04	37.73	1.95	12.90		7.66
1990	307.84	221.76	66.71	3.11	16.26		9.98
1991	347.57	243.55	75.49	2.93	25.60		10.26
1992	376.02	269.04	85.00	3.00	18.98		10.05
1993	440.45	323.42	95.00	3.00	19.03		9.49
1994	532.98	399.70	107.00	3.00	23.28		9.20
1995	574.93	430.22	110.00	3.00	31.71		8.43

年份	合计	支农支出	农业基本建设支出	农业科技三项费用	农村救济费	其他	用于农业支出占总支出的比重(%)
1996	700.43	510.07	141.51	4.94	43.91		8.82
1997	766.39	560.77	159.78	5.48	40.36		8.30
1998	1 154.76	626.02	460.70	9.14	58.90		10.69
1999	1 085.76	677.46	357.00	9.13	42.17		8.23
2000	1 231.54	766.89	414.46	9.78	40.41		7.75
2001	1 456.73	917.96	480.81	10.28	47.68		7.71
2002	1 580.76	1 102.70	423.80	9.88	44.38		7.17
2003	1 754.45	1 134.86	527.36	12.43	79.80		7.12
2004	2 337.63	1 693.79	542.36	15.61	85.87		9.67
2005	2 450.31	1 792.40	512.63	19.90	125.38		7.22
2006	3 172.97	2 161.35	504.28	21.42	182.04	303.88	7.85

注：1. 从 1998 年起，农业基本建设支出项包括增发国债安排的支出。

2. 其他项包括新型农村合作医疗和补助村民委员会支出等。

资料来源：国家统计局（2007）。

由于统计口径的变化，2007 年之后国家财税用于农业的支出同口径数据不可获得。国家财税农林水事务支出逐年逐年增加，2007—2017 年分别为 3 404.7 亿元、4 544.01 亿元、6 720.41 亿元、8 129.58 亿元、9 937.55 亿元、11 973.88 亿元、13 349.55 亿元、14 173.8 亿元、17 380.49 亿元、18 587.4 亿元和 18 493.8 亿元。[1]

2. 农村公共财税建设

随着建立公共财税的改革目标明确，财税对农村的支持已经从早期主要对农业生产的支持转向多方面的支持。其中最为重要的是提出要逐步实现公共财税由城市向农村的全覆盖。2013 年以来，发展现代农业、农业现代化、农业供给侧结构性改革、乡村振兴战略作为中央一号文件的主题，可见农业、农村、农民（"三农"）问题的受重视程度。

提出公共财税覆盖农村之初，农村公共产品和公共服务短缺问题十分严重，农业基础设施、农村教育、医疗卫生、养老保障虽得到一定的改善，但整体较为落后。一段时间以来，农民自己承担农村公共产品和公共服务支出

[1] 资料来源：国家统计局网站 http://data.stats.gov.cn/easyquery.htm?cn=C01。

的局面未有根本改变。农业增收潜力得到充分挖掘之后，农民收入增幅缓慢问题较为突出，这使得仅仅依靠农民，无法解决"三农问题"。从根本上说，要增加农民收入，只能通过转移农村劳动力，借助工业化和城市化（城镇化）的力量，但这需要一个过程。正是在这样的背景下，随着国家财政收入的增加，国家采取了一系列措施，进行农村公共财税建设，包括取消农业税、增加对三农的投入、增加农民收入、建设社会主义新农村、促进城乡和谐社会的构建等等。

（1）农村税费改革：农业税从减免到取消。

2000 年，安徽率先在全省范围进行农村税费改革试点。与此同时，许多省（自治区、直辖市）选择若干县（市）进行试点。2001 年，江苏自费在全省进行农村税费改革试点。2002 年，国务院确定河北、内蒙古、黑龙江、吉林、江西、山东、河南、湖北、湖南、重庆、四川、贵州、陕西、甘肃、青海和宁夏 16 个省（自治区、直辖市）为扩大农村税费改革试点省。是全省试点还是局部试点，由试点省决定。同意上海、浙江自行试点。当年，全国有 20 个省（自治区、直辖市）以省为单位进行了试点。2003 年，改革在全国推广试点。

农村税费改革的特点是：以"减轻、规范、稳定"为指导；以"确保明显减轻农民负担、不反弹，确保乡级政权和村级组织的正常运作，确保农村教育和其他有关事业经费的必要投入"三个确保为标准，以"三个取消"（取消屠宰税、乡镇统筹款、教育集资等专门向农民征收的行政事业性收费和政府性资金），"一个逐步取消"（调整农业税政策和农业特产税征收办法，规定农业税税率上限为 7％）和"一项改革"（改革村提留征收和使用办法，以农业税税额的 20％为比例征收农业税附加，替代原来的村提留）为主要内容；改革的目标是借此建立一个以农业税、农业特产税及其附加，以及村级一事一议、筹资筹劳为主要内容的农村税费制度框架。

2004 年，中国有 28 个省份免征农业税。据统计，免征农业税、取消除烟叶税外的农业特产税可减轻农民负担 500 亿元左右，2005 年约 8 亿农民受益。

2005 年 12 月 29 日，十届全国人大常委会第十九次会议决定，自 2006 年 1 月 1 日起废止了 1958 年开始施行的《农业税条例》。农业税全面取消，农业特产税也取消，原来对烟叶开征的农业特产税改为烟叶税。

取消农业税和农业特产税，农民得到了实实在在的好处。为了推动农村税费改革，中央政府给地方增加了专项转移支付（表7.3），保证了基层政权的正常运转，保证了农村公共产品和服务的提供。

表7.3　中央对地方农村税费改革转移支付（2000—2005年）

单位：亿元

年　　份	2000	2001	2002	2003	2004	2005
转移支付规模	68	80	245	306	523	661

资料来源：李萍（2006）。

（2）粮食直补。

从2000年开始，财政部着手研究粮食补贴方式改革，并提出将补贴在粮食流通环节的粮食风险基金拿出一部分直接补贴给种粮农民、建立粮食直补制度的初步设想。2001年，国务院下发28号文件，同意财政部的试点方案。2002年和2003年，安徽、吉林、湖南、湖北、河南、辽宁、内蒙、江西、河北等粮食主产区开始了粮食补贴方式改革试点。2004年，粮食直补在全国实行。粮食直补主要用于对主产区种粮农民的补贴。

（3）建立农村义务教育经费保障机制。

农村义务教育是农村基层政府提供的最重要的一种公共产品和服务。在以农业为主的地区，义务教育支出占财政支出的份额较大，义务教育支出也是农民的重要负担。随着农村税费改革的进行，中央财税加大转移支付力度，有力保障了农村义务教育管理体制的调整。各级政府加大财税投入，努力落实"在国务院领导下，由地方政府负责、分级管理、以县为主"（简称"以县为主"）的农村义务教育管理体制，《国务院关于深化农村义务教育经费保障机制改革的通知》（国发〔2005〕43号）更是促进了农村义务教育经费保障机制的建立。该通知要求：按照"明确各级责任、中央地方共担、加大财税投入、提高保障水平、分步组织实施"的基本原则，逐步将农村义务教育全面纳入公共财税保障范围，建立中央和地方分项目、按比例分担的农村义务教育经费保障机制；中央重点支持中西部地区，适当兼顾东部部分困难地区。

　　从 2006 年春季学期开始，西部地区率先进行改革，全面免除农村义务教育阶段学生学杂费，继续执行免教科书费、补助寄宿生生活费政策，并对部分专项资金实行国库集中支付，资金直达学校。中部地区每个省选择一个县于秋季学期开始试点，东部地区大部分省份也主动实施改革试点。中央财税同时对西部地区农村义务教育阶段中小学安排公用经费补助资金，启动全国农村义务教育阶段中小学校舍维修改造资金保障新机制。这一改革逐步将农村义务教育纳入公共财税保障范围，标志着农村公共产品和服务提供方式正在发生具有划时代意义的深刻变革。"农村义务教育阶段学校教师特设岗位计划"同时实施。

　　自 2006 年起，中国先后建立健全农村、城市义务教育经费保障机制，将义务教育全面纳入公共财税保障范围并建立稳定增长机制。全国一般公共预算义务教育投入由 2005 年的 2 432 亿元增加到 2014 年的 11 993 亿元，年均增长 19.4%。九年免费义务教育已全面普及，县域内义务教育均衡发展水平不断提高。近年来，随着我国新型城镇化建设和户籍制度改革的不断推进，学生流动性加大，城乡义务教育经费保障政策不统一，再加上资源配置不够均衡、综合改革有待进一步深化等问题，对完善城乡义务教育经费保障机制提出了新要求。2015 年，国家出台进一步完善城乡义务教育经费保障机制，对于推进城乡义务教育在更高层次的均衡发展，促进教育公平、提高教育质量，实现教育经费可携带，都具有十分重要的意义。此次完善城乡义务教育经费保障机制就是通过"三个统一、两个巩固"，建立城乡统一、重在农村的义务教育经费保障机制，推动"两免一补"和生均公用经费基准定额经费随学生流动可携带。[1]上述政策分两步到位，2016年先统一生均公用经费基准定额，2017 年统一"两免一补"政策。国家将

────────────────

　　[1]　第一个统一，是统一"两免一补"政策。所谓"两免一补"政策是指"免除学杂费、免费提供教科书和对家庭经济困难寄宿生补助生活费"。第二个统一，是统一公用经费基准定额。第三个统一，是统一经费分担机制。以前，农村义务教育经费由中央和地方共同负担，城市由地方负责、中央适当奖补。调整后，中央和地方对城乡义务教育实行统一的分项目、按比例分担的机制，具体来讲，国家规定课程免费教科书资金由中央全额承担；寄宿生生活费补助由中央和地方按 5：5 比例共同分担；公用经费中央和地方分担比例西部地区为 8：2，中部地区为 6：4，东部地区为 5：5。两个巩固，一是巩固完善农村地区校舍安全保障长效机制。二是巩固落实城乡义务教育教师工资政策。

根据义务教育发展过程中出现的新情况、新问题，结合社会经济发展和财力可能，不断完善相关政策措施，推动义务教育均衡发展，全面提高教育教学质量。[1]

（4）积极推进新型农村合作医疗制度。

在建设社会主义新农村过程中，卫生工作最重要的任务就是努力改善农村医疗卫生条件，减轻农民医疗费用负担，提高农民健康水平。据测算，各级财税对农村卫生机构的投入逐年递增。加快新型农村合作医疗制度建设，解决农民"因病致贫、因病返贫"的问题，是新农村建设的重要内容。新型农村合作医疗基本实现全覆盖，切实减轻了农民医疗负担。

（5）助力农村"低保"。

2006 年 12 月底召开的中央农村工作会议上首次提出，将积极探索建立覆盖城乡居民的社会保障体系，在全国范围建立农村最低生活保障制度。从 1997 年开始，中国部分有条件的省市开始逐步建立农村最低生活保障制度。广东、浙江等经济发达省市相继出台实施《农村最低生活保障办法》，将农民纳入社会保障范围。2007 年，全国建立起农村最低生活保障制度。[2]

7.1.2 财税改革与价格改革

1. 价格改革回顾

没有价格改革，就没有市场经济体制的形成。计划经济体制下，价格是由计划部门统一确定的。选择重工业优先发展战略，就必然意味着政府要扭曲性的价格体系。价格改革是促使产品价格体系回归市场的必由之路，是政府定价权的释放过程（刘立奎，2008）。但是，价格改革会影响到社会各种经济主体的利益，会导致一些经济主体的利益受损，在一定时期内，通过财税的价格补贴，可以缓解价格改革给经济社会稳定带来的压力。改革以来，历次价格改革基本上都得到了财税补贴的支持，财税补贴有力地促进了价格

---

[1] 参见《国务院关于进一步完善城乡义务教育经费保障机制的通知》[国发〔2015〕67号]，2015 年 11 月 28 日，http://www.gov.cn/zhengce/content/2015-11/28/content_10357.htm；国务院政策例行吹风会，http://www.gov.cn/xinwen/2015zccfh/37/。

[2]《国务院关于在全国建立农村最低生活保障制度的通知》，新华网，2007 年 8 月 13日，http://news.xinhuanet.com/newscenter/2007-08/13/content_6524280.htm。

改革的进行（郑京平，1990）。

从 1979 年以来，价格改革大致可以分为以下几个阶段（郑京平，1990；刘立奎，2008）：

第一阶段，1979—1984 年"以调为主"的初始阶段。这一阶段，国家以有计划地理顺价格为主，主要进行了六次较大规模的价格调整，较大幅度地提高了农副产品、采掘工业、原材料工业等基础工业产品的价格。其中，粮食收购价格的上调直接得到了财税的支持。

第二阶段，1985—1988 年的"调放结合"阶段。这一阶段，国家开始侧重于价格形成机制的转换，采取以有计划地调整价格和不同形式、不同程度地放开价格并举的措施，迈出了三次较大的步伐。生产资料价格的"双轨制"是该阶段价格改革的主要特点。

第三阶段，1989—1991 年的治理整顿阶段。这一阶段，面对通货膨胀，政府的目标主要是稳定物价，继续推进价格改革进程。粮、棉、油的收购价格提高，铁路、水运和航空客运票价提高，邮政资费调整，煤炭、原油、有色金属和部分钢材的出厂价格和民用燃料的销售价格提高，部分城市的自来水、牛奶价格和公共交通票价提高，橡胶、炭黑"双轨制"价格并轨。

第四阶段，1992—1996 年。这是价格的改革深化阶段，确定了建立社会主义市场经济体制的目标，价格改革的主要任务是进一步转换价格形成机制，改善价格结构，建立以市场形成价格为主的价格机制。

第五阶段，1997 年至今。特别是 21 世纪初以来，价格改革进入了全面建立和完善社会主义市场价格机制的新阶段。价格改革的重点是基础产品价格、生产要素价格，需要建立与市场经济相适应的调控体系与调控机制，资源能源产品价格改变是其中的重点（温桂芳，1998；张卓元，2018）。价格改革尚未完全，其中许多涉及公共定价。

2. 财税对价格改革的支持

改革以来，财税对价格改革作了很大的支持，这集中体现在财政的政策性补贴支出上。1978—2006 年财税对价格的政策性补贴支出为 13 158.06 亿元。历年分项补贴支出详见表 7.4。

财税的政策性补贴支出减少了价格改革给社会带来的震动，促进了社会稳定，为各项改革的顺利推行创造了良好的外部环境。

表 7.4　政策性补贴支出

单位：亿元

年份	合计	粮棉油价格补贴	平抑物价等补贴	肉食品价格补贴	其他价格补贴
1978	11.14	11.14			
1979	79.20	54.85			24.35
1980	117.71	102.80			14.91
1981	159.41	142.22			17.19
1982	172.22	156.19			16.03
1983	197.37	182.13			15.24
1984	218.34	201.67			16.67
1985	261.79	198.66		33.52	29.61
1986	257.48	169.37		42.24	45.87
1987	294.60	195.43		42.74	56.43
1988	316.82	204.03		40.40	72.39
1989	373.55	262.52		41.29	69.74
1990	380.80	267.61		41.78	71.41
1991	373.77	267.03		42.46	64.28
1992	321.64	224.35		38.54	58.75
1993	299.30	224.75		29.86	44.69
1994	314.47	202.03	41.25	25.41	45.78
1995	364.89	228.91	50.17	24.17	61.64
1996	453.91	311.39	53.38	27.46	61.68
1997	551.96	413.67	43.20	28.25	66.84
1998	712.12	565.04	28.10	26.09	92.89
1999	697.64	492.29	14.25	20.55	170.55
2000	1 042.28	758.74	17.71	19.39	246.44
2001	741.51	605.44	16.74	4.55	114.78
2002	645.07	535.24	5.32	1.60	102.91
2003	617.28	550.15	5.15	1.28	60.70
2004	795.80	660.41	5.22	1.28	128.89
2005	998.47	577.91	4.69	0.93	414.94
2006	1 387.52	768.67	8.48	0.94	609.43

　　注：政策性补贴支出，1985 年以前冲减财政收入，1986 年以后作为支出项目列在则政支出中。

　　资料来源：中国财税杂志社（2007）。

　　当前，价格改革正面临一个关键的阶段。基础产品和服务价格、资源要素价格改革，特别是水、电、油、气、土地价格和利率改革尚未完成。这些产品和服务占社会产品和服务的数量比例较低，但由于它们具有价格的传导性，因此，调整这些产品和服务的价格改革，会对社会各方带来影响。现在，财税对价格改革的支持不是简单的增加财税补贴支出，而是区分不同的受影响者，和最低生活保障制度以及政府调控的其他目标结合起来，进行更有针对性的补贴。

7.1.3 财税改革与金融改革

金融是现代经济的核心。财税对金融改革的支持，促进了金融的发展。财政对金融改革的支持是多方面的。

商业银行体系的形成离不开财政的支持。1994 年，为了支持中国工商银行、中国农业银行、中国人民建设银行、中国银行四大国有专业银行进行商业化改革，国家剥离了它们的政策性业务，成立了三家政策性银行，即国家开发银行、中国农业发展银行和中国进出口银行。对这些政策性银行，国家财税除了直接注资外[1]，还予以税收以及其他优惠。例如，1996 年 4 月 23 日，财政部和国家税务总局同意将国家开发银行缴纳的营业税全部返还，企业所得税在 5 年内全部返还，作为国家对国家开发银行的资本增资。再如，财税支农资金一直是中国农业发展银行的运营资金来源之一。

为了保证四大国有商业银行的资本充足率达到巴塞尔协议的要求，财政部 1998 年发行期限为 30 年的 2 700 亿元特别国债，用于补充四家银行资本金，其中中国工商银行 850 亿元、中国农业银行 933 亿元、中国银行 425 亿元、中国建设银行 492 亿元。

国家还支持国有商业银行的股份制改造，支持其他金融机构的发展。2004 年，国务院动用 450 亿美元国家外汇储备[2]，补充中国银行和中国建设银行实施股份制改造所需的资本金。负责管理这部分资产的是 2003 年 12 月 16 日新成立的注册资本为 3 724.65 亿元的中央汇金投资有限责任公司（以下简称"汇金公司"）。2004 年 6 月，汇金公司负债融资 30 亿元，向当

---

[1] 根据三家政策性银行的章程，国家开发银行注册资本金 500 亿元；中国农业发展银行注册资本金 200 亿元；中国进出口银行为 33.8 亿元。

[2] 国家外汇储备不归财政部直接管理，但由于这部分资金的支配权属于国家，因此国家动用外汇储备对金融企业的注资也是财税支持金融改革的一个重要举措。

时正在进行财务重组的交通银行注资，持有上市后交通银行 6.68% 的股份。
2004 年 8 月中国银行股份有限公司成立，同年 9 月，中国建行改组为中国建
设银行股份有限公司，中央汇金公司成为这两家银行的最大控股股东。2005
年 4 月，汇金公司又向中国工商银行注资 150 亿美元。此外，2005 年，汇金
公司还向中国银河证券公司注资 100 亿元人民币，向中国进出口银行注资 50
亿美元，向申银万国证券公司注资 25 亿元，向国泰君安证券公司注资 10 亿
元，向银河金融控股公司注资 55 亿元，向中国光大银行两次注资共 300 亿
元。2007 年，汇金公司向国家开发银行注资 200 亿美元。2007 年 9 月 29 日，
中国投资有限责任公司（简称"中投公司"）挂牌成立。中投公司的注册资
本金为 2 000 亿美元，由财政部发行特别国债购买外汇储备注入。汇金公司
作为中投公司的子公司整体并入。2018 年 6 月 30 日，中共中央、国务院下
发《关于完善国有金融资本管理的指导意见》，[1] 明确财政部分作为国有
金融资本出资人的职责，这意味着中国国有金融资本管理翻开了新的一页。

财政对农村金融的支持是多方面的。对农村信用社改革的支持就是其中
一项重要内容。为支持农信社改革，财政部对 1994—1997 年因执行国家宏
观政策开办保值储蓄多支付保值贴补利息形成 88.01 亿元亏损给予全额补
贴。此外，国家财税还对农村信用社实行了优惠的税收政策。

财政还补助农业保险，积极支持农村政策性农业保险试点，构建农村风
险保障体系。财政还通过财政贴息，鼓励和引导金融企业向重点家禽养殖企
业贷款；对中国农业银行专项贷款的再贷款继续实行零利率政策。[2]

此外，财税对金融市场的发展给予了有力的支持。国债市场本身就是金
融市场的一个组成部分。财税还通过支持社会保障制度的构建，剥离国有企
业的政策性负担，推动国有企业改制上市，促进了资本市场的发展。财政与
金融的关系特别复杂，有些金融问题的产生与财政有关，有些金融问题的最
终解决又离不开财政。财政与金融各司其职，各负其责，才是符合国家治理
现代化目标要求的。

---

[1] 参见中央人民政府网站 http://www.gov.cn/zhengce/2018-07/08/content_5304821.
htm。

[2] 参见财政部网站：http://www.mof.gov.cn/news/20070212_3137_24060.htm。

7.1.4　财税改革对企业改革和发展的支持

国有企业改革的顺利进行，与财税改革有着密切的关系。没有税制改革、国有资产管理体制改革、财务会计制度改革、社会保障体制改革，很难想象国有企业改革能够进行下去。

从改革之初增强企业活力开始，国有企业的改革目标定位为自主经营、自负盈亏，就得到了财税的支持。税制改革使得国有企业与其他企业逐渐站在了统一的竞争起跑线上。

国有资产管理体制改革使得统收统支的国有企业逐渐有了经营自主权，成为面向市场的竞争主体。改革之初国家财税就开始对国有企业的扩权让利，企业基金制度、利润留成制度、利改税制度等等实行，一方面有助于构建与市场化改革相适应的税收制度，另一方面规范了国家财税与企业之间的利润分配关系。承包制改革和股份制改革都旨在为企业成为自主经营、自负盈亏主体创造条件。承包制和股份制改革，都是在财税的支持下进行的，是财税规范与企业利润分配关系的结果。税利分流、建立现代企业制度和国有经济战略性改组，同样都离不开财税改革的配合。

企业财务会计制度的改革，特别是 1993 年 7 月 1 日开始实施的《企业财务通则》和《企业会计准则》改变了传统的会计管理模式，规定了会计核算的一般原则，采取了国际通用的会计核算基本平衡公式，改革了企业会计报表体系和财务评价指标体系，建立了资本金制度，实行了制造成本法，改革了固定资产管理办法，使得企业的成本费用、利润核算更加合理，为扩大企业财务管理自主权创造了条件，为国有资产管理奠定了基础，为处理国家财税与企业之间的利润分配关系提供了基础条件。

社会保障体制的建立和改革，社会养老保险制度、医疗保险制度、失业保险制度的建立和改革，为国有企业减轻政策性负担，为不同的国有企业之间的竞争，为国有企业与非国有企业的竞争提供了公平环境，为国有企业走向市场创造了良好的外部条件。

财税改革还促进了非公有制企业的发展。改革之初，中国就构建了一套涉外税制，对外商提供较为优惠的税收政策，保证了外商投资经济在中国的发展。国家高度重视民营经济的发展，出台了相应的财税支持政策。

7.2　财税改革与现代化经济体系的构建

7.2.1　经济的可持续发展

经济的发展和财税改革的双向进行，促进了中国经济的快速增长。但是，值得注意的是，经济的快速增长伴随着对资源的巨大需求。以重工业为主的产业结构、"两高一低"的生产方式过度消耗了有限的资源。中国能源生产总量从 1978 年的 62 770 万吨标准煤上升到 2007 年的 237 000 万吨标准煤。与此同时，能耗消费总量也从 1978 年的 57 144 万吨标准煤上升到 2007 年的 265 480 万吨标准煤。1992 年之后，每年的能耗生产总量均低于消费总量（国家统计局，2008）。中国经济以高投入、高消耗、高排放、难循环、低效率为特征的粗放型经济增长方式还没有得到根本改变。加快转变增长方式，已成为经济可持续发展的根本出路。

世界环境与发展委员会在 1987 年发表的《我们共同的未来》的报告中，对可持续发展的定义是"既满足当代人的需求又不能对后代人满足其需求能力构成危害的发展"。这一表述体现了人类必须在经济发展与自然资源和生态环境之间取得平衡。中国政府已逐渐意识到环境问题的严峻形势，对社会与自然、经济增长与环境之间的紧张关系表现出迫切的关注和担忧。2003年，中共十六届三中全会提出"科学发展观"，构建"和谐社会"，明确提出"坚持以人为本，树立全面、协调、可持续的发展观，促进经济社会和人的全面发展"以及五个统筹发展。科学发展观是社会的全面协调发展，是建立在优化经济结构、提高增长质量和效益的基础上，把经济可持续发展提升到一个新的理论高度。

经济的可持续发展应该是科学的发展，是在考虑了资源、环境、人口等各种要素制约下的发展。中国是一个人口大国、资源小国，环境在经济高速增长的过程中承受了巨大的压力，这些都迫切要求经济发展方式的转变。中国正在走新型工业化道路，资源形势非常严峻。中国矿产资源总量丰富，但人均占有量不足，仅为世界人均水平的58%，而且支柱性矿产（如石油、天然气、富铁矿等）后备储量不足，在未来 20—30 年内，大宗矿产储量的增长速度远远低于矿产消耗增长的速度。[1]与此同时，中国较高的资源耗费严重影响到经济的进一步发展。

当前，直接制约中国经济发展方式转变的主要因素包括资源价格体系的不合理、自主创新能力的不足、环境保护的不到位等等。[2]所有的这些都影响着中国的社会和谐与经济持续发展，这些都与财税有密切的联系，财税改革能够在一定程度上促进这些问题的解决，为经济的可持续发展创造条件。

7.2.2　中国工业化道路的选择与财税改革

实现经济发展方式的根本转变，首当其冲的是新型工业化道路的选择问题。虽然关于是否要发展重化工业仍存在一些争论，但是作为一个有许多人口需要就业的大国，在一些重要行业上不能受制于其他国家的大国，只要有利于经济社会可持续发展的行业，中国都不应该拒绝。正是从这个意义上说，发展重化工业是中国不可逾越的。[3]

从表面上看，选择发展重化工业，受到了资源条件的约束。但是，在开放经济条件下，资源约束从来就不是一个问题，重要的是要通过市场机制，提高资源利用效率。世界上并不乏资源严重贫乏，但成功发展重化工业的例子。在当前中国人均收入超过1 000美元之后，消费结构升级是必然的，发展重化工业是适应消费需求的必然选择。

从表面上看，重化工业不利于中国就业问题的解决。重工业每1亿元人民币的投资可创造5 000个就业机会，对轻工业同样的投资却能创造出3倍的就业岗位。而且重工业需要的是专业技术产业工人，无法吸纳中国数以亿计教育水平较低的农村生产力。但是，问题的关键在于，轻工业提供比重工业多的岗位的前提是，前者有足够的存在空间。虽然当前中国在重化工业上优势还不明显，但也不是毫无优势。重化工业其所涉及的行业广泛，中国企

---

[1]　参见网站：http://www.mlr.gov.cn/bsfw/cjwtjd/qt/200710/t20071024_89628.htm。

[2]　随着经济的发展，中国面临的问题越来越多，越来越棘手，如地区差别、城乡差别、贫富差别、人口老龄化、社会保障体制不完善、教育投资不足等等。

[3]　吴敬琏（2005）讨论了中国增长模式的抉择问题。他将建设有限政府视为解决增长方式转变的一个重要办法。

业至少在本土市场上有自己特定的优势。另外，比较优势是动态的，在一个时期不具有比较优势，并不等于在下一时期仍然没有比较优势，自主创新可能改变比较优势。自主创新能力的增强是改变中国目前处在国际分工链较低位置的根本做法。

最为根本的是，中国应该选择自主创新的新型工业化道路，努力避免在错误价格信号引导下低效率地发展重化工业。重化工业的发展需要多种所有制企业的共同参与。民营企业按照市场机制运行，但是如果其所利用的资源价格不是市场形成的，则只会进一步影响资源的利用效率。因此，选择新型工业化道路，必须积极推动资源要素价格改革，进一步提高自主创新能力。

7.2.3 财税对资源能源价格改革的支持

资源能源价格不合理且偏低的事实，导致资源能源利用效率的低下。中国是个资源能源耗费大国，资源能源供应形势十分严峻，进口增加，不仅影响科学发展观的落实，而且还可能危及中国经济安全，影响到经济的可持续发展。中国政府已经提出建设节约型社会的目标，并确定了"十一五"时期单位 GDP 能耗下降 20% 的目标。

从调整资源能源价格入手，利用市场手段，是推进能源节约的一条有效途径。从我国现实来看，资源能源利用效率偏低的背后，是资源能源价格的不合理。不合理的能源价格，特别是与国际市场相比，偏低的尚存在一定行政干预的国内能源价格，给保持较快增速的经济留下了隐患。

在市场经济中，价格是各经济主体决策的重要依据。不合理的资源能源价格，只会导致能源的低效率配置。与国际市场相比，中国许多资源能源价格偏低。较低的能源价格，其最初形成虽然是合理的，促进了当时经济的增长，但是随着市场化改革的推进，国内国际市场的对接，自成体系的资源能源低价格，在市场经济利益主体多元化的今日，既不符合中国利益，也难以为继。低价格更是导致了资源能源的过度利用和滥用，放大了对资源能源的需求。资源能源供应形势决定了中国的部分需求将形成国际需求，并进而影响到某些行业的经济安全。因此，需要调整过低的资源能源价格，改变相关的管理方式。

调高过低的资源能源价格，各经济主体节约资源能源将变得更有利可图，从而推动资源能源的节约使用。资源能源的综合利用所耗费的本来无法得到弥补的成本也可能得到补偿，从而进一步推动资源能源的综合利用。

资源能源价格的合理化过程，不仅仅是将偏低的价格调高，更重要的是形成市场决定资源能源价格的机制。减少政府在资源能源价格形成中的作用，并不意味着政府不能在调价中发挥作用。调价会触动方方面面的利益。从改革的本意来说，正是通过利益调整，价格在资源配置中的作用才能得到有效发挥。但是，改革的顺利进行需要尽可能地减少震荡。基于此，调价不宜一步到位，而应分步进行。具体期限的设定必须充分考虑调价对社会的冲击，考虑到社会各方的承受能力。

资源能源价格的调整，不可避免地会影响一些企业的经营活动，从而可能影响经济和社会的稳定。从事资源能源生产和经营的国有垄断企业，调价后收益将大大提高。财税可考虑通过向这些企业征收一定的特别收益基金，可与以调高资源税税负为中心的资源税制改革相配合，调节这些企业收益，将新增特别收益金和资源税收入用于减少资源能源价格改革所可能带来的震动。资源能源价格的调整，可能会影响到普通百姓的生活，特别是弱势群体的利益，这将进一步拉大收入分配差距。政府的财税补贴可以在此发挥作用，特别收益基金可用于进一步完善社会保障制度，从而更有效地保护弱势群体的利益。

7.2.4　财税改革与自主创新能力的提高

自主创新是创新型国家建设的重要内容。自主创新能力的提高是中国经济可持续发展的根本保证。改革开放以来，中国一直鼓励技术的引进，这对经济的发展起到了重要的推动作用。但是，真正的核心技术是引进不来的，只能依靠自主创新。

市场经济中，自主创新很大程度上是由企业完成的。企业最清楚市场需求，由企业牵头，实现产、学、研一体化，是自主创新的重要途径。越能够保证研发投入充分的企业，越有可能形成具有自主知识产权的创新型企业。

财税政策可以在促进企业自主创新上发挥重要作用。在税收政策上，通过调整企业所得税制，对企业研发投入提供必要的税收优惠政策；在财政支出上，政府可以通过一些特殊政策，支持创新人才队伍建设，鼓励企业与大学及科研机构的合作攻关。

　　企业的自主创新，更多的是应用型技术创新，要保证国家具有持续的创新能力，政府还应该更加重视基础研究工作。中国财税科技拨款从 2007 年的 2 135.7 亿元增长到 2016 年的 6 564 亿元，如图 7.1 所示，占财税总支出的比值大约在 3.3%—4.7% 之间。这个比值较低，与中国建设创新型国家要求仍有一定差距。科研支出评价不仅仅是投入，还要看产出。产出的指标有发明专利数、论文发表数等。从绝对数来看，中国所发表的数量已经不少，接下来的任务是进一步提高论文的质量。科研支出的目标不只是发表论文，更重要的应该有助于国家科技核心竞争力的形成，从而更好地造福人民。

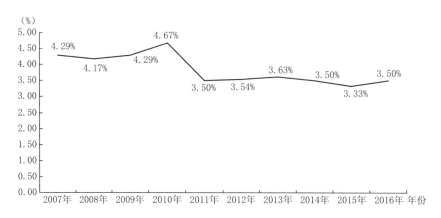

图 7.1　2007—2016 年国家财税科技支出占财政支出的比例

　　资料来源：根据国家统计局网站国家数据（http://data.stats.gov.cn）相关资料整理。

　　当前中国应该调整财政支出结构，进一步加大科研投入，为国家自主创新能力的增强创造基础条件，以保证未来经济的较快平稳增长。

7.2.5　财税现代化与环境保护

　　加强环境保护，是贯彻新发展理念的重要内容。社会主义市场经济中，环境保护需要依靠市场力量，但仅靠市场是无法做好环保工作的。市场决策中私人成本和社会成本的分离，私人收益和社会收益的差别，导致了市场失灵。从经济学意义上说，环境保护是要让市场决策的依据转向社会成本和社会收益，只有社会收益大于社会成本的项目，才是可行的项目。与环境保护相适应的财税制度的构建，有助于市场主体决策依据的转变。

　　构建环境保护的财税制度需要在公共规制体系中统筹考虑。公共规制主体主要由政府相关部门组成，包括环保部门、税务部门、价格部门、财政部门等。这些部门围绕环境保护，进行分工协作。环保部门起引导作用，根据环保法律法规，对现实中碰到的问题进行专业判定。中国已开征环境保护税，税收在环保中的作用进一步增强。

　　环境保护的公共规制方式主要有三种：第一，准入限制。例如，对于环境可能造成较大破坏的项目，实行准入限制。第二，标准限制。例如，对汽油含铅量的规定、含氟氯烃类物质排放的规定、二氧化硫排放的规定等等。第三，税费规制。对一些允许的项目，收取污染税（排污税或排污费）。选择何种规制方式取决于项目的污染程度以及社会所能承受的代价。对环境破坏较大的项目，惟有选择准入限制；有一定污染，但社会发展需要的项目，也要保证项目主体能够充分补偿污染所带来的损失；标准限制针对的是一般性的污染问题。

　　环境保护的公共规制有时可借助市场的力量，鼓励通过市场信号来作出行为决策，而不是制定明确的污染控制水平或方法来规范各经济主体的行动。市场化方法从根本上说也必须在公共规制主体的推动下才能运用。借助市场方法的主要目标是提高财税资金的利用效率。

7.3　财税现代化与国家的法治化、民主化进程

　　现代化国家的建设离不开法治化与民主化。中国财税改革是国家主导型的改革。改革至今，国家的力量仍较为强大。国家行为如不受约束，市场化改革的成果很难得到保证；没有民主化，民意的表达缺乏空间，也不符合社会主义民主的要求。法治化与民主化也是协调利益集团矛盾的重要途径。当基本规范的财税制度（公共财政框架）确立之后，财税的法治化和民主化就成为深化财税体制改革的重要问题。财税的法治化和民主化不是孤立进行的，国家的法治化、民主化进程直接决定财税法治化和民主化建设的进程。

7.3.1 财税改革与国家的法治化进程

1. 财税的法治化

从根本上说，法治是一种精神。理想的财税法治化包括六个方面的内容：财税的民主立法、财税的法律至上、财税法律体系的完备（健全性）、财税的权利保障度、财税的司法公正和财税行政行为的受约束程度。[1]

（1）财税的民主立法。

法治化财税要求做到财税民主立法。[2]财税立法的民主性保证财税行为所依据的法律是良法，并体现多数人的理财意愿。财税的民主立法程度受制于一国的法治化进程。财税立法越是在一个统一的法治环境下进行的，法治国家的财税立法的民主性就越强。当然，财税立法在民主性上也可能适当超前于其他立法。财税的民主立法指标评价需要考虑以下三个方面的内容：财税立法机构的健全程度、财税基本法律的民主立法程度与具体财税法律的民主立法程度。

财税的民主立法程度可以用财税的民主立法指数来衡量。财税立法机构的健全程度，不仅仅是一个是否有财税立法机构的问题，还牵涉财税立法机构的专业性、财税立法机构与相关机构的协调配合程度、财税立法机构成员的构成是否合理等问题。财税立法机构的专业性是指立法机构中是否有专门的委员会负责财税立法事宜，以及该委员会的专业熟悉程度。财税立法机构与相关机构的协调配合指标，衡量立法机构与对应的行政机构以及相关机构的分工合作关系。良好的分工合作关系，有助于财税立法机构更好地发挥作用。财税立法机构成员的构成衡量的是该机构的人员学历、工作背景与财税立法是否有关联，以及关联程度。

财税法律分为财税基本法律和具体财税法律。无论何种法律，都牵涉立法程序问题，都有一个民主立法程度的问题。相对而言，财税基本法律作为基本法律，对具体财税法律的制定产生根本性影响，影响力度更为深刻。财

---

[1] 我们在卓泽渊（2004）对法治国家理解的基础之上作此概括。

[2] 熊伟（2005）认为，宪政国家的公权力受制于"人民主权原则"，表现在财税法领域就是财税民主；反过来，财税民主也表现为法定。由此，我们可以看出财税法治化与民主化之间的密切联系。

税基本法律的制定过程，越是民主，民主立法的程度就越高。

民主立法可以是公众的直接参与，也可以是间接参与，即公众通过选举出来的代表，反映立法意愿。一般说来，能够更好地反映民意，有一定法律程序保证的财税立法，财税的法治化程度更有保证。

（2）财税的法律至上。

法治化财税要求，财税法律在财税行为规范上具有独一无二的地位。民主立法所制定出来的财税法律，在多大程度上得到遵守，是评价财税的法律至上程度的最主要标志。财税的法律至上评价需要考虑：财税行为（财税税务部门和政府其他各部门，以及使用公共资金的各部门各单位的行为）是否以法律为依据？财税行为是否合规？合规度如何？其中牵涉预算执行的违规数量、违规程度、财税行政行为的诉讼数量等问题。

不以法律为依据的财税行为，多是行政首长干预的结果，而且非法治社会下的财税违法违规行为，相关责任人不易受到处罚。随着法治社会的建设，违反财税法律法规的行为信息披露将越来越多。行政部门之间的权力相互制衡，一定程度上也有助于缓解相关问题。

历年审计署的审计报告，有关的财务检查结果，媒体披露的信息，借助学者的研究成果[1]，都有助于判断中国财税行为的违规程度。审计报告包括年度政府预决算的审计报告和日常审计公告。财务检查可能有助于了解特定时期制度外收支规模，了解到没有法律依据的摊派、赞助等数据。学者的研究成果可以是针对单一问题的，也可以是综合判断的。学者的研究可以不直接针对某个具体的财税违法违规事件，因而更有可能对问题作出较为准确的整体判断。

政府预算一旦通过，就类似于法律[2]，应该得到遵守。但是，政府预算与一般法律不同，它毕竟是计划，而计划允许有误差。但误差有一个是否合理的问题。若误差长期过大，则政府预算的法律属性大打折扣。误差可以用预算与执行的异化度指数来衡量。

财政收入预算的准确性，关系重大。若预算超收比例过大，则说明作为

---

[1]　例如，各国学者对逃税规模的估计，人们可以以此为依据，判断该国违反税法问题的严重性程度。

[2]　关于政府预算是否是法律，存在争议。作者认可政府预算是法律的看法。

法律的预算的严肃性在某种意义上受到了挑战。当然，预算超收不等于不规范，若超收收入不可预期，且超收收入依法得到了很好的使用，预算超收对财税的法律至上程度的影响，就较为微弱。

特定时期，部分政府部门拥有二次预算分配权，在一定意义上适应了某些专门项目管理的需要，但是过多的二次预算分配权，是以侵害完整的预算分配权为代价的，影响了预算的监督。"二次预算分配权指数"可以反映这种负面影响。

（3）财税法律体系的完备（健全性）。

财税法律体系的完备要求财税法律尽可能覆盖各种财税活动所涉及的领域。财税法律制度类别是否齐全？财税行为是否都能找到法律依据？财税法律制度能否保持稳定性？

财税法律体系的完备评价需要考虑：财税法律数量、财税法律覆盖各种财税行为的程度、财税法律应对财税新问题的能力等等。一般说来，财税法律数量越多，财税法律体系越健全，但财税法律数量的多少，只是一个数量指标，还不能直接反映完备程度，需要对法律的质量作进一步的研判。但是，财税法律数量的变化，仍能反映财税法律完备程度的相对变化状况。

财税法律体系的完备性，还取决于财税法律覆盖各种财税行为的程度。财税法律数量的多少，不能说明所有问题。法律数量多，仍有留下更多法律空白的可能。数量多，不等于说适应性就强。因此，需要构建适应性评估指数，评估财税法律的空白程度。

财税法律体系的完备性，除了看当前财税关系是否受到财税法律的调节之外，还要看财税法律是否具备适应未来财税新问题的能力，为此，需要构建财税法律的超前性评估指数，评估财税法律的超前状况。

（4）财税的权利保障度。

财税行为必然导致公权力对私权力的侵犯，因此需要保障个人的基本权利。相关的问题有：财税与市场保持什么样的距离才是合适的？纳税人权利在多大程度上得到了尊重？财税资金的使用在多大程度上考虑了个人的利益？

财税的权利保障度评价需要考虑：财政支出占 GDP 的比重、税法对个人的影响（例如个人所得税扣除标准的确定）、财政支出与个人利益的联系

程度等等。财政支出的规模反映政府活动范围，相对指标财政支出占 GDP
的比重反映政府活动的相对规模。

财税的权利保障度可以用财税的权利保障指数指标来衡量。财政支出与
个人利益关系密切。各种财政支出，包括基本公共服务支出、基础设施支
出、非公共支出与个人利益都有着密切的联系。各类支出的标准制定是怎么
和个人利益联系起来的，是否充分考虑了支出受益的公平问题，是这部分指
标所要考核的重要内容。

(5) 财税的司法公正。

财税行为调节不同经济主体的利益关系。某些财税行为存在争议是正常
的。规范的市场经济下，有争议的财税行为应该能够获得公正的司法待遇。
与财税行为有关的司法待遇不会独立存在，一国司法的整体公正程度会影响
到财税的司法公正。因此，财税的司法公正程度首先要考虑一国的司法环
境。在现实中，财税司法公正程度可能会受到地方财税保护主义的影响，在
市场经济尚未完全形成，公共财税制度尚处于建设之中，就更是如此。判断
财税的司法公正程度，需要了解：有争议的财税问题在多大程度上可以通过
司法途径得到解决？

财税的司法公正程度可以用财税的司法公正指数指标来衡量。一国司法
环境的状况用全国司法环境指标来衡量。该指标的判断远远超过财税范围，
一般只能基于该国司法的相对演变状况，且多属定性分析，但得出的是具有
定量意义的相对指标。地方财税保护主义对财税司法公正的影响程度可以用
地方财税保护主义对财税司法公正的影响度指标来衡量，所选取的下一级指
标——地方财税诉讼数量和规模大致反映问题的相对发展状况。财税争议司
法解决程度指标选用的数量指标，考察的是相对发展状况，最终需要给出定
性判断。

(6) 财税行政行为的受约束程度。

政府部门具有一定的自由裁量权，因此，其财税行为应该受到约束。财
税行为受约束的程度有多大？这是从权力的行使具体受到哪些约束的角度所
提出的问题。在现代社会中，财政法律会约束财税行为，其他行政部门、公
众和媒体也都会约束财税行为。行政部门的财税行为是由具体的公共管理人
员进行的，因此，在选择这些人员的时候，也需要适当的约束。约束是否有

效，要看财税行为的相关责任者能否对约束作出反应，或者为法律所制裁。

基于以上考虑，财税行政行为的受约束程度评价需要考虑：财税法律在多大程度上属于"良法"？公共部门的财税权力是如何获得的？公共部门的管理人员是如何产生的？除了司法之外，公众通过社会舆论和媒体能对财税行政行为产生什么样的约束力？

2. 中国财税的法治化进程

财税的法治化进程需要从本土吸取资源。[1]中国法治化财税建设过程，必须建立在对现实的充分了解的基础之上。

（1）中国财税的民主立法进程。

中国已具备了财税民主立法的一些基本条件，但也存在一些亟待解决的问题。现分述如下：

第一，财税立法机构较为健全，但在某些方面需要进一步改善。全国人大及其常委会，全国人大财经委员会、预算工作委员会、法律工作委员会等在财税立法的不同阶段发挥重要作用。财政部门和税务部门在财税法律的起草中发挥作用。财税立法机构已经较为专业。但是，要注意的是，中国财税立法任务较为繁重。目前已经上升为法的财税法律数量并不多，而且即使是这些法律，也需要进一步修订。财税立法机构与相关机构的协调配合程度还有待进一步加强，既要发挥部门立法（起草法律草案）的优势，又要注意到部门立法所不可避免的部门利益问题，因此要积极发挥公众在财税立法中的作用。例如，可以通过向社会发布财税法律草案征求意见稿，甚至召开听证会，以保证立法的民主性。财税立法机构成员的构成是否合理也是保证立法民主性的一个重要问题。在中国，人大预算工作委员会的工作人员有许多原来从事的是财税工作，对财税业务比较熟悉，这是有利条件，但这同时也会带来一个如何有效避免人大对财政部门监督乏力的问题。

第二，中国目前尚无财税基本法和税收基本法，在很大程度上约束了具体财税法律的制定。例如，没有财税基本法，政府间财税关系和转移支付法就很难制定；没有税收基本法，大批的税收实体法的制定客观上受到了

---

[1]　苏力（2004）强调了本土资源的重要性。法治需要法律的有效执行作为保证，只有尊重习惯和习俗（民间法）的法律，才容易得到遵守。

限制。

第三，就具体财税法律而言，税收立法任务仍非常艰巨。大量税收法规亟待上升为法律，其中涉及的专业性和利益冲突问题。这惟有通过民主立法，才能化解可能碰到的矛盾，保证财税民主立法过程的顺利进行。

(2) 中国财税的法律至上程度。

中国财税的法律至上程度有待进一步提高。中国正处于向市场经济转轨的过程中，法治化建设仍在进行当中，行政首长和行政部门的自由裁量权过大，极易出现财税违法违规行为。审计署审计结果公告所反映的问题有许多与此相关。当然，这些问题也将随着法治化建设的推进，逐步得到解决。

(3) 中国财税法律体系的完备程度（健全性）。

中国目前的财税法律法规体系覆盖了财税活动的各主要领域，如政府预算、税收、财政支出、财税管理等。但就整体而言，重要的财税基本法律尚未出台，财税立法层次低，经过全国人大或人大常委会通过的财税法律数量屈指可数，以法的形式存在的财税法律有《预算法》、《政府采购法》、《税收征收管理法》、《个人所得税法》、《企业所得税法》等。大量存在的是财税法规，财税立法质量相对不高（财政部条法司课题组，2003）。

财税法规的大量存在与财税立法质量不高事实上是一个问题的两个方面，财税法规不需要经过较长时间的论证，虽然可及时满足社会需要，但也不可避免留下需要进一步完善的地方。特别是，近年来《立法法》和《行政许可法》的通过实行，对原有的财税法规的适应性提出了更多的挑战。

另外，即使是目前以法的形式存在的法律，有的还需要根据市场经济的需要进行修订，因此，从整体上说，中国财税法律体系还不够完备，自如应对未来财税新问题的挑战更是谈不上。2020 年中国要基本完成税收法定任务，这值得期待。

(4) 中国财税的权利保障度。

财税权利的保障度包括政府支出利益保障度和税权保障度。公民能否充分平等地享受到政府支出的利益是前者的重要内容。城乡分割条件下，农民所能享受到的财税利益就极其有限。中国正在让公共财税的阳光普照农村大地，农村基础设施和基本生活条件正逐步得到改善。财政支出占 GDP 的比重大致反映了全民享受财税利益的情况，但是，目前政府的财政支出的目标还不完全是提供公共产品和公共服务，因此，仅仅根据该指标，尚无法完整地呈现公民的财税利益。

政府征税必然会对私人财产权造成侵犯。法治化财税下，政府征税是以法律为依据的。中国政府征税，同样根据的是法律法规。但是，由于财税立法层次偏低，公民财产权利的保障度还不够高。政府征税应该依据税收原则进行，保证税收的公平和效率。另外，税制还应该满足确定性的要求，不宜经常变动，但事实并非如此。出口退税政策的经常调整可以视为一典型案例，它满足了国家的整体需要，但从财税的权利保障度来看，得分并不高。

（5）中国财税的司法公正性。

财税司法越公正，越可以借助法院力量，推进财税的法治化进程。但是，中国目前尚缺乏真正的司法审查制度，诉讼制度只能对规章及其以下的抽象性文件进行审查，且只有不予适用的权力，而没有撤销的权力。法院所享有的权力较小，影响了司法在财税法治化过程中积极作用的发挥。

地方司法保护主义在中国还不同程度地存在。原告和被告总是愿意将官司放在自己的"地盘"上打。地方财税保护主义在一定程度上影响了财税司法的公正程度。相关的地方财税诉讼在一定程度上可以说明这个问题。

当然，随着分税制改革的推进，地方财税保护主义温床消失，再加上司法改革，中国财税司法的公正性程度将必然得到迅速的提高。

（6）中国财税行政行为的受约束程度。

中国财税行政行为是根据财税法律法规进行的，财税违法行为将受到处罚处分。2005年2月2日，国务院颁布的《财税违法行为处分条例》（以下简称《条例》）开始实施。《条例》详细列举了相关单位和个人财税违法行为，并规定了相应的处罚措施。此外，单位和个人有本《条例》规定的财税违法行为，构成犯罪的，依法追究刑事责任。与此同时，1987年6月16日国务院发布的《国务院关于违反财税法规处罚的暂行规定》废止。除此之外，每一部财税法律都规定了违法责任。财税法律都是在履行了适当的程序后通过的，相关公共部门的财税行为权力均来自法律授权。近年来，公共部门的管理人员的门槛提高，多数需要经过严格的公务员考试。社会舆论和公众也会给财税行政行为施加压力，例如财政支出绩效明显不高的项目，就很容易受到公众的指责，但就整体而言，受约束程度还有待于进一步提高。

7.3.2　财税改革与国家的民主化进程

1. 民主化财税

财税民主化是公共财税建设的重要内容。财税民主化的根本目标是建立民主财税。民主财税下，公众能够对财税事务发表意见，参与财税决策，财税决策能够充分地反映民意。从这个意义上说，民主财税也是民生财税。民主财税反映多数人的意见，法治财税保证少数人的基本利益，两者相辅相成。在民主财税下，未能反映民意的财政决策会受到各种各样的监督。公众对财税事务的意见的表达既可以是直接的，也可以是间接的，即委托选出的代表表达意见。公众参与财税决策的前提是获取充分和准确的信息，因此，财税信息的及时准确披露是实现财税民主的基础。财税的民主化程度可以通过"知情权"、"参与权"、"决策权"和"监督权"来衡量。

（1）知情权。

现代社会是民主社会。公众对公共事务拥有知情权。知情权是公民的基本权利之一，惟有充分的公共信息，公民才可能在公共事务中发挥作用。财税事务作为公共事务，自然亦不能例外。现代社会中的政府负有公众的受托责任。政府作为财税信息的提供者，需要承担相应的职责。

除了极少数需要保密的需要通过其他方式进行监督的财税事务之外，政府应该尽可能多地将财税信息公之于众。财税信息包括两个层次：一为立法层次，即政府财税立法信息，涉及财税法律法规制定、颁布和实施；二为执行层次，即财税运行信息，涉及财税收支态势。公众应该能够了解到财税立法的基本信息，能够对立法直接表达或借助于人民代表间接表达自己的看法，能够了解到相关的财税法律法规。政府需要通过多渠道披露财税立法信息，可以借助于报刊电视等传统媒体，也可以利用网络发布相关信息。

最为综合地反映财税运行信息的是政府预算。政府预算是政府的基本收支计划，应该将所有的政府收支项目包括在内。除了极少数需要保密的收支项目之外，财税收支项目应该尽可能详细，做到真正的公开。公众能够通过政府预算，了解重大财税事项、政府的日常运作状况和财税收支基本情况。

财税信息的披露应该符合特定的标准。财税信息的使用者包括内部使用者和外部使用者。内部使用者是指政府部门中直接参与财税事务的专业人士，他们对财税信息的需求专业性强，如果按照他们的要求对外发布财税信息，势必导致作为非专业人士的外部使用者无法准确了解和把握相关的信息。因此，政府应该将纷繁复杂的财税信息分门别类，用尽可能通俗的语言，借助于对外部使用者尽可能友好的表现方式，向社会各界公布有效的财税信息。

知情权的多少可以借助信息公开度指数、信息便利度指数、运行公开性指数和舆论关注度指数来衡量。信息公开度指数反映财税信息的公开程度，包括财税信息公开的范围、财税信息公开的及时性、财税信息公布的有效性等内容。

财税信息越是公开，越是有利于公众参与财税决策。仅仅公开是不够的，财税信息公开还应该注意及时性问题。所公开的财税信息应该是及时的，不过时的，保证了各经济主体能够平等地获取决策所需要的信息。

财税信息公布的有效性是指财税信息应该可靠，并且是高质量的。例如，政府财务报告所反映的信息应该尽可能准确。

信息便利度指数反映了可供使用的财税信息的获取便利度，包括政府发布信息的途径、公民获取信息的方便程度、信息的可理解性等。政府发布信息的途径有政府公告、传统媒体和网络。途径越多，公民获得信息的可能性就越大。途径是否有效，公告是否容易获得，网络是否容易访问，都表明公民获取信息的方便程度。信息的可理解性，信息披露中是否有过多的专业名词，专业名词是否得到充分的解释，解释是否容易懂。

运行公开性指数反映财税事务的具体运作过程是否公开以及公开程度。财税事务的具体运作过程，应该尽可能公开。公众和社会各界可以借此信息，参与财税运作的监督。

舆论关注度指数是一个补充指标，它反映的是各种新闻媒体以及社会舆论对财税事务的关注程度。各种新闻媒体以及社会舆论对财税事务越是关注，说明财税民主化程度越高。

（2）参与权。

财税决策包括所有与财税收支相关的决策，包括直接的财税收支决策和间接影响财税收支的公共决策。前者包括财政支出决策和财政收入决策。后者主要是与公共规制有关的政策。

　　财政支出决策包括财政支出结构决策（财政支出项目的选择）、财政支出规模决策（财政支出总规模和各具体项目的支出规模）以及财政支出制度的选择（财税立法等）。财政收入决策包括财政收入结构决策（财政收入方式的选择，税收和非税收入的搭配情况）、财政收入规模的决策（税收规模、非税规模等的决策）以及财政收入制度的选择（包括财政收入立法等，例如各种税收立法、各种与财政收入相关的法律法规的制定等等）。

　　借助财税收支决策的公民参与度指标，可以反映公民对财税收支决策的参与范围和参与程度。公民能够参与哪些层次和哪些种类的财税收支决策？公民参与财税收支决策是否受到限制？公民能够参与层次尽可能多，种类尽可能丰富的财税收支决策，说明公民参与度指标表现越好。一般说来，民主财税下，公民可以参与所有不同层次的财税收支决策，并参与尽可能多种类的财税收支决策。

　　公共事业定价的听证制度是公民参与公共定价决策的制度。有效的听证制度，可以保证民意得到尽可能多的尊重。覆盖面越广的听证制度，同样说明越多的公民有机会参与公共定价决策。公共事业听证制度的覆盖面指标，反映公民参与公用事业定价听证的范围和可能性。公共事业定价听证制度的公众满意度指标，所反映的是公用事业定价听证制度有效性问题。公众越满意，该指标的得分就越高。

　　（3）决策权。

　　民主财税下，公民除了参与财税事务外，还拥有公共事务的决策权。公民拥有较多的决策权，就意味着包括行政部门在内的公共部门的决策权受到较多的限制。根据行政权力受约束程度，可以将行政权力分为羁束的行政权力和自由裁量的行政权力。[1]公共部门的决策权同样可以依此进行分类。羁束的公共部门决策权下，法律对公共部门决策的限制较多；自由裁量的公共部门决策权下，公共部门拥有较多的决策权。无论何种类型的决策权，公共部门都要受到法律的约束，只是约束程度前者更多，后者更少。两者各有利弊。前者之利在于公众的权利比较容易得到法律保护，弊处则影响了公共部门应对复杂多变的能力的发挥。后者则正好相反。

[1]　关于行政权力的分类，参见张康之、李传军、张璋（2002，150—152页）。

理想的公共事务决策权配置模式应该根据特定时期的外部环境作出相应的调整。现代社会所面临的不确定性，远较经济发展初期为多，自由裁量的公共部门决策权更应受到重视。当然，即使是自由裁量的公共部门决策权占据了主导地位，公民和各种组织仍然拥有公共事务的决策权，这也是权力制衡的需要。

一般说来，公民和各种组织都会对公共事务决策产生影响。决策权反映公民对公共事务的影响力。公民可能直接对公共事务施加影响，但在现实中，更多的是，公民依托各种组织，对公共事务发挥影响。在发展中国家，经济的二元结构特征尚较为明显，公民主要通过村民自治组织、社区组织、非营利性组织对公共事业产生影响。

这些组织的公共事务决策权的大小，反映了公民对公共事务的影响力。这些组织的发育发展程度越高，公民对公共事务的影响力越大。财税事务是公共事务的重要内容，由此可以看出公民对财税事务的影响力。

因此，我们可以借助村民自治组织的财税事务决策权指数反映村民自治组织对财税事务决策的影响力，借助社区组织及非营利组织的发育度反映社区组织及非营利组织对财税事务决策的影响力。另外，我们还需要居民选择公共服务的自主权指标来判断居民对公共服务提供的影响力，以及政府对居民行为的反应指数。

（4）监督权。

知情权、参与权和决策权反映了民主财税的主要内容。民主财税的运作过程还需要监督，才能保证运作的相对有效。

监督可以分为内部监督和外部监督。内部监督是指公共部门内部对财税运作的监督。外部监督是指公共部门之外各种主体对财税事务的监督。监督权反映财税事务是否得到监督，以及在多大程度上得到有效监督。公民对财税事务进行监督，可以是对财税事务发表意见，可以是对财税案件的举报。

公民对财税事务的监督，首先表现在公民是否拥有监督权上。现代社会中，公民对财税事务拥有监督权是毋庸置疑的。但是，公民的监督权能否得到有效发挥，和知情权、参与权以及决策权的赋予是分不开的。只有充分地了解财税运作过程，公民才有可能行使有效的监督。公民举报财税案件的数量的多少，可以从一定程度上看出，公民是否在有效地行使监督权。

现代社会中，媒体的监督力量是强大的。借助于媒体，民主财税的运作过程更容易得到有效监督。媒体能否独立地关注财税事务，披露财税运作信息，反映财税运作中存在的问题，特别是重大财税问题，是媒体监督权的重要表现。

因此，我们通过媒体披露的有关财税收支问题的数量、公民举报财税案件的数量以及政府部门对财税问题的回应度指数来反映监督权的落实情况。需要注意的是，简单的数量比较是没有意义的，数量的多少需要结合问题的性质，才能够对监督权的大小作出判断。在这里，特别应该注意的是关于政府财税收支行为的相关报道，是否充分，是否引起了社会公众的关注。媒体报道公共财税体系运行过程的行为，是否被加以限制。

2. 中国的财税民主化进程

(1) 中国财税知情权的进展。

中国财税知情权得到了较快的发展，政府预算制度改革在加快，财税透明度在逐步提高，媒体关注度也在提高。2008 年 5 月 1 日，《中华人民共和国政府信息公开条例》的施行，是中国政府透明度提高的一个重要标志。近年来，媒体对财税事务的关注度持续提高。1999 年以来，特别是 2003 年以来，审计署每年发布的审计报告，得到了全社会的广泛关注，掀起了"审计风暴"。媒体对审计报告中所牵涉的违法违规事件，甚至连审计报告的形式都给予了关注。再如，2005 年，个人所得税制的工资薪金费用扣除额标准的调整，全国人大引进了听证会形式，各类媒体对全过程一直保持着关注，并给予大量报道。

(2) 中国财税参与权的进展。

中国宪法规定，国家的一切权力属于人民，人民行使国家权力的机关是全国人大和地方人大。《立法法》也规定，立法应当体现人民的意志，发扬社会主义民主，保障人民通过多种途径参与立法活动。2005 年个人所得税工资薪金扣除标准的调整，是在全社会广泛参与的情况下进行的。2008 年新企业所得税法通过，实现了内外资企业所得税制的统一。企业所得税制统一工作自 1994 年就开始了，但出台速度很慢，其中很重要的一个原因就是有机会充分表达不同意见的各方共同作用的结果，这也反映了公众拥有财税参与权。农村税费改革的推行，很大程度上就是农民参与财税事务的积极结果。近年来，中国政府扩大了义务教育支出和公共卫生支出规模，同样是社会各界积极参与财税事务决策的结果。

财税参与权的进展还表现在参与重大财政支出决策上。近年来，中国所举办的南水北调、西气东输、三峡工程、青藏铁路等需要动用大量财税资金的工程，全都是在社会各界积极发表意见，政府吸收各方智慧之后，所作出的决策。财税参与权还表现在人民通过人大代表或人大常委会对各级政府预算的审核和监督上。

各种各样的公共事业价格听证会已经不是新闻。1996 年，《行政处罚法》规定行政处罚必须进行听证，听证制度在中国已有 10 年的历史。1998年，《价格法》规定，政府在铁路、航空和轨道交通票价等定价领域负有听证义务。1999 年《立法法》规定，条件允许时，应召开听证会形式立法。这些都保证了公众借助听证会参与公共价格制定的权利。中国当前的听证会并不是完美无缺的，仍然存在亟待解决的问题。

（3）中国财税决策权的进展。

近年来，中国财税决策权的进展集中体现在预算民主上。人民要求政府预算尽可能公开，尽可能细化，这一点已经得到政府的回应。人大代表因此能够更好地审核政府预算，对政府预算的最终形成发挥了重要作用。有些地方人大，例如四川省人大，更是对财政支出实行了实时监控。

基层财税改革更是反映了财税决策权的进展状况。浙江温岭市新河镇的预算民主恳谈会是一个创新。民主恳谈制度始于 1999 年 6 月。该制度从初始的当地党委、政府与群众之间的对话机制，演变为一种新型的基层民主形式。2006 年 3 月 6 日至 9 日召开预算民主恳谈会，镇人大代表和其他公民通过民主恳谈的方式参与镇政府预算方案的讨论和审议，并以人大代表提出"预算修改议案"的途径，经镇人代会的法定程序，修改、通过了镇政府的2006 年财税预算报告。[1]

随着人大制度的进一步完善，人大代表在财政事务上的决策权得到了进一步的加强，这意味着民众的财税决策权同时得到了加强。现在，人大

---

[1] 参见陈奕敏（2006）的有关介绍。

代表对政府支出项目提出质疑，已经不是什么新闻了，政府也能理性地看待人大代表的质疑，能够相应地作出解释，或者对相关支出项目进行适当的调整。

中国的村民自治制度已经形成并正在不断地得到完善，社区组织的作用也日益得到发挥。非营利性组织尚处于起步阶段，对财税事务的影响力还非常有限。

（4）中国财税监督权的进展。

中国《预算法》规定了人大对财税事务进行监督的权力。新闻媒体对财税收支存在问题的报道数量也在逐渐增多，力度也在加大。报道数量的增多并不表明财税问题越来越严重，而只是说明媒体监督的作用在加强。审计署审计公告就已经在很大程度上替代了一年一度的审计风暴。但就整体而言，中国的财税监督权的表现良好。

中国改革开放 40 年以来，随着国家法治化和民主化建设的加快，财税的法治化与民主化正进入快车道。但同时需要注意的是，国家的法治化和民主化是一个渐进的过程，2020 年中国要建立现代财政制度，这意味着财税法治化和民主化水平将得到极大的提高。

第8章 财税现代化之路：大国经验

　　财税现代化之路是财税改革之路。财税改革是各种改革中分量最重的。没有财税改革，就不会有市场经济。财税改革促进了整个社会的改革、发展和稳定。中国的财税现代化之路立足本国国情，有一定的特殊性。财税现代化的经验，特别是改革开放以来40年的经验，可以为未来的中国财税改革提供参考。财税现代化与经济发展是同步进行的。作为发展中国家，中国财税现代化的经验可能对广大发展中国家有一定的参考意义；作为转型国家，中国财税现代化之路迄今所取得的成就，对于其他转型国家的转型也是有借鉴意义的；作为大国，中国财税现代化之路是在复杂的国情中进行的，对于不少有着类似情形的国家来说也具有参考价值。中国经济改革一直是在财政的支持下进行的。财税现代化促进了社会主义市场经济的形成，推动了经济改革的深化，为经济发展提供了外部环境保障。同时，财税现代化也推动了国家治理现代化进程。

8.1 财税现代化在经济发展和国家治理中的重要作用

8.1.1 财政放权让利改革，促进市场竞争主体的形成

　　通过放权让利改革，财政支持了市场竞争主体的形成。传统的公有制财

政下，国营企业财务是国家财政的基础，国家财政与国有企业财务管理是高度重叠的，财政对国有企业基本上实行统收统支管理。企业改革一开始所实行的企业基金和利润留成制度，事实上就是财政将部分企业财务管理权限返还给企业。利改税、企业承包制、税利分流等改革进一步规范了财政与国有企业的利润分配关系。《企业财务通则》和《企业会计准则》实施之后，预算外资金不再包括企业资金，国家财政直接干预国有企业财务管理的时代终告结束。这些改革与国有企业的其他改革，尤其是所有权与经营权分离改革等一起，推动了国有企业成为市场经济中能自主经营、自负盈亏的经营主体，并获得自生能力，参与市场竞争。在公有制条件下，中国实现了公有制与市场经济的兼容。与自然形成的市场经济相比，中国改革的起点是传统计划经济体制，市场经济是逆向成长起来的，是在政府放权让利的前提下成长起来的。

为了适应对外开放的需要，结合国情，中国很快就建立了一套涉外税制。这是一套以优惠为主要特征的税制，促进了外资的流入和外资企业在中国的发展。国家对乡镇企业实施的税收优惠政策，对个体经济、私营经济所进行的税收优惠政策，也推动了非公有制经济的发展。改革开放以来，城市居民附属于单位，农村居民附属于生产组织的情况也得到了改变，个人流动性的增强，市场竞争主体不仅仅是企业，还包括个人。多种市场竞争主体的形成，构建了市场化改革所需的微观经济基础。不仅国有企业、集体企业、非公有制企业、股份制企业等多种形式企业相互之间形成了竞争关系，而且在国有企业之间的市场竞争关系也形成了。

随着内资企业所得税制的统一，以及内外资税制的统一，中国的涉外税收管理转向国际税收管理，税收工作与经济的联系更多地是为市场提供优质的营商环境。

8.1.2 财政对价格改革和市场体系形成的支持作用

理顺价格体系，是市场取向改革的必由之路。传统计划经济体制下所形成的不合理的价格体系，导致经济结构的不合理，也影响价格作为市场配置资源信号作用的发挥。不合理的偏低的农副产品价格，对农业生产带来很不利的影响，危害着国民经济的基础。改革开放之初，国家就增加财政支出，提高农副产品收购价格。农副产品收购价格的提高，必然要求销售价格的相应提高。为了保证价格改革的顺利进行，国家对城市居民实行了价格补贴，包括粮油价格补贴，棉花价格补贴，肉、禽、蛋、菜价格补贴等等。财政的价格补贴在很大程度上避免了价格调整所带来的社会不稳定。

价格双轨制改革对于中国经济改革来说意义重大。生产资料价格双轨制改革在保证传统体制正常运行的同时，为增量改革赢得空间。价格双轨制下，价格包括三种类型：政府定价、政府指导价、市场调节价。政府定价与指令性计划联系在一起，而政府指导价对应的是指导性计划。企业亏损按照形成原因的不同，可以分为经营性亏损和政策性亏损。前者因企业经营管理效益不佳所致。后者则是因企业执行指令性计划所导致。财政对企业的补贴一开始面向所有国有企业。后来，补贴仅限于政策性亏损企业。对企业的财政补贴保证了政策性亏损企业的正常生产经营，也在一定意义上促进了企业的发展。随着改革的推进，指令性计划越来越少，政府定价范围越来越窄，价格在市场配置资源中的信号作用也越来越明显。[1]

理顺价格体系的过程，必然是一批相关的利益受损者形成的过程，从短期来看，为避免社会不稳定，给受损者予以一定的财政补贴，支持了价格改革的进行。

在理顺了价格体系的改革，促进了市场的形成之后，中国现已形成包括商品市场、生产要素市场、劳动力市场在内的市场体系。需要注意的是，政府对一些领域的退出，加上相应的财政补贴政策，也促进了相关市场的形成。[2]

8.1.3　加快建立现代财政制度，处理好政府、市场与社会的关系

财税现代化之路的目标是建立现代财政制度。在社会主义市场经济体制改革目标明确之后，建立公共财政体制框架和完善公共财政体制成为财税改革的目标，这适应了计划型财政向适应市场经济需要的财政转型的需要。建

---

[1]　现在，消费品价格已经完全放开，生产资料价格也已基本放开，要素价格也部分放开。价格改革的重点主要是资源要素价格。在政府定价机制下，财政仍可对企业执行政策性业务所带来的亏损予以补贴。国有企业分类管理可以更好地促进市场主体间的公平竞争。

[2]　住房市场的形成就是一例。

立现代财政制度，明确突出财政是国家治理的基础和重要支柱之定位，也让财税现代化的目标更加明确。加快建立现代财政制度，可以更好地弥补市场失灵，为经济改革提供保障，为经济社会的发展奠定基础，促进国家治理的现代化。

财税现代化同时是财政转型的过程。财政转型首先要改变财政的"越位"与"缺位"状况。"越位"和"缺位"是相对于市场经济的财政定位而言的，前者是指财政超越市场经济所需要的政府干预范围；后者是指市场经济的政府干预范围，财政没有介入或介入不足。在计划型财政中，财政包揽社会的一切活动，基本上是全覆盖，无所谓"越位"和"缺位"。改革的过程，意味着政府从一些领域中"退出"。但是，由于传统体制的惯性，以及配套条件不具备等多种原因，"退出"可能遭遇一定的障碍，该退未退的领域，就属于"越位"。与此同时，一些原先依附于传统计划经济体制下的制度，由于改革的推进而被打破，对应的新制度由于财力等方面的原因而没有建立起来，或者没有按照市场经济的要求真正确立，这就构成"缺位"。在改革中，正是因为"越位"，"缺位"问题才更加严重。"越位"占有了本来财政可以用以填补"缺位"的财力。从这个视角来看，财政转型是一个"归位"的过程，是财政合理定位的过程。

改革中，政府努力提供全社会所需的公共产品和公共服务就是实现"归位"的过程，是财政支出结构优化的过程。政府通过国有经济合理布局，逐步从一些"越位"领域中退出；通过增加在"缺位"领域的投入，填补"缺位"，为市场经济的正常运行提供制度保障。社会事业的"缺位"需要政府的加大投入。财政正在加大对养老、教育[1]、医疗卫生、就业、环境保护、收入分配等的支持力度，这代表了财政转型的方向。所有这些领域，属于公共产品、外部性、自然垄断、信息不对称、收入分配不公平等市场失效领域。而且，财政支出是一视同仁的，不再有城乡之分，不再有不同所有制企业之分。

在特定阶段，中国政府财力有预算内、预算外、制度外之分，预算外和

---

[1] 2012年实现财政性教育经费支出占国内生产总值（GDP）之比4%的目标，之后这一比例一直在4%以上。

制度外财力补充了政府财力的不足，但这只能是过渡阶段，因为这样的区分意味着政府财力的肢解。加强全口径预算管理，取消预算外资金概念，让制度外财力无藏身之处，提高了政府资金的使用效率。财政对经济社会的支持，不仅仅表现在财力的大小之上，而且要体现在是否促进了公共服务效率的提高上。仅仅扩大预算盘子是不够的，预算支出绩效管理乃至推行绩效预算，是财税现代化的应有之义。

改革开放以来，中国逐步建立起现代财政收入体系。税收是财政收入的主要来源，税收的经济效率、社会公平和宏观经济稳定作用都得到了发挥。在财政收入占国内生产总值（GDP）较低，不足以满足财政支出需要的特殊条件下，建立财政收入稳定增长机制有其必要性。充分的财力才能保证国家治理的顺利进行。宏观税负之争，反映政府财力充分与否判断的困难，对国家治理能力提出了更高的要求。随着改革的深入，财政收支匹配，财政资金效率达到最高才是最为关键的问题。

财税现代化意味着财政政策在宏观经济调控中的作用必须得到恰当的发挥。财政转型之后，传统财政体制下的直接调控逐步让位于财政的间接调控，宏观财政政策要发挥其应有的作用。1998 年和 2008 年两轮积极财政政策为中国积累了宏观财政调控的经验，但现实会日趋复杂。在这样的条件下，宏观财政调控能力仍有待进一步提高。

财税现代化还意味着政府间财政关系的规范化，促进中央和地方各级政府财政之间的合理分工，以最大限度发挥财政在效率、公平和稳定上的作用。政府间财政关系的确定，与一国政体有着密切关系。工业化、城市化、市场化、信息化等，可能对公共服务提出新要求，从而可能要求不同级别政府提供公共服务的动态调整；也可能对政府收入形式和管理提出新要求，从而要求政府间收入的划分进行动态调整。只有各级政府治理到位，才有国家治理的现代化。

从根本上说，财政转型的真正实现有赖于财政决策法治化、科学化和民主化机制的形成，财税现代化之路是现代财政制度在中国落地生根发展的过程。

8.2 财税现代化实现之路的选择

8.2.1 激进改革与渐进改革

关于市场经济改革方式，一直存在两种改革方式，即激进改革（radical reform）和渐进改革（gradual reform）之争。苏联、东欧国家的改革是一揽子的、一步走的、总体推进的改革，通常被视为激进改革，这些国家实行的是所谓"休克疗法"。中国经济改革是分步实施的，常被看作是渐进改革。

就两种改革方式本身而言，很难说清孰优孰劣。二者都有其合理之处。休克疗法背后的逻辑是一个人无法分两步跨过深渊，而在渐进主义者看来，改革只能层层推进，因为一个刚得过肺炎的病人不能迎着凛冽的寒风去跑马拉松（奥尔森，2005）。就中国的改革而言，也有一些学者更愿意称之为增量改革（incremental reform），因为改革是在旧体制因阻力较大改不动的情况下，先在其周围发展新体制，随着这部分经济成分的发展壮大，经济结构的不断变化和体制环境的不断改善，再逐步改革旧体制（樊纲，1996）。这种改革是在国有经济改革停滞不前的情况下，先采取修修补补的办法以维持国有经济的运转，而把主要精力放在非国有经济上，寻找新的生长点（吴敬琏，2004）。

与整体经济改革有点相似，中国财政制度改革也不是一步到位的。财税现代化之路无疑可以视为渐进改革，从一定意义上说也是"增量改革"。中国财税现代化之路，一开始并没有一个系统完整的方案。在这种情况下，财税现代化目标很难实现"一步到位"，因为根本不知目标何在。只有在市场经济改革目标确定之后，财税现代化的方向才大致明朗，虽然在局部领域仍有争议。但即使如此，财税现代化目标往往也不是一步到位的。1994 年中国进行了工商税制改革。消费型增值税制无疑是增值税制改革的目标，但当时选择了生产型增值税。这不是一个最优的选择，但与产品税制相比，生产型增值税制减少重复征税。而且当时选择生产型增值税制还可以避免财政收入波动过大。2009 年中国进行生产型增值税转消费型增值税的改革，但不动产进项税额抵扣问题直到 2016 年 5 月 1 日"营改增"进入全面阶段之后才算基本解决，而且还是以新增不动产进项税额分两年抵扣的方式解决的。目标非常明确的增值税现代化进程，都历经了多个阶段，可见改革"增量"特征。1994 年分税制财政体制改革目标确定之后，具体改革方案还是考虑了既得利益，保留了税收返还这一与规范的分税制不相适应的财政转移支付做法，保留了按照企业行政隶属关系划分企业所得税的做法。这种折中做法最大限度保证了财政改革方案容易得到支持，保证了财政改革的顺利进行。2002 年所得税分享改革基本上解决了企业按照行政隶属关系缴纳所得税的难题，但并不是所有此类问题都得到了解决。税收返还本来只是临时性的转移支付措施，但已存在了 20 多年，也可见改革的"增量"特征。

考虑到改革的成本和阻力，财税改革往往先集中在难度较小或急需举办的制度和事项上（张馨，2004）。难度大的改革或者是因为所牵涉的部门和地方利益太多，或者是因为需要较大的财力支持。农村改革先行，与农村改革所需要的国家财力支持不多有着密切的关系。国有企业改革在很长时间之内停留在放权让利阶段，与企业改革所需耗费更多国家财力有关。公共支出管理改革与政府预算改革是在财税改革进入"深水区"之后才开始的，这与改革涉及的部门和地方利益太多有关。而且，即使这些高难度的改革已经开始，也是逐步推行的。先易后难的改革至少保证了一些财税制度的关键改革的起步。"开弓没有回头箭"。借助于各项改革的深入，当外部环境具备的时候，更难的财税改革也会顺利进行。全面深化改革之中的财税改革，将走出一条不同于既往改革的道路，财税改革与其他改革的协调性，决定了诸多改革只能同步协调进行。

8.2.2 制度变迁的强制性与诱致性

制度变迁可以分为两种：诱致性制度变迁和强制性制度变迁。诱致性制度变迁指的是现行制度安排的变更或替代，或者是新制度安排的创造，它由个人或一群人，在响应获利机会时自发倡导、组织和实行。与此相反，强制性制度变迁由政府命令和法律引入和实行（林毅夫，1991）。虽然在诱致性制度变迁之中，正式制度的形成也需要政府的行动，但这种变迁从根本上说，来自个人或一群人的自发倡导、组织和实行。无论是何种制度变迁，都隐含着获利机会。相对于强制性制度变迁而言，诱致性变迁由于其自发性，更容易得到支持。

财税现代化之路中，改革的主体是政府。没有政府的支持，就不可能有财税改革。一些财税制度的调整，无法做到帕累托改善，财税改革的结果往往是有人受益有人受损。财政改革是政府主导型的制度变迁，带有强制性。有许多财税改革，一开始就是由相关利益主体推动的，在改革中容易得到这部分人的支持，就容易进行下去。关于财政支持民生改善的改革，既是政府主导的改革，也是人民推动的结果。但是，民生改善是有代价的，这可能意味着更重的宏观税负，而增税改革可能就会遇到较大的阻力。财税知识的传播，可以让人民更清楚财税现代化之所需，从而为改革赢得更多的理解。

中央向地方财政分权，也推动了地方政府参与财政制度创新。地方政府接近当地人民，容易听到他们的声音，易于实现诱致性变迁与强制性变迁的有机配合。

诱致性变迁的实现，与非正式制度有着密切的关系。在传统体制影响力极强的改革初期，整个社会的市场理念较为薄弱。随着市场化改革的深入，特别是市场经济体制改革目标的确立之后，整个社会对政府与市场关系的认识进一步深化，对财税现代化目标有了更为确定性的预期。这实际上蕴含着一种非正式制度的变迁。理念的变化意味着意识形态的变化，会改变人们对财税现代化的评价。一些原先可能在短期内给某些人带来不利影响的财税改革措施，会因为这些人对长期收益的预期，而容易得到支持。

在正式制度遭遇改革阻力的时候，非正式制度的变迁可能先行，并最终推动正式财政制度的改革。

8.2.3 财税现代化次序的选择

财税现代化过程不可避免地会受到利益集团的影响。而且，正是各种各样的利益集团之间的相互作用，决定了最终形成的财政制度。

受信息的限制，财税现代化不可能是对一系列最优改革方案的选择过程。财税改革在起步阶段更是"摸着石头过河"。当然，"摸着石头过河"的改革策略是不得已而为之。选择什么样的财政制度，往往取决于当时的经济和社会环境。1986 年价格、税收、财政、金融、贸易等一揽子改革方案最终流产，就说明了这一点。

一般说来，先易后难的改革容易得到支持。财税现代化次序选择也是如此。从总体上看，财税改革历经扩权让利和制度创新两个阶段（戴柏华等，1999），而今仍在制度创新阶段。财税改革从根本上说是由中央政府推动的。扩权让利改革让出的是改革推动者的利益，因此容易得到支持。制度创新的难度就远大于扩权让利。制度创新阶段，受益者有之，受损者亦有之。利益受损者往往会对制度创新提出各种各样的要求，改革者为了改革的顺利进行，会在不同程度上通过财政制度的扭曲来满足这些受损者的要求。无疑，这会延长改革的时间。但最终财政制度创新还是要进行下去的。否则，经济社会就无法实现可持续发展。正是在这样的改革动力驱使下，难度大的改革最终也能够进行下去。

财税现代化之路是公共选择的过程。财税现代化次序的选择往往是赞成者多、反对者少的改革先行。由此，我们可以理解为什么在计划经济条件下，没有对计划体制造成冲击的财政改革容易进行下去。1980年财政体制改革是在未对传统计划体制进行改革的情况下进行的，是财税改革起步阶段最为重要的改革。一旦改革对传统体制的受益者造成了损害，改革者往往要借助于"赎买"的方式给这些既得利益者以补偿。财税改革过程中出现的大量财政补贴就与此有着密切的关系。

财税现代化目标的选择也是公共选择过程。选择什么样的目标，往往决定着改革的次序。市场经济改革目标确定之后，财税现代化目标逐渐明确。但是，当公共财政框架基本建成之后，中国仍面临如何进一步完善公共财政体制的问题。公共财政制度有不同类型，不同时期不同国家的财政制度各不相同，制度的选择过程必然是公共选择过程。只有公众容易接受的财政改革，才容易得到推行。建立现代财政制度目标，进一步明确了财税现代化之路的方向，为从总体上把握财税改革指引了方向。

财税现代化一开始走的是"先易后难"之路，但当容易改革的领域改了之后，各类难题摆在面前时，仅仅迎难而上是不够的。财税现代化更需要在决策法治化和民主化的保障下，获得专业化的知识支持，从而实现决策的科学化。在全面深化改革的大背景下，财税改革宜与其他改革相匹配，找到合理定位，以更有效地推动财税现代化进程。

8.3　财税现代化之路的普遍意义

8.3.1　财税现代化中的自主创新

改革开放以来，中国财税现代化之路的探索期并没有理想化的内容规定，也不拘泥于某一国的做法，而是根据国情，灵活选用适合自己的做法。财政包干制不是市场经济国家的通用做法，但在中国实行了十多年时间。这完全是中国基于自己国情的选择。在市场经济不够健全的背景之下，财政包干制可操作性强，对地方政府提供了充分的激励，促进了地方政府之间的财政竞争，提高了地方政府发展经济的积极性，中国经济因此更加活跃。财政与国有企业的利润分配关系也是一例。1994 年税利分流实行之后，政府在很长一段时间内停止对国企分红。从表面上看，这是国家放弃了产权收益，但这样做为国企改革和发展赢得了时间，提供了支持，同时对于充分就业也有重要意义。

中国财税现代化之路充满了制度的自主创新。同一时期允许多种财政体制并存是很长时期内中国财政改革的特点之一。1980 年中央财政与地方财政"分灶吃饭"，在全国绝大部分地区实行"划分收支、分级包干"体制的同时，在北京、天津、上海三个直辖市仍实行"总额分成、一年一定"体制，在江苏省继续试行固定比例包干体制，在广东和福建两省实行"划分收支、定额上交或定额补助"体制，而对于内蒙古、新疆、西藏、宁夏、广西五个民族自治区和云南、青海、贵州三个少数民族人口较多的省，在实行分灶吃饭体制的同时，保留了原先中央对民族地区的特殊照顾。1988 年的财政体制延续了多种形式并用的做法，在不同地区分别实行了收入递增包干、总额分成、总额分成加增长分成、上解递增包干、定额上解、定额补助六种体制。不仅在中央与地方财政关系的处理上采用了多种体制并存的形式，而且在省以下财政体制上，也采取了这种形式。1988 年财政体制改革时中央没有对省以下财政体制统一作出规定，1994 年在全国统一实行分税制财政体制改革时，中央仍然允许各省自主选择适合自己的省以下财政体制。多种形式的财政体制一方面可以适应中国地域辽阔、各地情况差异较大的国情，另一方面不同形式的财政体制同时实行，也是一种制度试验，能够提供更多的财政制度改革信息，为下一步财税改革提供知识支持。

多种财政体制并存也容易实现财政制度的自主创新。1994年之后各地实行了不同的省以下财政体制，在财政层级的选择上也走出了新路，在一定程度上打破了一级政府一级财政的习惯做法。"省直管县"、"乡财县管"、"强县扩权"、"强镇扩权"等等都是各地根据当地的情况所作出的选择。对省以下财政体制不作"一刀切"的统一规定，为各地自主选择符合当地情况的财政制度提供了空间。从某种意义上说，国与国之间的竞争是制度竞争。不作统一规定提高了各地的财政制度创新能力，有利于中国最终选择最有竞争力的财政制度。

8.3.2 财税现代化进程中注意协调不同利益集团的矛盾

财税现代化进程中，改革者注意协调不同利益集团的矛盾，通过适当妥协赢得各集团对制度改革的支持。当财税改革走完放权让利阶段的时候，东部地区成为中国经济最为发达的地区，也是改革的最大受益者。1994年财政体制改革从某种意义上说，就是为协调不同利益集团矛盾而进行的改革。即使如此，改革中，改革者还是充分考虑了利益将会受损的发达地区的意见。[1]在最初制定的改革方案中，中央提出一要集中财力，而且要集中全国财政收入的60％；二要缩小东西部的财力差距。该改革方案招致上海、福建、山东、江苏等地激烈反对。结果是比较贫困的省区赞成该方案，而发达地区希望中央能少拿一点，支持地方经济的发展。由于发达地区和贫困地区的分歧较大，中央对改革方案作了调整。调整后的方案的主要内容包括：要花几年的时间使中央财政收入比重达到57％；基本不考虑因素法；以1992年为基数年。这个方案变得对发达地区相对有利，但考虑到发达地区的意见，该方案又作了进一步的调整，中央财政收入不准备在两三年内达到57％，而是准备花十年的时间使中央财政改观。而且，基于发达地区的要求，中央最后将基数年确定为1993年。

改革方案充分考虑到发达地区的既得利益，容易得到这些地区的支持。

---

[1] 翁礼华（2002）对1994年财政体制改革过程作了较为详细的描述。

这样，财税改革容易进行下去，中央财政收入集中的目标从较长的时间来看同样可以得到实现，也能满足落后地区希望增加财力的要求。注意协调不同利益集团的矛盾，为财政体制改革赢得了支持。这种考虑地方既得利益的做法在后来的所得税分享改革、出口退税中央和地方财政分担机制的改革中，都得到了运用，保证了改革的顺利进行。

8.3.3　财税现代化与经济改革、稳定和发展的配套协调

财税现代化是国家现代化的重要内容。财税改革是全面深化改革的重要内容之一。政府推动的每一个步骤的改革，都是在财政的配合下进行的。改革开放初期，政府提高了农产品收购价格以鼓励农业的发展，是以增加财政支出为前提的；政府对国有企业实行企业基金制和利润留成制以支持工业的发展，是以财政对国有企业的财务管理体制的改革为前提的。改革开放中，为了提高地方政府的积极性，财政在中央和地方之间进行了"分灶吃饭"，中央与地方之间的财政关系逐渐趋于稳定。两步利改税促进了政府与国有企业的分配关系的规范化，国有企业有了更多的经营自主权。"税利分流"改革是在明确区分政府的社会管理者身份与财产所有者身份的基础之上进行的，促进了政府与国有企业分配关系的规范化。价格体制改革是市场化改革的重要步骤，从来都是在财政的支持下进行的，1978 年，政策性补贴支出占财政支出的比重仅为0.99%；1980 年，该比重上升到 9.58%；在 20 世纪80 年代，该比重一直维持在 12% 以上。政策性补贴给财政支出带来了巨大压力，但正是因为如此，价格改革才得以顺利进行。财政补贴近年来转向高科技企业，显然这是有利于实现创新驱动发展的战略目标。但在一些领域，我们并没有看到补贴催生真正的自主创新企业，没有看到补贴让中国收获了高科技的发展。财政支出与政策目标的关联度亟待提高，这对财政支出绩效评价提出了新要求。最近 20 多年来，各地为了招商引资，财政对引入的企业给予多方面的补贴，名义上以奖励方式进行，这类"新型财政补贴"确实促进了特定地方经济的发展，但也带来了地方财政竞争秩序规范的难题。

经济的稳定和发展需要发挥财政政策的调控作用。在计划经济条件下，宏观经济的稳定主要依靠国家计划，靠包括财政平衡在内的国民经济综合平衡。随着经济体制改革的深入，计划经济体制得以生存的微观经济基础发生

了变化，政府对经济的调控必然是间接的。财政政策和货币政策成为最为主要的宏观经济政策。在应对亚洲金融风暴和国际金融危机，中国扩大内需过程中，积极的财政政策功不可没。随着经济环境的变化，财政的政策适时调整，财政的宏观调控能力逐步提高。

8.3.4　充足的政府收入对于改革、发展和稳定具有重要意义

充足的财政总收入和中央财政收入，有利于财政对改革、发展和稳定的支持。当财政收入处于较低水平，连政府机构的正常运转都难以为继的时候，很难指望财政能在其他方面履行其应有职责。

20 世纪 80 年代中后期和 90 年代前半期，财政收入相对不足，财政补贴支出占财政收入比重较高，财政负担很重，在很大程度上影响了财政职能的发挥，也导致财政收入职能在不同的政府部门间遭到肢解。1994 年之后，中国的财政收入稳定增长机制逐步形成，财政实力，特别是中央财政实力大为增强，有力地支持了取消农业税改革、工资改革等多项改革，通过财政转移支付有效地缓解了县乡财政困难，保证各地居民的最低公共服务水平，促进了公共服务的均等化。[1]

土地财政在支持地方公共产品和公共服务中扮演着至关重要的角色。土地出让金占政府性基金收入的绝大部分。2017 年，全国政府性基金收入 61 479.66 亿元，其中国有土地使用权出让金收入 49 997.07 亿元，国有土地收益基金收入 1 770.71 亿元。[2]没有土地财政收入，就不会有中国地方良好的基础设施，不会有地方众多领域公共服务的根本性改善。当然，土地财政模式也带来了高房价的问题，这是未来亟待解决的难题。

现有的政府收入规模总体合理，但考虑到收入结构的不合理，政府收入结构亟待进一步优化。税制结构的优化需要考虑到税种分布以及新税种可能面临的挑战。税收收入、非税收入、政府性基金收入、国有资本经营预算收

---

[1]　财政收入持续稳定增长既可能是财政收入超过国民经济的表现，也可能是财政收入处于较低水平之后的正常反弹。对于财政收入的多与少，需要结合具体情况，特别是改革、发展和稳定的要求，进行判断。

[2]　《2017 年全国政府性基金收入决算表》，http://yss.mof.gov.cn/qgczjs/201807/t20180712_2959795.html。

入、社会保险基金收入需要有合适的定位。各类收入相互关联，例如社会保险基金收入不足，可能意味着其他收入需要调入。因此，在积极财政政策的运作中，减税降费是大势所趋，但需要与政府其他可能的收入来源的开辟协调一致。

8.3.5 渐进式财税改革容易得到改革所需的知识

财税改革的方式主要是渐进式的，是在解决一个个现实问题的基础之上逐步推进的。渐进式改革适应了改革初期知识准备不足条件下改革的需要。改革之初的财政制度是按照单一公有制经济的需要设置的。为了吸引外资，中国建立了以优惠为主要特征的涉外税制。随着非公有制的内资经济的发展，相应的税制也建立起来了。第二步利改税之后，国有大中型企业除了所得税负担之外，还有一户一率的利润调节税负担，相对而言，国有企业的税收负担超过了非国有企业，且远远重于外资企业。当改革进行到一定阶段，各经济主体对公平竞争的要求越发强烈的时候，先实现了外资所得税制的统一，接着实现了内资所得税制的统一，最后建立了统一的所得税制，对各种所有制经济一视同仁的税制已经形成。

规范化财政转移支付制度的确立，主要借助增量改革的方法。1994 年税收返还基数的确定，尊重地方既得利益，有利于改革的推进，减少了改革的震动。多种财政改革措施都是先试点后推广，并注意从试点中取得经验，如利润留成制、利改税、税利分流、分税制等等，莫不如此。财政改革影响面大，通过试点，总结其中的经验教训，减少了具体改革措施全面铺开后的震动。当然，试点的经验还需要总结。并不是所有财税改革都需要试点。只有改革结果不确定，试点才有必要性。改革结果确定的就没有试点的必要。财税改革调节不同主体的利益，没有必要的试点进行下去，会导致利益格局的变化，带来新的问题。

财税改革步伐的快慢与体制改革目标的选择有着密切的联系，不同改革领域的经验互相借鉴，互为促进。当改革还处于摸着石头过河阶段，财税改革同样缺乏明确的目标，虽然每一步改革都是与经济体制的要求一致的，且推进了经济体制改革的进程，但就整体而言，财税改革的步子迈得还不够大。当社会主义市场经济体制改革目标明确之后，构建中国公共财政的目标也随之确立，财税改革的步伐明显加快，系统的财税改革也正是在市场经济体制目标确定之后的 1994 年开始的。财政改革汲取了其他改革的经验，反过来也促进了其他改革的进行。财政改革汲取了农村的承包制改革经验。20 世纪 80 年代国有企业利润承包制度和财政包干制的实行，与农村承包制度推行不无关系。财政包干制促进了地方财政竞争，但也带来了市场分割的问题。建立统一市场的内在改革要求，又促进了分税制的推行。这表明，尽快确定财税改革目标，可以缩短改革的时间。加快现代财政制度建设，也是在改革的实践中提出的，是对改革知识总结的产物，既是对财税改革重要性的肯定，也是对财税改革作用更好发挥的期待。

8.3.6 给各种经济主体以恰当的激励是财税现代化之路成功进行的主要原因

判断财税现代化之路——财税改革成功的标准除了财政制度自身的建设成就之外，而且还包括财政对经济和社会发展的促进作用。改革开放以来，中国保持 40 年的经济可以快速增长，与财税改革关系密切。在改革的初始阶段，财税改革以分权让利为中心，即财政给企业更多的财务自主权，中央财政给地方财政更多的自主权。分权让利打破了大一统的计划经济体制，企业和地方政府得到了更多的激励，增强了企业活力，激励了地方政府发展经济的积极性。当激励机制的天平过多地倾向地方的时候，财税制度又进行了相应的改革，建立了相对稳定的分税制财政管理体制，中央与地方财政关系的稳定时间越来越长，制度的稳定性越来越强，减少了各经济主体预期的不确定性，财税制度的激励越来越恰当。

改革之初，财税改革的激励对象更多的是地方政府和企业。随着改革的深入，经济的发展，财税改革加大对个人的激励力度，财税改革重点也逐步转移到民生改善上来。随着人民收入水平的提高，对公共服务的需求与日俱增。财政改革适应民意，财政支出结构逐步调整，与民生直接相关的教育、养老、医疗等方面的财政投入逐年增加。实现城乡之间和区域间的公共服务均等化问题已经成为进一步完善公共财政体制的主要内容。税制改革也更多地和民生改善联系起来。个人所得税的工资薪金费用减除标准多次提高，直接增加了百姓的可支配收入；个人所得税走向综合与分类相结合，为建立现代税收制度迈出了重要一步。财税改革特别是与个人关系密切的直接税改革

（包括房地产税改革），更要注意激励机制的设计，否则可能导致改革功亏一篑。

8.3.7　财政管理体系的变化有利于财税现代化之路的顺利进行

计划经济时代，国家财政直接管理国有企业财务。改革开放之后，国有企业逐步获得经营自主权，国家财政不再直接干预国有企业的微观财务管理事务，预算外资金不再包括国有企业的资金，国家财政管理与企业财务管理实现了分离，财政管理的重点是公共资金的筹集和使用。经过多次改革，预算外资金的规模逐渐缩小，最后预算外资金概念取消，非税收入管理和政府性基金管理引入，财政资金管理方式更加规范化。通过部门预算改革、国库集中收付制度改革、政府采购制度的建立、政府收支分类改革，财政资金的去向和效率更容易得到监督。财政管理与专业管理的关系仍在规范化之中。政府各部门的专业管理与财政管理各有优势，各司其职，二者无法相互替代，而只能相互补充。从现实来看，财政部门的职能界定与财政作为国家治理的基础和重要支柱的定位不太相称。从总体上看，构建"大财政部"是大势所趋，在这样的框架下，财政和金融关系、财政与其他部门之间的分工应按照国家治理体系和治理能力现代化的要求，重新优化配置，同时推进财税现代化的步伐。

8.3.8　财税现代化必须有全球视野

中国财税现代化是在开放的背景下进行的，必须适应经济全球化的需要，要有世界的视野。国门打开之后，改革者的视野更为开阔。新财政理论以及发达经济体的财政制度知识的传入，让沿着市场化方向改革的中国有了更多的知识选择项。无论哪个经济体的财政制度，只要对中国的经济和社会发展有利，中国都会根据国情出发，注意比较和借鉴。改革开放以来，可能没有哪种方法，会超过比较与借鉴，对中国财税现代化之路产生更重要的影响。

现代市场经济国家财政收入形式主要是税收。改革开放以来，税收的作用得到了重新审视，税收已经取代企业收入而成为财政收入的主要来源。只要是市场经济国家，不管实行的是联邦制，还是单一制，均实行财政联邦主义，即实行分税制财政管理体制。全球经济一体化，国际间资本竞争和人才竞争日趋激烈，这在财政上也有所表现。公共服务水平和税收水平对一国的竞争力有着直接的影响。一国所提供的公共服务水平的高低，除了考虑自身因素之外，还受到其他国家的影响。税制设计过程中也不可避免地要考虑到国际上和周边国家（地区）的税收水平。1980 年中国个人所得税工资薪金所得最高边际税率选择 45%，2008 年中国企业所得税制统一之后，选择了 25% 的税率，都是国际比较的结果。中等偏低的税率水平适应中国作为发展中国家的国情，这一点仍然值得当下和未来的中国注意。经济全球化背景下，各国财政政策之间的影响日趋扩大，各国财政政策的选择，不可能是独立的选择，这推动了国际财政政策的协调，国际财政协调机制也相应地确立起来。经济全球化还要求各国加强国际税收事务的合作。[1] 全球治理格局的变化，要求重塑全球治理秩序，以更好地应对全球公共事务的挑战。中国和世界其他国家（地区）一起，共同提供全球性公共产品并在其中扮演与国力相称的角色。

---

[1]　中国已与 106 个国家签署了避免双重征税的协定；签订的多边税收条约包括《多边税收征管互助公约》《金融账户涉税信息自动交换多边主管当局间协议》《实施税收协定相关措施以防止税基侵蚀和利润转移的多边公约》；可参见 http://www.chinatax.gov.cn/n810341/n810770/index.html。

第 9 章 结束语

中国的财税现代化之路，解决了一个又一个的现实问题，并日益靠近建立现代财政制度的目标。

中国已确定到 2035 年基本实现社会主义现代化，到 2050 年建成富强、民主、文明、和谐、美丽的社会主义现代化强国。这对现代化国家治理体系和治理能力有相应的要求，对作为国家治理的基础和重要支柱的财政现代化提出了相应的要求。

预算外财力和制度外财力是两种在市场经济条件下看起来都不规范的财力，但它们曾经在中国改革中发挥了重要作用。预算外财力是在统收统支体制之外形成的一种旨在调动地方、部门、企业积极性的财力。预算外财力曾一度膨胀，虽然带来了一系列问题，但地方政府、部门、企业也借助于这些财力，在一定程度上分摊了政府所应承担的职责。制度外财力也是如此。制度外财力既不合法，也不合规，但从其来源与用途来看，有其不好的一面，但也有合乎情理的一面。一些制度外财力甚至是通过"一事一议"的形式形成的，符合民主财政的要求，在保证地方公共产品和公共服务的提供上发挥了重要作用。一些制度外财力虽然形成渠道不尽合理，但从用途来看，保证了一些基层政府的正常运转。预算外财力、制度外财力与预算内财力形成的合力，保证了政府所应承担职能的实现，为改革与发展提供了一个相对稳定的环境。

中国曾经没有规范的政府预算体系，这不等于中国不需要规范化的预算体系。规范化的预算体系的构建需要一个过程。在一定时期内，通过预算外和制度外财力解决了政府可直接支配财力的不足问题，而且，政府多次通过规范预算外和制度外财力的措施，为政府财力的集中也发挥了一定的作用。统一规范的政府预算体系的构成需要考虑到"路径依赖"问题。简单地将预算外和制度外加以归并或取消，往往需要预算内财力的支持，在预算内财力不足的情况之下，预算外和制度外财力在一定范围的存在，正好适应中国的国情。每一次对预算外和制度外的规范，都是向规范化的政府预算体系改革目标的靠近。中国最终实现了全口径预算管理。预算管理不仅仅强调合规性，而且越来越强调预算的绩效。预算管理不仅仅是年度预算管理，而且越来越强调中期财政规划，越来越强调跨年度平衡。预算治理与国家治理的联系越来越密切，预算是为政策目标的实现而为的。

中国政府间财政关系的规范化还在进行之中。1994 年之前的财政体制重在为地方政府提供激励，这些激励不仅仅促进了地方政府之间的竞争，而且促进了各种市场竞争主体的形成。即使是 1994 年建立的分税制财政体制，也保留了税收返还这一很不规范的转移支付形式，也称不上规范的财政体制，但是这样的渐进式改革，减少了各种利益集团对改革的反对程度，赢得了更多方面的支持，在保持改革既定方向不变的前提之下，政府间财政关系正逐步趋向规范化。

中国的税制结构是以流转税为主体的。这是由中国是一个发展中国家的事实所决定的。以所得税为主体的国家，多是经济较为发达的国家。任何一个国家的税制结构的选择，首先必须考虑的是它在多大程度上能够满足财政支出的需要。流转税能够满足中国财政支出的需要。而且，中国的流转税制已经不是传统意义上的流转税制，而是以中性作用最为明显的增值税为主体的税制。当然，中国的税制还需要进一步改革，增值税制需要加快立法，所得税收入的分量也会加大。近年来，中国直接税收入（企业所得税、个人所得税和房地产税类税种所提供的收入之和）[1] 占比已达到 40％以上。随着

---

[1]　房地产税类是只对房地产征收的税种，包括房产税、土地增值税、城镇土地使用税、耕地占用税和契税五种。未来这五种税种都有必要融入房地产税。

增值税税率三档简化为两档，随着消费税税目税率的优化，直接税收入占比超过一半完全可能实现。

中国财政财力困境的出现，特别是 20 世纪 80 年代和 90 年代初期，经济形势较好，但财政出现了困难，这说明包括税制在内的财政收入制度应适时而变。这也是改革给未来财税现代化制度之路的一点启示。2018 年上半年，财政收入形势较好，但各界感受到更多的经济压力，这说明财税现代化之路并不会那么平坦。财政收入与经济形势可能的偏离，所反映出来的是税制改革、税收征管与税收政策的协调问题，值得未来改革方案选择时关注。

1994 年之后基层财政的困难有财政体制的原因，也有非财政体制的原因。经济发达地区的基层财政财力就相对宽裕。财政体制的原因主要是"矫枉过正"所致。1994 年之前中央财政财力相对不足，影响了调控职能的发挥。财权、财力与事权配置的不当，在基层财政问题上也得到了反映。随着中央财政加大转移支付力度，财力因素在财政体制改革中得到更充分的重视，这种问题也逐渐得到缓解。从根本上看，地方财政状况在很大程度上取决于当地的经济发展水平。总部经济的发展，对传统经济社会的地方财力分布格局提出了挑战。互联网时代以及人工智能技术的发展，带来了税收收入横向分配的新难题。这种问题影响的不仅仅是一国内部的收入分配，而且可能对国际税收收入划分提出新要求。

从总体上看，中国财税改革之谜的最终破解仍然需要依靠现代财政制度的建立，在尊重市场规律的前提之下，实现财政的法治化与民主化。只有如此，财税现代化的成果才能得到保留，财税现代化的红利才能在经济社会发展和国家治理现代化中得到充分体现。

40 年的中国财税改革是一个非常复杂的研究课题。本书力求在全景式地展示 1978 年以来财税现代化——财税改革成就的同时，对若干重要财政改革作更细致的考察。财税问题不仅仅是一个经济问题。它还是一个重要的政治问题，是一个国家治理问题，同时与社会问题紧密相连。因此，财税改革既是经济体制改革的重要内容，同时也是政治体制改革的重要内容，财税改革对经济社会的发展有着广泛的影响。

从大历史的视野看中国财政改革，40 年的时间不算长，但也不算短，

40 年，超过一代人的时间！40 年的财政改革，特别是公共财政改革和建立现代财政制度目标的提出，可以说是为市场在资源配置中决定性作用的发挥奠定了基础。现代财政制度，有许多是舶来品，我们或直接引进，或据国情作了适当的调整。但是，中国国情的复杂性，各地情况差异极大的事实，决定了依国情选择财政制度的困难。

关于中国财税改革，在充分肯定其对中国经济奇迹的贡献的同时，我们也必须关注其中仍悬而未决的一些问题。只有这些问题得到了真正的解决，财税改革才算取得真正的成功，财税现代化才能顺利进行。

中国财税改革与经济体制改革一样，最初并没有明确的改革蓝图。最初的改革是在直接吸取了计划经济下的一些经验教训的基础之上进行的。改革过程中，财税制度的稳定性相对不足，但也正是这种不稳定性，在一定意义上适应了知识准备不足条件下财税改革的需要。从计划经济到市场经济，最大的变化是利益主体多元化格局的形成。这种变化直接对财税制度改革提出相应的要求。中国财税改革基本上是在不断地适应各种利益主体的要求下自上而下进行的。

经过 40 年的改革，中国已经基本确立了与市场经济相适应的公共财政框架，并正在向现代财政制度的目标迈进。受经济和政治体制的约束，财税全面现代化之路仍然是漫长的。过去 40 年，特别是过去十年，次贷危机引发的国际金融危机爆发之后，全球经济缓慢复苏，财政政策作用得到重新正视。2013 年中国强调国家治理体系和治理能力现代化，财政又被视为国家治理的基础和重要支柱，由此拉开了财税现代化的新一幕。

从全球治理格局来看，财政政策需要在世界视野中重新审视。财税制度改革需要横向比较，以确保财税的国际竞争力。"未富先老"且人口快速老龄化的事实，决定了中国养老保障的负担远比发达国家为重，如何保证财政可持续性，是未来相当长一段时期内的中国财政头号难题。

国有经济应该如何定位？1998 年，国务院国有资产监督委员会成立，这是国有资产管理体制（国有经济）改革中的一个重要事件，但是，如何处理国资委与所属中央企业的关系，如何处理好国有股分红问题，如何处理好中国投资有限责任公司（中投公司）的运作问题，如何处理好公共预算与国有资本预算的衔接问题，都是悬而未决的问题。混合所有制改革之后，国有经济的未来在哪里，仍然需要深思。

政府预算的透明度如何提高？如何对政府预算的编制和执行进行有效监督？不同的政治体制，决定了中国需要选择与国情相匹配的做法。当前中国所推行的政府收支分类改革，是技术路径推进财税现代化的重要举措。但是，技术化是否能够从根本上解决这些问题，则有待于进一步的探索。预算支出与政策的联系将更加紧密。什么样的公共政策目标，就会呼唤相应的预算支出。

税制改革同样可以视为技术层面的操作，但是，从根本上说，最终选择的税制必然是公共选择的结果。内外资企业所得税制的统一过程，或多或少会给我们一些启示，即使是多数人看好的税制要变成法律，可能也需要一个漫长的过程。1998 年就已经提出的税费改革，除了在农村税费改革上有明显成就之外，其他改革进展相对缓慢，也充分地表明了这一点。随着税收法治化目标的确定，2020 年中国将基本实现税收法定。鉴于现实，我们将更深地感受到税制改革的重要性和紧迫性。

财税改革，重要的是处理好政府与经济的关系，处理好政府与社会的关系问题。什么样的国家，才能对经济和社会发展施以"援助之手"？合适的定位是财税改革所必需的。财政是国家治理的基础和重要支柱。财政的定位之高，对财税改革提出了更高的要求。财税改革，不仅仅是一个方案设计问题，而且还有方案是否为公众接受，能否得到采纳与运用的问题。财税改革是一个公共选择的过程。怎么加快改革的步伐，怎么避免众人叫好的改革方案不会"千呼万唤不出来"，如何有效避免部门利益和地方利益对改革的冲击，如何选择合适的改革时机，谁来选择改革时机，这些问题曾经困扰改革，未来仍是需要解决的问题。

从根本上说，财税现代化就是要建立与社会主义市场经济完全适应的财政制度，与社会主义现代化强国相适应的财政制度。市场经济有水平高低之分，与社会主义现代化强国相适应的市场经济只能是高水平的市场经济。因此，中国财税现代化应该按照高标准要求。除了具体财税制度的优化之外，为此，中国必须真正实现财政的法治化和民主化。财税制度的进一步改革，特别是政府预算制度的改革，本身就是国家法治化和民主化进程的一部分。国家法治化与民主化程度也会对政府预算制度改革产生影响。当法治化和民主化还只是处于初级阶段的时候，政府预算制度能走多远还值得怀疑。当然，路还很长，我们完全相信，经过 40 年改革磨炼的中国政府已经成为一个回应型政府，能够充分地听取民意，并对民意作出回应，这样，看似漫长的路，实际里程可能很短。等到法治化财政与民主化财政进程真正完成的那一天，等到现代财政制度全面建立之时，我们就可以为中国而欢呼！

参考文献

Alan Turing, 1950, "Computing Machinery and Intelligence," *Mind* 49: 433—460.

Ben S. Bernanke, The Courage to Act: A Memoir of a Crisis and Its Aftermath, W. W. Norton & Company, 2015. (伯南克:《行动的勇气》,中信出版社 2016 年版。)

Brandt, Loren and Thomas G. Rawski, *China's Great Economic Transformation*, Cambridge University Press, 2008.

David Lorge Parnas, 2017, "The Real Risks of Artificial Intelligence," *Communications of the ACM*, 60 (10): 2731.

David Stasavage, *State of Credit: Size, Power, and the Development of European Politics*, Princeton University Press, 2011. (斯塔萨维奇:《信贷立国》,格致出版社 2016 年版。)

Guy Standing, 2017, *Basic Income: And How We Can Make it Happen*, Penguin Random House UK.

Kopits, George, and Jon Craig, 1998, "Transparency in Government Operations", *IMF Occasional Paper* No.158, Washington: International Monetary Fund.

Mueller, D., 2003, *Public Choice III*, Cambridge University Press.

OECD（经济合作与发展组织）：《中国公共支出面临的挑战》，清华大学出版社 2006 年版。

Sachs, Jeffrey、胡永泰、杨小凯：《经济改革和宪政转轨》，《经济学（季刊）》2003 年第 4 期，第 961—988 页。

Wong, Christine P. W. and Richard M. Bird, "China's Fiscal System: A Work in Progress", in Brandt and Grawski (eds., 2008: 429—466).

爱德华·希尔斯：《论传统》，傅铿、吕乐译，上海人民出版社 2009 年版。

奥尔森：《权力与繁荣》，苏长和译，上海人民出版社 2005 年版。

柏鹏、唐跃、臧桂芹、汪树强：《大数据背景下构建电子税务局的思考》，《税务研究》2017 年第 2 期。

布坎南：《民主过程中的财政》，唐寿宁译，上海三联书店 1992 年版。

财政部条法司课题组：《财政法律体系研究》，《财政研究》2003 年第 8 期。

财政部预算司、办公厅缓解县乡财政困难课题组：《县乡财政困难的成因分析及对策研究》，载廖晓军主编（2005）。

财政部预算司地方处：《地方部门预算改革综述》，《预算管理与会计》2005 年第 9 期。

财政部预算司：《中央部门预算编制指南（2008）》，中国财政经济出版社 2007 年版。

财政部综合司：《财政统计与 GDDS 的差距及改进》，2002 年，http://www.stats.gov.cn/tjdt/zgjrgdds/t20020331_15713.htm。

蔡昉等：《制度、趋同与人文发展——区域发展和西部开发战略思考》，中国人民大学出版社 2002 年版。

陈奕敏：《预算民主：乡镇参与式公共预算的探索》，《学习时报》2006 年 5 月 24 日。

陈甬军：《中国地区间市场封锁问题研究》，福建人民出版社 1994 年版。

陈争平：《经济史与经济现代化研究》，《政治经济学评论》2016 年第 5 期。

陈宗胜、周云波：《再论改革与发展中的收入分配：中国发生两极分化了吗?》，经济科学出版社 2002 年版。

迟福林：《起点——中国改革步入 30 年》，中国经济出版社 2007 年版。

丛树海：《中国财政探索》，上海人民出版社 1994 年版。

戴柏华等：《从放权让利到制度创新——中国财税体制改革》，广西师范大学出版社 1999 年版。

当代中国丛书编辑部：《当代中国财政·上》，中国社会科学出版社 1988 年版（a）。

当代中国丛书编辑部：《当代中国财政·下》，中国社会科学出版社 1988 年版（b）。

邓小平：《邓小平文选（第三卷）》，人民出版社 1993 年版。

邓子基：《财政学原理》，经济科学出版社 1989 年版。

樊纲：《渐进改革的政治经济学分析》，上海远东出版社 1996 年版。

樊纲：《论公共收支的新规范——我国乡镇"非规范收入"若干个案的研究与思考》，《经济研究》1995 年第 6 期。

樊丽明、张斌等：《税收法治研究》，经济科学出版社 2004 年版。

范平、饶呈祥：《美国重量里程税研究及对中国燃油税改革的启示》，《电子科技大学学报（社科版）》2006 年第 3 期。

冯海发、李微：《我国农业为工业化提供资金积累的数量研究》，《经济研究》1993 年第 9 期。

冯俏彬：《国家分配论、公共财政论与民主财政论——我国公共财政理论的回顾与发展》，《财政研究》2005 年第 4 期。

冯俏彬：《私人产权与公共财政》，中国财政经济出版社 2005 年版。

高培勇等：《财政体制改革攻坚》，中国水利水电出版社 2005 年版。

高培勇、温来成：《市场化进程中的中国财政运行机制》，中国人民大学出版社 2001 年版。

郭小聪、程鹏：《政府预算的民主性：历史与现实》，《东南学术》2005 年第 1 期。

郭宇宽：《设立"中国人民永久信托基金"给全国人民以财产性收入——崔之元教授访谈录》，《上海证券报》2008 年 3 月 22 日。

国家统计局编：《中国统计年鉴 2006》，中国统计出版社 2006 年版。

国家统计局编：《中国统计年鉴 2007》，中国统计出版社 2007 年版。

国家统计局编：《中国统计年鉴 2018》，中国统计出版社 2018 年版。

国家统计局编：《中国统计摘要 2008》，中国统计出版社 2008 年版。

国家统计局国民经济综合统计司编：《新中国五十五年统计资料 1949—2004》，中国统计出版社 2005 年版。

国家统计局国民经济综合统计司编：《新中国五十五年统计资料汇编 1949—2004》，中国统计出版社 2005 年版。

汉密尔顿、杰伊、麦迪逊：《联邦党人文集》，程逢如、在汉、舒逊译，商务印书馆 1980 年版。

郝昭成：《百年重塑国际税收新体系》，《国际税收》2016 年第 11 期。

何帆：《为市场经济立宪——当代中国的财政问题》，今日中国出版社 1998 年版。

何勤华等：《法治的追求——理念、路径和模式的比较》，北京大学出版社 2005 年版。

胡鞍钢：《一个国家四个世界：中国地区发展差距的不平衡性》，载胡鞍钢、王绍光、周建明主编，《第二次转型：国家制度建设》，清华大学出版社 2003 年版，第 49—58 页。

胡鞍钢：《中国政治经济史论（1949—1976）》，清华大学出版社 2007 年版。

胡书东：《经济发展中的中央与地方关系——中国财政制度变迁研究》，上海三联书店和上海人民出版社 2001 年版。

胡怡建：《转轨经济中的间接税——理论分析与制度设计》，中国财政经济出版社 1995 年版。

黄达：《议财政、金融和国有企业资金的宏观配置格局》，《经济研究》1995 年第 12 期。

黄佩华、迪帕克等：《中国：国家发展与地方财政》，中信出版社 2003 年版。

黄韬：《中央与地方事权分配机制：历史、现状及法治化路径》，格致出版社、上海人民出版社 2015 年版。

黄铁军：《也谈强人工智能》，《中国计算机学会通讯》2018 年第 2 期。

贾康：《关于建立公共财政框架的探讨》，载周绍朋主编（2005：425—

458）。

贾康、苏明主持：《部门预算编制问题研究》，经济科学出版社 2004 年版。

贾康、阎坤：《中国财政：转轨与变革》，上海远东出版社 2000 年版。

贾康主持：《地方财政问题研究》，经济科学出版社 2004 年版。

焦建国：《财政公共化改革的三个基本任务——支出结构调整、公开透明与责任落实》，《公共管理学报》2004 年第 3 期。

金人庆：《国务院关于规范财政转移支付情况的报告》，第十届全国人民代表大会常务委员会第二十八次会议，2007 年 6 月 27 日。

金人庆：《中国积极的财政政策》，中国财政经济出版社 2004 年版。

寇铁军：《完善我国政府间转移支付制度的若干思考》，《财贸经济》2004 年第 5 期。

李国杰：《走务实的人工智能发展之路》，《中国计算机学会通讯》2018 年第 1 期。

李茂生、柏冬秀：《中国财政政策研究》，中国社会科学出版社 1999 年版。

李萍主编：《中国政府间财政关系图解》，中国财政经济出版社 2006 年版。

李心合：《现代会计发展的五大趋势》，《当代财经》1997 年第 10 期。

廖晓军主编：《财税改革纵论 2005——财税改革论文及调研报告文集》，经济科学出版社 2005 年版。

廖晓军主编：《财税改革纵论 2006》，经济科学出版社 2006 年版。

林毅夫、蔡昉、李周：《中国的奇迹：发展战略与经济改革（增订版）》，上海三联书店、上海人民出版社 1999 年版。

林毅夫：《发展战略、自生能力和经济收敛》，《经济学（季刊）》2002 年第 2 期。

林毅夫：《关于制度变迁的经济学理论：诱致性变迁与强制性变迁》，载《财产权利与制度变迁——产权学派与新制度学派论文集》，上海三联书店 1991 年版。

林毅夫：《再论制度、技术与中国农业发展》，北京大学出版社 2000

年版。

刘立奎：《从政府定价权的释放看市场经济地位问题——纪念价格改革30周年》，《价格理论与实践》2008年第3期。

刘若鸿、王应科：《关于"金税工程"三期税务决策支持系统建设的若干思考》，《税务研究》2009年第3期。

刘尚希：《不确定性：财政改革面临的挑战》，《财政研究》2015年第12期。

刘尚希、孙静、王亚军：《大数据处理平台建设大数据思维在纳税评估选案建模中的应用》，《税务研究》2015年第10期。

刘守刚：《中国公共生产探源与政策选择》，上海财经大学出版社2003年版。

刘佐：《中国税制五十年（1949年—1999年）》，中国税务出版社2001年版。

楼继伟：《中国政府间财政关系再思考》，中国财政经济出版社2013年版。

楼继伟主编：《新中国50年财政统计》，经济科学出版社2000年版。

卢晓晨、屈震、马泽方、张帆：《论"互联网＋大数据算法"在税收工作中的应用》，《税务研究》2017年第2期。

马国强：《经济发展水平、税收政策目标与税制结构模式》，《税务研究》2016年5期。

马骏：《中国公共预算改革：理性化与民主化》，中央编译出版社2005年版。

毛程连：《公共财政理论与国有资产管理》，中国财政经济出版社2003年版。

毛泽东：《毛泽东文集》，第七卷，人民出版社1999年版。

帕拉格·康纳：《超级版图：全球供应链、超级城市与新商业文明的崛起》，崔传刚、周大昕译，中信出版社2016年版。

平新乔：《财政原理与比较财政制度》，上海三联书店1992年版。

丘成桐：《现代几何学与计算机科学》，《中国计算机学会通讯》2017年第12期。

任强：《美、英、韩三国房地产税政策的比较及启示》，《财经智库》2016年第1期。

塞缪尔·E.芬纳：《统治史（卷三）：早期现代政府和西方的突破——从民族国家到工业革命》，华东师范大学出版社2014年版。

沙安文、沈春丽主编：《财政联邦制与财政管理》，中信出版社2005年版。

山西省地方税务局：《改革和完善煤炭资源税的研究——关于山西省改革煤炭资源税的调研报告》，《税务研究》2004年第12期。

上海财经大学公共政策研究中心：《2003中国财政发展报告——重建中国政府预算体系研究》，上海财经大学出版社2003年版。

沈彤：《关于加快资源税改革步伐的几点思考》，《地方财政研究》2008年第1期。

史正富、刘昶主编：《民营化还是社会化：国企产权改革的战略选择》，上海人民出版社2007年版。

宋惠昌：《法治财政：遏制腐败的利剑》，《上海行政学院学报》2005年第3期。

苏力：《法治及其本土资源》，中国政法大学出版社2004年版。

王保安等：《县乡财政困难的表现、成因及对策》，载张佑才主编（2002）。

王军等：《关于当前县乡财政困难问题的调查和思考》，载张佑才主编（2002）。

王力：《中国现代税收管理若干实践与思考》，中国税务出版社2014年版。

王丽娟、刘杰：《资源税改革相关问题探讨》，《中国金融》2007年第24期。

王绍飞：《改革财政学》，中国财政经济出版社1989年版。

王绍光：《从经济政策到社会政策：中国公共政策格局的历史性转变》，《中国公共政策评论》2007年第1期。

王绍光、胡鞍钢：《中国国家能力报告》，牛津大学出版社1994年版。

王希：《原则与妥协：美国宪法的精神与实践》，北京大学出版社2014年版。

王小鲁：《灰色收入与居民收入差距》，中国经济改革研究基金会国民经济研究所工作论文，2007 年。

王雍君：《全球视野中的财政透明度：中国的差距与努力方向》，《国际经济评论》2003 年第 4 期。

王雍君：《中国的预算改革：评述与展望》，《经济社会体制比较》2008 年第 1 期。

王雍君：《中国公共支出实证分析》，经济科学出版社 2000 年版。

王振宏、刘书云：《资源税过低危及公平》，《瞭望新闻周刊》2008 年第 1 期。

温桂芳：《再接再厉，夺取价格改革的胜利——纪念价格改革 20 周年》，《中国物价》1998 年第 11 期。

翁坚超：《燃油税的税率如何确定?》，《运输经理世界》2007 年第 9 期。

翁礼华：《古今中外话财政》，经济科学出版社 2002 年版。

吴敬琏：《当代中国经济改革》，上海远东出版社 2004 年版。

吴敬琏：《吴敬琏自选集（1980—2003）》，山西经济出版社 2003 年版。

吴敬琏、张军扩、刘世锦：《国有经济的战略性改组》，中国发展出版社 1997 年版。

吴敬琏：《中国增长模式抉择》，上海远东出版社 2005 年版。

吴文化、苏斌、李连成：《关于实施燃油税改革的若干问题——海南省燃油附加费实施情况调查》，《宏观经济研究》2006 年第 1 期。

武力、温锐：《新中国收入分配制度的演变及绩效分析》，《当代中国史研究》2006 年第 4 期。

项怀诚主编：《中国财政 50 年》，中国财政经济出版社 1999 年版。

项怀诚主编：《中国财政通史》，中国财政经济出版社 2006 年版。

项镜泉：《建立社会主义市场经济新体制与财政改革》，《经济研究》1993 年第 5 期。

邢丽：《资源税费：改革思路与国际借鉴》，《中国金融》2007 年第 24 期。

熊伟：《宪政与中国财政转型》，厦门大学博士后研究报告，2005 年。

许志峰：《全国财政困难县减少 96%》，《人民日报》2007 年 8 月 24 日。

薛暮桥：《认真总结十年改革的经验——一个主要教训》，《光明日报》1988 年 12 月 17 日。

杨之刚等：《财政分权理论与基层公共财政改革》，经济科学出版社 2006 年版。

杨之刚：《公共财政学：理论与实践》，上海人民出版社 1999 年版。

杨之刚：《中国分税财政体制：问题成因和改革建议》，《财贸经济》2004 年第 10 期。

杨志勇：《中国财政学向何处去？——对传统财政理论的回顾与反思》，《当代财经》1998 年第 4 期。

杨志勇：《比较财政学》，复旦大学出版社 2005 年版。

杨志勇：《分税制改革是怎么开始的?》，《地方财政研究》2013 年第 10 期。

杨志勇：《现代财政制度探索：国家治理视角下的中国财税改革》，广东经济出版社 2015 年版。（2015a）

杨志勇：《分税制改革中的中央和地方事权的划分研究》，《经济社会体制比较》2015 年第 2 期。（2015b）

杨志勇：《中央和地方事权划分思路的转变：历史与比较的视角》，《财政研究》2016 年第 9 期。

杨志勇：《预算绩效管理的重点是做好绩效评估工作》，《21 世纪经济报道》2018 年 9 月 27 日。（2018a）

杨志勇：《中国税收现代化之路的选择》，《国际税收》2018 年第 6 期。（2018b）

杨志勇：《大国轻税》，广东经济出版社 2018 年版。（2018c）

杨志勇：《人工智能、税收政策与税收理论》，《税务研究》2018 年第 6 期。（2018d）

杨志勇：《有效约束地方债务需求扩张》，《中国金融》2018 年第 8 期。（2018e）

姚从燕：《论财政民主》，《财税法论丛》第 5 卷，法律出版社 2004 年版。

叶振鹏、张馨：《双元结构财政——中国财政模式研究》，经济科学出版社 1995 年第一版；1999 年第二版。

叶振鹏主编：《中国财政改革：难点与热点》，中国经济出版社 1999 年版。

余绪缨：《当代会计科学发展的大趋势》，《厦门大学学报（哲学社会科学版）》1992 年第 1 期。

俞光远编著：《中华人民共和国企业所得税制度改革与立法实用指南》，中国财政经济出版社 2006 年版。

庾莉萍：《资源税调整开启资源保护新时代》，《中国税务》2007 年第 4 期。

苑广睿、邱江涛、魏岩：《政府非税收入的比较分析及政策研究》，载廖晓军主编（2006，第 1008—1017 页）。

张斌：《房地产对税收收入的贡献》，《财经智库》2016 年第 1 期。

张弘力等：《省以下财政体制运行分析》，载张佑才主编（2002）。

张劲夫：《关于 1978 年国家决算和 1979 年国家预算草案的报告》，在第五届全国人民代表大会第二次会议上，1979 年 6 月 21 日。

张康之、李传军、张璋：《公共行政学》，经济科学出版社 2002 年版。

张千帆：《宪法学导论》，法律出版社 2004 年版。

张守文：《税制变迁与税收法治现代化》，《中国社会科学》2015 年第 2 期。

张同青、包晓艳：《养路费改征燃油税的难点及对策》，《税务研究》2006 年第 2 期。

张馨：《比较财政学教程》，中国人民大学出版社 1997 年版。

张馨：《财政公共化改革：理论创新·制度变革·理念更新》，中国财政经济出版社 2004 年版。

张馨：《财政·计划·市场——中西财政比较与借鉴》，中国财政经济出版社 1993 年版。

张馨：《公共财政论纲》，经济科学出版社 1999 年版。

张馨、杨志勇：《外商投资与财政改革》，鹭江出版社 1998 年版。

张馨、袁星侯、王玮：《部门预算改革研究》，经济科学出版社 2001 年版。

张佑才主编：《财税改革纵论 2002——财税改革论文及调研报告文集》，经济科学出版社 2002 年版。

张志华：《完善中的我国省以下财政管理体制》，地方财政建设国际研讨班材料（呼和浩特），2005 年 8 月。

张卓元：《产品和资源价格形成机制的根本性转变》，载蔡昉等：《中国经济改革与发展（1978～2018）》，社会科学文献出版社 2018 年版，第 111—133 页。

赵雪芳：《渐行渐近的资源税改革》，《中国金融》2007 年第 24 期。

郑京平：《对 10 年价格改革的剖析》，《经济与管理研究》1990 年第 3 期。

郑永年、翁翠芬：《为什么中国改革的动力来自地方》，《文化纵横》2012 年第 2 期。

郑永年：《中国的"行为联邦制"：中央—地方关系的变革与动力》，东方出版社 2013 年版。

中国财政杂志社：《中国财政年鉴 2007》，2007 年。

中国财政杂志社：《中国财政年鉴 2017》，2017 年。

中国发展研究基金会：《中国发展报告 2007：在发展中消除贫困》，中国发展出版社 2007 年版。

中国工业年鉴编辑委员会：《中国工业年鉴 2006》，2006 年。

中国（海南）改革发展研究院编：《强国之路——中国改革步入 30 年》，中国经济出版社 2008 年版。

中国社会科学院财政与贸易经济研究所：《中国：启动新一轮税制改革（中国财政政策报告 2003/2004）》，中国财政经济出版社 2003 年版。

中国税务学会学术研究委员会编：《统一内外资企业所得税制研究》，中国税务出版社 2006 年版。

钟晓敏：《政府间财政转移支付论》，立信会计出版社 1998 年版。

重庆市国家税务局课题组：《"智慧税务"的基本特征及基层的实践探索》，《税务研究》2017 年第 8 期。

周绍朋主编：《中国经济热点问题讲座（国家行政学院经济问题系列讲座）》，知识产权出版社 2005 年版。

周小川、杨之刚：《中国财税体制的问题与出路》，天津人民出版社 1992 年版。

周振华：《体制变革与经济增长——中国经验与范式分析》，上海三联书店、上海人民出版社 1999 年版。

朱青：《发达国家税制改革的近期走向及其对我们的启示》，《财贸经济》2016 年第 3 期。

朱秋霞：《德国财政制度》，中国财政经济出版社 2005 年版。

朱志刚：《深化部门预算管理改革　促进构建社会主义和谐社会——朱志刚副部长在 2008 年中央部门预算布置会议上的讲话》，载财政部预算司（2007）。

卓泽渊：《法治国家论》，法律出版社 2004 年版。

资中筠：《散财之道：美国现代公益基金会述评》，上海人民出版社 2003 年版。

邹继础：《中国财政制度改革之探索》，社会科学文献出版社 2003 年版。

邹至庄：《中国经济转型》，中国人民大学出版社 2005 年版。

后 记

　　"财税现代化"既是新鲜事，又不是新事物。40 年来，财税制度与现代化直接联系起来始于 2013 年的中共十八届三中全会。在这次重要的会议上，财税改革目标明确为建立现代财政制度。实际上，财政制度的现代化探索由来已久。它伴随着中国国家现代化的全过程。因此，40 年来的中国财税改革同样是财税现代化的历程。

　　适应国家治理体系和治理能力现代化的需要，中国财税改革的直接目标是建立现代财政制度。财税现代化肯定会遇到各种各样的挑战。财税现代化不是独立进行的，财税改革更是离不开全面深化改革这一大背景，有些具体改革更是需要依靠全面深化改革才能推进。财税现代化还会遇到技术难题。新技术已经在改变人类治理社会的方式，财税现代化必须适应这样的变化。财税现代化还需要借鉴国际经验。放眼世界，才能享用人类文明的共同财富，让中国财税现代化之路的选择有更加开阔的视野。

　　40 年来，中国财税改革是一个大国所进行的改革。中国所走过的道路，有许多值得标记之处。更进一步，这里有不少经验值得总结，同时也有一些教训需要汲取。这一切，都是为了让未来的改革更加顺利。基于此，当格致出版社提供机会让我就 40 年财税改革发表看法时，我毫不犹豫就答应下来。一本小书所能承载的内容是有限的，所能展示的是个人的一些粗浅看法。尽管如此，它还是能和其他同主题图书形成互补关系。

感谢格致出版社提供的出版机会！感谢中国社会科学院财经战略研究院领导和同事的支持！感谢在写作中帮助我的所有人！

2018 年是特殊的一年。无论是国家，还是个人，都面对前所未有的挑战。本书最初设想的写作方案和计划一再调整。中国财税现代化的研究还要继续下去。期待着有一天，本书有机会再版，到时我可以将关于中国财政的更多认识融入其中。

杨志勇

中国社会科学院财经战略研究院

2018 年 12 月 28 日